Für alle meine Apologetikstudenten der letzten 50 Jahre,
von denen ich so viel gelernt habe, in größter Dankbarkeit.

Norman Geisler

Für alle meine Kollegen im geistlichen Dienst,
die mich unterstützen, beten und gemeinsam mit mir an der
Verteidigung des Evangeliums von Christus arbeiten.
Ich gebe einfach die Worte von Paulus in Philipper 1,3-5
wieder: „Ich danke meinem Gott bei jeder Erinnerung an euch
allezeit in jedem meiner Gebete und bete für euch alle
mit Freuden wegen eurer Teilnahme am Evangelium
vom ersten Tag an bis jetzt.“

Patrick Zukeran

Norman L. Geisler (1932-2019) war Mitgründer und Leiter des *Southern Evangelical Seminary and Bible College*. Er war Autor von mehr als 70 Büchern, darunter zahlreiche Standardwerke christlicher Apologetik.

Patrick Zukeran leitet das Forschungs- und Bildungsinstitut *Evidence and Answers*, das sich auf die Verteidigung des christlichen Glaubens spezialisiert hat. (www.evidenceandanswers.org)

Norman L. Geisler | Patrick Zukeran
Wie kann ich meinen Glauben verteidigen?
Von Jesus Apologetik lernen

Best.-Nr. 271 680
ISBN 978-3-86353-680-0
Christliche Verlagsgesellschaft Dillenburg

Titel des englischen Originals:
The apologetics of Jesus
A Caring Approach to Dealing with Doubters

1. Auflage

www.cv-dillenburg.de

Übersetzung: Svenja Lueg
Satz und Umschlaggestaltung: Christliche Verlagsgesellschaft Dillenburg
Umschlagmotiv: © Shutterstock.com/Black Creator 24

Druck: CPI Books GmbH, Leck
Printed in Germany

INHALT

Danksagung

Meiner lieben Frau Barbara, die seit über einem halben Jahrhundert meine treue Gefährtin und akribische Korrektorin ist, spreche ich meine tiefste Dankbarkeit aus. Außerdem danke ich meinen zuverlässigen Assistenten Bill Roach und Joel Paulus für ihre entscheidende Hilfe bei der Vorbereitung dieses Manuskripts.

Norman L. Geisler

Einleitung

Jesus war einer der größten Lehrer, die je gelebt haben. Das ist selbst unter den meisten Nichtchristen unumstritten, die seine Lehren kennen. Gewiss ist er das ultimative Vorbild für christliche Lehre. Angesichts dieser Tatsache können wir nur zu dem Schluss kommen, dass Jesus auch der größte christliche Apologet war, der je gelebt hat.

Apologetik ist von dem griechischen Wort *apologia* abgeleitet, was Verteidigung bedeutet. Der Apologet gebraucht die Vernunft und Beweise, um den christlichen Glauben rational zu verteidigen. Jesus wurde ständig mit der Notwendigkeit konfrontiert, seine Behauptungen zu verteidigen, er sei der Messias, der Sohn Gottes. So war er also per Definition ein Apologet.

Es ist wirklich erstaunlich, dass bisher niemand eine größere Arbeit über die apologetischen Methoden Jesu geschrieben hat, obwohl Jesus ein Apologet und nach allgemeiner Auffassung vermutlich einer der größte Lehrer überhaupt war. Dieses Buch stellt den Versuch dar, dieses gravierende Versäumnis nachzuholen.

Wer Apologetik ablehnt und einen Glaubenssprung ohne Beweise vorzieht, der wird von Jesus enttäuscht werden. Nirgendwo fordert er irgendjemanden dazu auf, eine unüberlegte oder nicht durchdachte Entscheidung im Hinblick auf das persönliche ewige Schicksal zu treffen. Überall demonstriert Jesus, dass er bereit ist, jedem aufrichtig Suchenden Beweise zu liefern für das, was er lehrte. Und tatsächlich setzen uns das Gesetz und die Propheten, die Jesus zu erfüllen kam (Mt 5,17), in Kenntnis über einen Gott, der sagt: „Kommt her, lasst uns prüfen, wer von uns Recht hat, ihr oder ich!" (Jes 1,18, GNB). Sie ermahnen uns außerdem, falsche Propheten zu prüfen (5Mo 13,1-5; 18,15-22). Und diejenigen, die von Jesus unterwiesen wurden, ermahnen uns dazu, „Rechenschaft [...] über die Hoffnung in euch" zu geben (1Petr 3,15). Sie ermahnen uns nicht dazu, einen *Glaubenssprung ins Dunkle* zu wagen, sondern vielmehr einen *Glaubensschritt im Licht* zu machen – im Lichte der Beweise, die Gott in der Natur (Röm 1,19-20), in unseren Herzen (Röm 2,12-15) und in der Geschichte (Apg 17,30-31) geliefert hat.

Vom Beginn ihres Dienstes an verwendeten die Apostel Jesu Apologetik in ihren Predigten. Paulus sagt den Philippern beispielsweise: „Ich [bin] zur Verteidigung des Evangeliums eingesetzt" (Phil 1,16). Der Apostel Judas (Jesu Halbbruder) ermahnt uns, „für den ein für alle Mal den Heiligen überlieferten Glauben zu kämpfen" (Jud 1,3). Der klassische Text aus 1. Petrus 3,15 gebietet uns: „Haltet den Herrn, den Christus, in euren Herzen heilig! Seid aber jederzeit bereit zur Verantwortung *[apologia]* jedem gegenüber, der Rechenschaft von euch über die Hoffnung in euch fordert." Apostelgeschichte 1,3 spricht davon, dass Jesus sich selbst mit „vielen sicheren Kennzeichen" dargestellt hat.

Basierend auf dem leeren Grab und der Auferstehung argumentiert Petrus, dass Jesus der lange verheißene Messias ist (Apg 2,29-36). In Apostelgeschichte 3 wird die Heilung eines von Geburt an gelähmten Mannes im Namen Jesu als Beweis dafür angegeben, dass er der auferstandene Messias ist. Die Apostel argumentieren im Umgang mit den Heiden in Lystra in Apostelgeschichte 14 apologetisch, als sie von der Natur ausgehend aufzeigen, dass Gott „sich doch nicht unbezeugt gelassen hat" (V. 17). In Apostelgeschichte 17 gebraucht Paulus Apologetik, als er mit Juden spricht, die Jesus noch nicht als ihren Messias angenommen hatten. Er „unterredete sich [...] mit ihnen aus den Schriften *[das Alte Testament, Gottes besondere Offenbarung]*, indem er eröffnete und darlegte, dass der Christus leiden und aus den Toten auferstehen musste" (Apg 17,2-3). Später im selben Kapitel diskutiert er mit den griechischen Philosophen auf dem Areopag. Dabei beginnt er mit *Gottes allgemeiner Offenbarung* und argumentiert ausgehend von den Dingen, die Gott geschaffen hat, für die Existenz Gottes (Apg 17,22-28).

Beweise für Gott und für Christus zu liefern ist eine gängige Tätigkeit der alttestamentlichen Propheten. Mose wird mit übernatürlichen Beweisen ausgestattet, zur Unterstützung seines Anspruchs, Gottes Sprecher zu sein (2Mo 4,1-13). Dasselbe gilt für Elia (1Kö 18) und andere Propheten. Gott gibt außerdem in 5. Mose 13 und 18 beweiskräftige Prüfungskriterien für einen Propheten. Apologeten haben sich schon lange auf diese Ereignisse als Grundlage für ihre Bemühungen berufen. Angesichts dessen ist es erstaunlich, dass es keine größere Arbeit über den Meisterapologeten selbst, über den Herrn Jesus Christus, gibt.

Wer einen Wahrheitsanspruch erhebt – ganz zu schweigen von einem Absolutheitsanspruch (Joh 14,6) –, muss Beweise für diesen Anspruch liefern. Genau das tut Jesus. Und dadurch liefert er uns ein wertvolles Vorbild für Apologetik, das für den zeitgenössischen Verteidiger des christlichen Glaubens auch heute von großem Wert ist. Was könnte hilfreicher sein als das Modell des Meisters?

Zuerst werden wir uns anschauen, wie Jesus, um seine Behauptungen zu stützen, den Zeugenbericht als Apologetik einsetzt (Kapitel 1), gefolgt von seinem Einsatz von Wundern (Kapitel 2) und seiner Auferstehung (Kapitel 3). Da er selbst der *Logos* (die Vernunft) Gottes ist, ist es verständlich, dass Jesus in seiner Lehre auch die menschliche Vernunft einsetzte (Kapitel 4). Auch in seinen Gleichnissen liegt wirkungsvolle Apologetik für seine Göttlichkeit verborgen (Kapitel 5). Natürlich setzt er auch in seinen Gesprächen Apologetik ein (Kapitel 6). Seine Berufung auf Prophetien wird ebenfalls als starker Hinweis auf seinen übernatürlichen Anspruch dargestellt (Kapitel 7). Seine Lehren beinhalten Hinweise darauf, wie Jesus sich dem Thema „Argumente für die Existenz Gottes“ näherte (Kapitel 8). Natürlich muss denjenigen geantwortet werden, die einige der Aussagen Jesu auf antiapologetische Weise aus dem Zusammenhang reißen (Kapitel 9). Und man darf nicht die Tatsache vernachlässigen, dass Jesus nicht nur apologetisch argumentierte, sondern dass sein Leben selbst Apologetik war (Kapitel 10). In diesem Zusammenhang ist es wichtig, auf die Rolle des Heiligen Geistes einzugehen, wenn er Menschen von der Wahrheit Christi überzeugt (Kapitel 11). Aus all dem oben Dargestellten wollen wir schließlich versuchen, eine apologetische Methode zu entwickeln (Kapitel 12). Wir hoffen, dass dies Aufschluss darüber geben wird, welche der aktuell angewandten apologetischen Methoden Jesu Herangehensweise am nächsten kommt.

Wir werden persönlichen Gewinn aus den Ergebnissen unserer Untersuchung der Apologetik Jesu ziehen. Wir werden ein Vorbild finden, dem man folgen kann, da er selbst der größte Apologet ist. Daher ist ein solches Studium nicht nur für Apologeten von Nutzen, sondern für jeden Christen, der ein wirksamer Zeuge für Christus gegenüber einer nichtchristlichen Welt sein möchte.

KAPITEL 1

Wie Jesus den Zeugenbericht apologetisch einsetzt

Ein Mann lag 38 Jahre lang krank am Teich von Betesda, zusammen mit vielen anderen kranken und lahmen Menschen. Plötzlich geht ein Fremder auf diesen Mann zu und stellt ihm eine seltsame Frage: „Willst du gesund werden?" Als der lahme Mann anfängt, seine Situation zu schildern, befiehlt ihm der Fremde: „Steh auf, nimm dein Bett auf und geh umher!" (Joh 5,8). Sofort bekommt er Kraft in seinen Beinen, steht auf, nimmt seine Matte und geht, genauso wie ihm der Fremde befohlen hatte. Kurz darauf erscheinen die Pharisäer und ein Konflikt entsteht.

Was eigentlich ein Moment der Freude hätte sein sollen, entwickelt sich zu einem ernsthaften Verhör. Die jüdischen Anführer wollen die Konfrontation mit Jesus, da sie nach Grund und Gelegenheit suchen, um ihn zu töten. Statt Gott für die Heilung des gelähmten Mannes zu loben, pochen die jüdischen Anführer darauf, dass Jesus gegen eine jüdische Tradition verstoßen hat.

Zu seiner Verteidigung verkündigt Jesus hier ein paar der deutlichsten und stärksten Lehren im Blick auf sein Wesen als heiliger Sohn Gottes. Leon Morris sagt: „An keiner anderen Stelle in den Evangelien sehen wir, wie der Herr eine so offizielle, systematische, geordnete und regelkonforme Aussage macht, wie in diesem Gespräch. Sie betrifft seine Einheit mit dem Vater, seinen göttlichen Auftrag, seine göttliche Autorität und die Beweise dafür, dass er der Messias ist."[1] Eben diese Ansprüche auf Göttlichkeit führen zu den Feindseligkeiten und schließlich zu seinem Tod.

Wie Jesus in Johannes 5 die Zeugen apologetisch einsetzt
Jesu Antwort kann in drei Abschnitte unterteilt werden. Der erste Abschnitt, Johannes 5,16-18 berichtet:

> „Und darum verfolgten die Juden Jesus, weil er dies am Sabbat getan hatte. Jesus aber antwortete ihnen: Mein Vater wirkt bis jetzt, und ich wirke. Darum nun suchten die Juden noch mehr, ihn zu töten, weil er nicht allein den Sabbat aufhob, sondern auch Gott seinen eigenen Vater nannte und sich so selbst Gott gleich machte."

Jesus behauptet, dass er der heilige Sohn Gottes und damit der Herr über den Sabbat ist. Dabei bringt er seine vertraute und besondere Beziehung zum Vater zu seiner Verteidigung vor. Jesus hat teil an der göttlichen Natur. Er handelt in völligem Gehorsam und in der Einheit mit Gott dem Vater. Jesus sagt, dass der Vater immer am Werk ist, indem er das Universum erhält. Aufgrund seiner engen Beziehung zum Vater ist er ebenso an diesem Werk beteiligt. Außerdem bezeichnet Jesus Gott in einem ganz besonderen Sinn als „meinen Vater". Auch die Juden verstehen Gott als ihren Vater. Doch Jesus meint damit etwas Einzigartiges in seiner Beziehung zu Gott dem Vater. Er behauptet damit, dass er dasselbe göttliche Wesen besitzt. Als sie das hören, betrachten die Juden Jesus nicht nur als Gesetzesbrecher, sondern auch als Gotteslästerer.

Im zweiten Teil seiner Antwort (Joh 5,19-24) verkündet Jesus:

> „Wahrlich, wahrlich, ich sage euch: Der Sohn kann nichts von sich selbst tun, außer was er den Vater tun sieht; denn was der tut, das tut ebenso auch der Sohn. Denn der Vater hat den Sohn lieb und zeigt ihm alles, was er selbst tut; und er wird ihm größere Werke als diese zeigen, damit ihr euch wundert. Denn wie der Vater die Toten auferweckt und lebendig macht, so macht auch der Sohn lebendig, welche er will. Denn der Vater richtet auch niemand, sondern das ganze Gericht hat er dem Sohn gegeben, damit

alle den Sohn ehren, wie sie den Vater ehren. Wer den Sohn nicht ehrt, ehrt den Vater nicht, der ihn gesandt hat. Wahrlich, wahrlich, ich sage euch: Wer mein Wort hört und glaubt dem, der mich gesandt hat, der hat ewiges Leben und kommt nicht ins Gericht, sondern er ist aus dem Tod in das Leben übergegangen."

Hier bekräftigt Jesus, dass er nicht unabhängig vom Vater handeln kann. Die Dinge, die der Vater tut, tut auch der Sohn, nicht als Nachahmung, sondern aufgrund seiner Wesensgleichheit.[2] Jesus handelt nicht aus eigener Initiative, sondern in vollkommener Willenseinheit mit dem Vater.

Diese Einheit wird durch die Vollmacht, Leben zu geben, veranschaulicht. Es war klar, dass der Vater Menschen von den Toten auferwecken kann. In gleicher Weise beansprucht Jesus für sich selbst diese Vollmacht, Leben zu geben (V. 21). Ausgehend von der Vollmacht, Leben zu geben, sagt Jesus, dass er auch die Vollmacht hat, alle Dinge zu richten (V. 22). Die Juden glaubten, dass sie im Jüngsten Gericht vor Gott dem Vater stehen würden. Aber Jesus sagt nun, dass die Vollmacht zu richten an den Sohn delegiert worden ist.[3] Die Juden verstanden, dass das ewige Leben auf einer bejahenden Antwort auf Gottes Wort beruht; Jesus sagt, dass das ewige Leben auf ihrer Reaktion auf ihn und sein Wort beruht. Er hat die Vollmacht, ewiges Leben zu gewähren (Joh 5,24-27). Indem er Vollmacht über diese Bereiche für sich beansprucht, verkündet Jesus seine Gleichheit mit Gott. In der Tat sind beide so verbunden, dass den Sohn nicht zu ehren bedeutet, den Vater nicht zu ehren (V. 23).

Solch außergewöhnliche Behauptungen stoßen seine Zuhörer vor den Kopf. Und Jesus versteht ihre Mentalität. Nach dem alttestamentlichen Gesetz war die Zeugenaussage einer Person über sich selbst vor einem jüdischen Gericht nicht gültig. Eine Zeugenaussage war nur dann gültig, wenn sich zwei oder drei Zeugen fanden, die die Wahrheit der Behauptungen dieser Person bekräftigten (5Mo 19,15). Jesus weiß: Diese Leute brauchen jetzt nicht nur ein zuverlässiges Zeugnis, das seine Behauptungen bestätigt; sie brauchen darüber hinaus ein Zeugnis, das sie ihres Irrtums im Blick auf ihn überführt. In diesem dritten Abschnitt präsentiert Jesus nun eine apologetische Verteidigung, die das Zeugnis von Schlüsselzeugen verwendet, um die Behauptungen zu bestätigen, die er über sich selbst gemacht hat. Er erklärt (Joh 5,31-47):

> „Wenn ich von mir selbst zeuge, so ist mein Zeugnis nicht wahr. Ein anderer ist es, der von mir zeugt, und ich weiß, dass das Zeugnis wahr ist, das er von mir zeugt.
>
> Ihr habt zu Johannes gesandt, und er hat der Wahrheit Zeugnis gegeben. Ich aber nehme nicht Zeugnis von einem Menschen an, sondern dies sage ich, damit ihr gerettet werdet. Jener war die brennende und scheinende Lampe; ihr aber wolltet für eine Zeit in seinem Licht fröhlich sein.
>
> Ich aber habe das Zeugnis, das größer ist als das des Johannes; denn die Werke, die der Vater mir gegeben hat, dass ich sie vollende, die Werke selbst, die ich tue, zeugen von mir, dass der Vater mich gesandt hat. Und der Vater, der mich gesandt hat, er selbst hat Zeugnis von mir gegeben. Ihr habt weder jemals seine Stimme gehört noch seine Gestalt gesehen, und sein Wort habt ihr nicht bleibend in euch; denn dem, den er gesandt hat, dem glaubt ihr nicht. Ihr erforscht die Schriften, denn ihr meint, in ihnen ewiges Leben zu haben, und sie sind es, die von mir zeugen; und ihr wollt nicht zu mir kommen, damit ihr Leben habt.
>
> Ich nehme nicht Ehre von Menschen; sondern ich kenne euch, dass ihr die Liebe Gottes nicht in euch habt. Ich bin in dem Namen meines Vaters gekommen, und ihr nehmt mich nicht auf; wenn ein anderer in seinem eigenen Namen kommt, den werdet ihr aufnehmen. Wie könnt ihr glauben, die ihr Ehre voneinander nehmt und die Ehre, die von dem alleinigen Gott ist, nicht sucht?

Meint nicht, dass ich euch bei dem Vater verklagen werde; da ist einer, der euch verklagt, Mose, auf den ihr eure Hoffnung gesetzt habt. Denn wenn ihr Mose glaubtet, so würdet ihr mir glauben, denn er hat von mir geschrieben. Wenn ihr aber seinen Schriften nicht glaubt, wie werdet ihr meinen Worten glauben?"

Wie Jesus die fünf Zeugen apologetisch einsetzt

In seiner Verteidigung sagt Jesus, dass es fünf Zeugen gibt, die für ihn aussagen: Johannes der Täufer, seine eigenen Werke, der Vater, die alttestamentlichen Schriften und Mose (Joh 5,32-46). Jesus verwendet den Ausdruck *zeugen* (oder *Zeugnis*) in diesem Abschnitt neunmal. Ein wichtiger Aspekt seiner Apologetik betrifft bestätigte Zeugenaussagen bzw. die Zeugen selbst.

Ein weiterer griechischer Schlüsselbegriff in diesem Abschnitt ist *martyria* (das bedeutet *Zeugnis* oder *Zeugenaussage*); Johannes verwendet ihn fünfmal. Er erscheint achtzehnmal in den Evangelien: vierzehnmal bei Johannes, dreimal bei Markus (14,55-56.59) und einmal bei Lukas (22,71). Das Substantiv *martys* wird in den Evangelien fünfmal verwendet: zweimal bei Matthäus (18,16; 26,65), einmal bei Markus (14,63) und zweimal bei Lukas (11,48; 24,48).[4] Der Begriff bezieht sich auf eine Person, die Zeugnis ablegt, eine Erklärung abgibt oder Tatsachen bestätigt. Er wird in einem juristischen Kontext für Augenzeugen verwendet.

Die deutschen Verben *bezeugen* und *Zeugnis ablegen* sind Übersetzungen desselben griechischen Verbs: *martyreo*. In den Evangelien wird dieses Verb 35-mal verwendet: 33 Belege im Johannesevangelium, einer bei Matthäus (23,31) und einer bei Lukas (4,22). Bei Johannes taucht es am häufigsten mit Bezug auf das Zeugnis über die Person Christi als dem ewigen Sohn Gottes auf (Joh 1,15; 5,36-47; 8,12-18).[5]

Die Substantivform *martyria* (Zeugnis) bezieht sich auf die Zeugenaussage, die über eine Person gemacht wird. Sie wird 14-mal im Johannesevangelium verwendet, da Gerichtsverhandlung und Zeugen hier ein bedeutendes Thema darstellen. Mehrmals in diesem Evangelium steht Jesus wie in einem Gerichtssaal vor Gericht und präsentiert seine Zeugen, die bestätigen, dass seine Behauptungen wahr sind. Wie zuvor erwähnt, fordert das alttestamentliche Gesetz: „Nur auf zweier Zeugen Aussage oder auf dreier Zeugen Aussage hin soll eine Sache gültig sein" (5Mo 19,15). Johannes berichtet hier von einer der wichtigsten Auseinandersetzungen. Bei dieser Gelegenheit stellt Jesus seine fünf Zeugen vor: Johannes den Täufer (5,33.35), seine eigenen Werke (V. 36), Gott den Vater (5,36-38), die alttestamentlichen Schriften (V. 39) und Mose (5,45-46). In einem Gerichtsverfahren wird die Stärke des Plädoyers des Verteidigers an der Integrität und Glaubwürdigkeit der Zeugen bemessen, die aufgerufen werden. Jesus präsentiert hier fünf Zeugen, die einen tadellosen Charakter haben; er hätte keine stärkeren Zeugen aufrufen können.

Das Zeugnis Johannes' des Täufers

Die Juden kennen Johannes den Täufer durchaus, wie Johannes 1,19-28 zeigt. Dort wird berichtet, wie sie eine Delegation schicken, um ihn hinsichtlich seiner Person zu befragen. Matthäus 21,23-27 macht deutlich, dass die Antwort der Hohenpriester auf Jesu Frage von ihrem Wissen beeinflusst wird, dass die Juden Johannes den Täufer als Propheten anerkennen.

Johannes wurde zuerst durch seine wundersame Geburt von Gott als Prophet bestätigt. Lukas 1 berichtet, dass sein Vater Zacharias vom Engel Gabriel die Botschaft empfing, dass seine Frau, die längst aus dem gebärfähigen Alter heraus war, einen Sohn zur Welt bringen würde. Später erfüllt Johannes als der, der den Weg für den Messias vorbereitet, die Rolle des Propheten, von dem Jesaja 40,3-5 redet. Seine Verkündigung wird durch den Heiligen Geist bekräftigt. Menschen werden zur Buße bewegt und lassen sich taufen. Jesus erinnert die jüdischen Führer daran, dass sie positiv auf Johannes' Dienst reagiert hatten, weil sie „für eine Zeit in seinem Licht fröhlich sein [wollten]" (Joh 5,35). Der Ausdruck „fröhlich sein" bringt überfließendes und enthusiastisches Glück zum Ausdruck.[6] Diese Führer jubeln zwar darüber, dass Gott in ihrer Generation einen Propheten geschenkt hat. Doch ironischerweise nehmen sie seine Botschaft nicht an.

Johannes, ein anerkannter Prophet Gottes, erkennt seinerseits nun an, dass Jesus vor ihm existierte – „Siehe, das Lamm Gottes, das die Sünde der Welt wegnimmt" (Joh 1,29) –, obwohl Johannes' physische Geburt sechs Monate vor der von Jesus lag (Lk 1,35-36). Ebenso bestätigt er die göttliche Natur Christi, indem er verkündet: „[Jesus] ist vor mir geworden, denn er war eher als ich […] Und ich kannte ihn nicht; aber damit er Israel offenbar werde, deswegen bin ich gekommen, mit Wasser zu taufen" (Joh 1,15.31).

Das Zeugnis der Werke Jesu

Der zweite Zeuge, den Jesus in den Zeugenstand ruft, sind seine eigenen Werke. Diese Werke umfassen seinen gesamten Dienst.[7] Vermutlich liegt die Betonung hier auf seinen Wundern, da das Wunder, das Jesus gerade erst gewirkt hatte (Joh 5,1-9), diese Konfrontation angezettelt hatte. Das Wort, das am häufigsten für Wunder verwendet wird, ist zwar *Zeichen (semeion)*. Dennoch sieht Andrew Lincoln eine Überschneidung von den Werken, auf die hier verwiesen wird, und den Wunderzeichen.[8] So werden zum Beispiel in Johannes 6,30 die Wörter *Zeichen (semeion)* und *Werk (ergon)* synonym verwendet. In Johannes 9,3 bezieht sich der Ausdruck „die Werke Gottes" auf das Wunder, das Jesus kurz darauf bewirken würde.

Nur Gott kann wahre Wunder wirken. Er gebraucht Wunder, um seine Botschaft und seine Boten zu bestätigen. Da er ein Gott der Wahrheit ist, bringt er seine Wunder nicht mit einer falschen Botschaft in Verbindung. Da die Wunder Christi von einer Vielzahl von Menschen bezeugt werden und daher nicht zu leugnen sind, müssen die Juden das Zeugnis seiner Werke in Betracht ziehen. Nikodemus stellt genau diese Verbindung her, als er in der Nacht zu Jesus kommt und sagt: „Rabbi, wir wissen, dass du ein Lehrer bist, von Gott gekommen, denn niemand kann diese Zeichen tun, die du tust, es sei denn Gott mit ihm" (Joh 3,2). Charismatische Führungspersönlichkeiten können durch ihre Rhetorik und Persönlichkeit Anhänger gewinnen. Aber Christus zeigt mehr als die Fähigkeit, die Herzen der Menschen zu bewegen – er demonstriert Autorität über die Schöpfung.

Das Zeugnis des Vaters

Der dritte Zeuge, den Jesus benennt, ist sein Vater. Gott der Vater verfügt über die größte Autorität überhaupt. Also zählt sein Zeugnis in diesem Fall am meisten. Wie Gott im Detail persönlich für Jesus Zeugnis abgelegt hat, wird hier nicht angegeben. Das griechische Wort für das Verb *Zeugnis geben* steht im Perfekt. Das weist darauf hin, dass sich das Zeugnis in der Vergangenheit ereignete, aber weiterhin Bedeutung hat.[9] Manche Kommentatoren meinen, dass sich Johannes hier auf Jesu Taufe beziehen könnte. Dort hatte die Stimme Gottes aus dem Himmel Jesus bestätigt (Mk 1,11). Über dieses Ereignis wird im Johannesevangelium zwar nicht berichtet, dennoch können wir davon ausgehen, dass Johannes und seine Leser damit vertraut waren. Andere Kommentatoren nehmen an, es beziehe sich auf das Zeugnis des Heiligen Geistes, der im Herzen des Gläubigen wirkt. Sie stützen sich auf 1. Johannes 5,9-10, um diese Auslegung zu untermauern.

D. A. Carson bietet eine weitere gute Erklärung. Das Zeugnis, auf das sich Jesus bezieht, ist ein allgemeiner Verweis auf das offenbarende Wirken des Vaters im Leben Christi: das Zeugnis der Schrift, besondere Ereignisse wie die Taufe, das bestätigende Wirken des Geistes in denen, die die wahre Natur Christi erkennen, sowie das spätere Werk der Erlösung.[10] All diese Offenbarungen stammen vom Vater, der für seinen Sohn Zeugnis ablegt.

Das Zeugnis der Schrift

Der vierte Zeuge, den Christus aufruft, ist das Alte Testament. Jesus weist die jüdischen Führer zurecht: „Ihr erforscht die Schriften", aber sie begreifen ihren wahren Inhalt und Zweck nicht (Joh 5,39). Die Prophetien, Typologien und Symbole weisen auf Jesus Christus hin, und in Matthäus 5,17 sagt er, dass er gekommen ist, um das Gesetz und die Propheten zu erfüllen.

Der Grund, warum diese Führer Jesus nicht als den Messias erkennen, wird in den nachfolgenden Versen von Johannes 5 gezeigt. Diese Männer haben Gottes Liebe nicht in sich und sie suchen nach Ehre voneinander, anstatt nach Ehre von Gott zu streben. Das steht in Kontrast zu Jesus, der nicht nach Ehre von Menschen sucht (5,41-44).

An dieser Stelle in der Diskussion beginnt Jesus, den Spieß gegen seine Ankläger umzudrehen. Der Angeklagte wird zum Ankläger. Die Fassade der jüdischen Führer wird aufgedeckt. Jetzt zeigt sich, dass ihre wahre Absicht und Motivation hinter der Anklage Jesu nicht die Sorge um Gottes Ehre ist, sondern dass sie nach Lob von Menschen streben. Würden sie Gott wirklich lieben, würden sie auch den lieben, den Gott gesandt hat, den, der die Werke tut, die in perfektem Einklang mit Gottes Willen sind.[11]

Das Zeugnis von Mose

Zum Schluss wendet sich der Spieß gegen die Juden (Joh 5,45-47). Jesus ruft Mose als seinen Zeugen auf, den größten Propheten des Alten Testaments. In seiner strengen Zurechtweisung sagt Jesus, dass nicht er derjenige sein wird, der die Juden am Jüngsten Tag anklagen wird, sondern Mose wird ihr Ankläger sein, der Prophet, den sie so hoch schätzen. Die Ironie ist offensichtlich: Mose, der als der große Fürsprecher der Juden betrachtet wird, wird nun ihr Ankläger.[12]

Jesus weist hier nicht auf einen spezifischen Textabschnitt hin, aber Mose war der Verfasser des alttestamentlichen Gesetzes, und die Juden setzten ihr Vertrauen auf seine Schriften. Die jüdischen Anführer gründeten ihre Rettung auf Gehorsam gegenüber dem mosaischen Gesetz, doch sie verstanden seine wahre Bedeutung nicht. Das Gesetz ist kein Selbstzweck; es ist ein Zeuge für Jesus Christus. Diese Juden bauten ihre Hoffnung auf Mose, aber nicht auf den, über den er schrieb. Die Worte Moses und die Worte Jesu sind miteinander verknüpft: Dem einen zu glauben bedeutet, dem anderen zu glauben; den einen abzulehnen bedeutet, den anderen abzulehnen. Mose verfasste das Gesetz; Jesus kam, um das Gesetz zu erfüllen (Mt 5,17).[13]

Angesichts der Tatsache, dass das Gesetz nur zwei oder drei Zeugen forderte, konnte von Jesus nicht verlangt werden, den Juden eine noch größere Zahl von Zeugen für seine Behauptungen zu präsentieren. Zudem liefert Jesus im judaistischen Kontext die größten Zeugen, die möglich sind: den größten Propheten (Johannes den Täufer), die größten Werke (Wunder), das größte

Wesen (Gott), das größte Buch (die Tora) und den größten Gesetzgeber (Mose). Unvoreingenommene jüdische Geschworene wären von der Beweislage überwältigt gewesen.

Wie Jesus ein vierfaches Zeugnis apologetisch verwendet
Von einer ähnlichen Konfrontation wird in Johannes 8 berichtet. Jesus behauptet: „Ich bin das Licht der Welt; wer mir nachfolgt, wird nicht in der Finsternis wandeln, sondern wird das Licht des Lebens haben" (Joh 8,12). Darüber sind die Pharisäer verärgert. Sie tun Jesu Worte ab, weil er als Zeuge für sich selbst auftritt (V. 13).

➲ ***Das Selbstzeugnis des Sohnes***
Jesus erwidert, dass sein Zeugnis dadurch gültig wird, dass er seine Herkunft und sein zukünftiges Ziel kennt. Er bekräftigt: „Auch wenn ich von mir selbst zeuge, ist mein Zeugnis wahr, weil ich weiß, woher ich gekommen bin und wohin ich gehe" (Joh 8,14). Das heißt, Jesus als der Mensch gewordene Gott ist die höchste Autorität. Er hat es nicht nötig, dass irgendjemand seine Behauptung bestätigt.

➲ ***Das Zeugnis des Vaters***
Dann geht Jesus auf das jüdische Gesetz ein. Er sagt wie in Matthäus 5,17-20, dass der Vater für ihn Zeugnis ablegt. Der Grund dafür, dass die Pharisäer Jesus nicht kennen, besteht darin, dass sie Gott nicht kennen. Dies ähnelt der Anklage in Vers 19a. Dort sagt Jesus, dass tatsächlich nicht nur sein Zeugnis über den Vater gültig ist, weil er Gottes Sohn ist, sondern dass der Vater dieselbe Tatsache bezeugt, nämlich dass Jesus sein Sohn ist. Mit Jesu Worten: „Wenn ihr mich gekannt hättet, so würdet ihr auch meinen Vater gekannt haben" (Joh 8,19b).

➲ ***Das Zeugnis Abrahams***
Abgesehen von Mose wird keine alttestamentliche Gestalt von den Juden mehr verehrt als Abraham. Tatsächlich bezeichnen sich die Juden auch als Kinder Abrahams. Also dreht Jesus den Spieß um, indem er sagt: Wenn sie Abraham kennen, wenn sie

die wahren Kinder Abrahams sind und wenn sie dem Gott vertrauen, dem Abraham vertraute, dann werden sie Jesus erkennen und annehmen. Indem er Abraham anführt, spielt Jesus seinen *Trumpfzeugen* aus. Der Vater der Juden jubelt darüber, Christus zu sehen (Joh 8,56). Wenn diese Juden also die Söhne Abrahams wären, würden sie ihn so empfangen, wie Abraham es tat. Ihre Reaktion offenbart, dass sie nicht an den Gott desjenigen glauben, von dem sie behaupten, er sei ihr Stammvater.

➲ *Das Zeugnis eines sündlosen Lebens*

Bis ins Mark getroffen von Jesu unwiderlegbarer Logik wenden sich die Juden den Ad-hominem-Argumenten zu, indem sie versuchen, ihn persönlich zu diskreditieren: „Wir sind nicht durch Hurerei geboren", und später: „Jetzt erkennen wir, dass du einen Dämon hast." Jesu Antwort ist direkt und treffend: „Wer von euch überführt mich einer Sünde?" (Joh 8,41.52.46). Kurzum, die Beweise für Jesu tadelloses Leben demonstrieren, dass sein Zeugnis wahr ist. Tatsächlich zeigt sich hier ein Hauch des berühmten Trilemmas: Entweder ist Christus ein Lügner, ein Verrückter oder der Herr. Aber wenn er kein Lügner ist (wofür sie keine Beweise haben), dann ist er entweder ein Verrückter oder der Herr. Aber wie kann er ein Verrückter sein, wenn er Gott, Abraham und sein eigenes sündloses Leben als Zeugen auf seiner Seite hat?

Manche, wie Bertrand Russell, haben bei Jesus nach charakterlichen Mängeln gesucht. Doch ihre Bemühungen haben sich als vergeblich erwiesen. Russell argumentiert, dass jemand, der Menschen vor ewiger Strafe warnt, nicht „zutiefst menschenfreundlich"[14] sein kann. Doch das wirft die Frage auf, ob es eine Hölle gibt. Denn wenn es eine Hölle gibt – und Jesus als der Sohn Gottes sollte das wissen –, dann wäre es zutiefst unmenschlich, die Leute *nicht* davor zu warnen, dass sie darauf zusteuern! Russells anderem Argument – dass jeder, der unnötigerweise Schweine ertränkt, wie Jesus es tat, „nicht sehr nett" sei – ergeht es nicht besser. Man könnte sagen, dass Russells Argument vermessen ist und auf mangelndem Wissen beruht. Erstens ertränkte Jesus die Schweine nicht; das taten die Dämonen.

Zweitens ist Jesus der Herr seiner Schöpfung und kann daher mit denen, die er geschaffen hat, tun, was er will. Drittens interessiert sich Russell mehr für die Schweine als für die Menschen, die Jesus von den Dämonen befreit hat. Christi Charakter ist sowohl von Freunden als auch von Feinden gut bezeugt worden.[15] Russell sagt tatsächlich selbst, obwohl Christus (nach seinen oben genannten unzulänglichen Argumenten) nicht vollkommen sei: „Ich [gestehe] ihm einen sehr hohen Grad moralischer Vortrefflichkeit zu".[16] An anderer Stelle sagt er außerdem, dass die Welt „Liebe, christliche Liebe oder Mitgefühl"[17] brauche, was ein großes Kompliment an den Charakter Christi ist. Tatsächlich hat niemand größere Liebe zum Ausdruck gebracht als Christus (Joh 15,13; Röm 5,6-8). So brillant Russell auch ist, zeigt eine sorgfältige Analyse jedoch, dass die Fehler nicht in Christi Charakter, sondern in Russells Argumenten zu suchen sind.

Fazit

Aus diesen Beispielen Jesu lernen wir ein paar Schlüssellektionen: Erstens, wenn Jesus etwas behauptet, liefert er Gründe und Beweise dafür. Er erwartet von seinen Zuhörern nicht, dass sie ihm einfach so glauben oder einen blinden Glaubenssprung wagen. Zweitens schließen die Beweise, die Jesus liefert, Augenzeugenberichte aus erster Hand, aber auch übernatürliche Ereignisse mit ein. Drittens benennt Jesus vielfältige Zeugen zur Verteidigung seiner Behauptung. Das ist ein Schlüsselelement der Apologetik von Jesus: Sie schließt das Zeugnis glaubwürdiger Zeugen mit ein. Angesichts seines monotheistischen Kontextes ist Jesus also ein Vertreter des *Evidentialismus*[18], nicht des *Fideismus*[19], denn er glaubt an die Verwendung von Beweisen, um andere von der Wahrheit seiner Behauptungen zu überzeugen.

In Johannes 5,31-47 nennt Jesus fünf glaubwürdige Zeugen: Johannes den Täufer, seine Werke, den Vater, das Alte Testament und Mose. In Johannes 8,12-41 weist Jesus auf das Zeugnis seines himmlischen Vaters hin und fügt das Zeugnis Abrahams und das seines eigenen sündlosen Lebens hinzu. Die Kraft von Jesu Argumenten beruht auf der Integrität und Glaubwürdigkeit seiner Zeugen. Dabei präsentiert er nicht nur starke Zeugen. Während er sich selbst verteidigt, dreht er den Spieß gegen seine Ankläger um. Ein vernünftiger Jude hätte keinen triftigen Grund, die Zeugen Jesu abzulehnen; seine apologetische Taktik ist sehr effektiv.

KAPITEL 2

Wie Jesus Wunder apologetisch einsetzt

Wer behauptet, Gott in Menschengestalt zu sein, muss ausreichend Beweise liefern, wenn er erwartet, dass die Leute ihm glauben. Genau das tut Jesus. Ein Schlüsselelement der Apologetik Christi sind die Wunderzeichen, die er wirkt, um seinen Anspruch zu untermauern. Die monotheistischen Juden, zu denen Jesus sprach, verstanden das. Der jüdische Pharisäer Nikodemus sagt: „Rabbi, wir wissen, dass du ein Lehrer bist, von Gott gekommen, denn niemand kann diese Zeichen [Wunder] tun, die du tust, es sei denn Gott mit ihm“ (Joh 3,2). Es war üblich, dass Gott seinen Sprecher auf diese Weise bestätigte – zum Beispiel Mose (2Mo 4,1-17) und Elia (1Kö 18). Tatsächlich suchten die Juden zu Jesu Zeit nach einem Zeichen von Gott (Mt 12,39).

Es gab einige Schlüsselperioden, in denen Wunder regelmäßiger auftraten. Die erste war die mosaische Zeit. Zu jener Zeit etablierte Gott die Autorität seines Boten Mose und die Autorität des Gesetzes. Das zweite Zeitalter der Wunder war die Zeit der Propheten. Diese begann mit Elia und Elisa. Zu jener Zeit führte Gott sein Gesetz wieder neu ein, nachdem Israel einen nationalen Glaubensabfall erlebt und sich gegen die Autorität der Propheten aufgelehnt hatte. Später zeigte sich bei Daniel eine Fortdauer der Wunder, während Gott sein Volk im Exil bewahrte, den fremden Nationen seine Herrlichkeit verkündete und Daniel eine prophetische Botschaft über zukünftige Ereignisse gab. Die vierte Zeit der Wunder war in der apostolischen Zeit. Diese begann mit Christus, der durch Wunder als Gottes Sohn und Israels Messias eingesetzt und bestätigt wurde.

In jedem Zeitalter wurden Wunder eingesetzt, um Gottes Botschaft durch seine Boten zu bestätigen. Der Verfasser des

Hebräerbriefes erklärt: „Wie werden wir entfliehen, wenn wir eine so große Rettung missachten? Sie ist ja, nachdem sie ihren Anfang damit genommen hatte, dass sie durch den Herrn verkündet wurde, uns gegenüber von denen bestätigt worden, die es gehört haben [die Apostel], wobei Gott zugleich Zeugnis gab durch Zeichen und Wunder und mancherlei Machttaten und Austeilungen des Heiligen Geistes nach seinem Willen" (Hebr 2,3-4). Craig Blomberg sagt: „Der Zweck des Wunder wirkenden Dienstes Jesu wurde als ‚beweiskräftig, evangelistisch, einfühlsam und eschatologisch' beschrieben. [...] Aber das Hauptziel ist christologisch – zu zeigen, dass Jesus der göttliche Messias ist und dass das Reich Gottes jetzt mit neuer Kraft in die menschliche Geschichte hereinbricht (vgl. Mt 11,2-6; Lk 11,20)."[20]

In 5. Mose 18,15-20 verheißt Gott, dass er eines Tages einen anderen Propheten wie Mose aufstehen lassen wird, durch den er sprechen wird. Die Wunder Christi sind Zeichen dafür, dass er dieser Prophet ist und noch viel mehr. Viele Juden, die die Zeichen sehen, sind überzeugt; doch nicht jeder sieht diesen Zusammenhang.

In Johannes 2,1-11 bringt das Wunder, als Jesus Wasser in Wein verwandelte, seine Jünger dazu, ihr Vertrauen auf ihn zu setzen. „Diesen Anfang der Zeichen machte Jesus zu Kana in Galiläa und offenbarte seine Herrlichkeit; und seine Jünger glaubten an ihn" (V. 11). Der jüdische Anführer Nikodemus erkennt seine Wunder ebenfalls als Bestätigung dafür, dass Jesus von Gott gesandt ist (Joh 3,2).

Eine Definition von „Wunder"

Naturgesetze beschreiben, was regelmäßig durch natürliche Ursachen geschieht. Wunder hingegen sind ein besonderes Handeln Gottes, das den normalen Gang der Dinge unterbricht und Gottes Wort durch einen Boten Gottes bestätigt.[21]

In den Evangelien werden unterschiedliche Wörter für *Wunder* verwendet. Dwight Pentecost definiert die Begriffe, die im Neuen Testament verwendet werden.

1. *Teras* tritt sechzehnmal im Neuen Testament auf. Es wird immer in Verbindung mit *semeion* (Zeichen) verwendet und betont den verblüffenden, beeindruckenden und erstaunlichen Aspekt des Wunders.

2. *Dynamis* hebt die Macht hervor, die im Wunder offenbart wird, sowie die geistliche Macht dahinter.

3. *Endoxos* hebt Wunder hervor als Werke, in denen die Herrlichkeit Gottes und des Sohnes offenbar werden.

4. *Paradoxos* wird nur in Lukas 5,26 verwendet und mit „außerordentliche Dinge“ übersetzt. Es hebt hervor, dass das Wunder im Kontrast zur natürlichen Ordnung der Welt steht.

5. *Thaumasios* wird nur in Matthäus 21,15 verwendet. Es bedeutet etwas, was Staunen hervorruft.

6. *Semeion* wird verwendet, um auf die Macht oder Bedeutung hinter dem Wunder hinzuweisen.[22]

Das griechische Wort, das am meisten verwendet wird, ist *semeion* (das normalerweise mit „Zeichen“ übersetzt wird). Es erscheint 77-mal im Neuen Testament, vorwiegend in den Evangelien, wo es 48-mal verwendet wird. Die Grundbedeutung im Griechischen von *semeion* ist ein Zeichen, an dem man eine bestimmte Person oder Sache erkennt und das als Echtheitsmerkmal oder -kennzeichen dient. Wenn es mit dem Übernatürlichen in Verbindung gebracht wird, kann es auf ein Wunder hinweisen, das durch eine Gottheit oder einen Wundertäter bewirkt wurde und dem natürlichen Lauf der Dinge zuwiderläuft.[23] Die anderen griechischen Begriffe, die für *Wunder* verwendet werden, lassen darauf schließen, dass Wunder einzigartige und außergewöhnliche Ereignisse sind, die Staunen *(teras)* erwecken, durch eine göttliche Macht herbeigeführt werden *(dynamis),* irgendein praktisches oder wohltätiges Werk vollbringen *(ergon* und *endoxos*) und die Botschaft sowie den Botschafter als von Gott gesandt bestätigen *(semeion)*.[24]

Wunder haben jedoch eine größere Bedeutung als nur die Ereignisse selbst. Man kann mindestens fünf Dimensionen biblischer Wunder auflisten:

1. Wunder haben eine ungewöhnliche Dimension; als etwas Erstaunliches ziehen sie Aufmerksamkeit auf sich.

2. Wunder haben eine theologische Dimension. Gott, der das Universum geschaffen hat und es am Leben erhält, kann eingreifen, wann immer er will.

3. Wunder haben eine moralische Dimension. Sie spiegeln Gottes Charakter wider und bringen ihm Ehre.

4. Wunder haben eine dogmatische Dimension. Sie stehen häufig in Verbindung mit Wahrheitsansprüchen und bestätigen Gottes Botschaft und seinen Boten.

5. Wunder haben eine teleologische Dimension, d. h. sie haben ein bestimmtes Ziel. Sie werden nie gewirkt, um zu unterhalten, sondern vielmehr um Gott zu verherrlichen und Beweise zu liefern, die Menschen davon überzeugen sollen, dass der Bote unter Gottes Autorität steht.[25]

Die Juden wussten, dass nur Gott wahre Wunder vollbringen konnte (siehe 2Mo 8,19). Da Gott wahrhaftig ist und nichts mit falschen Lehren zu tun hat, kann Christus folglich keine Wunder tun, wenn seine Behauptungen falsch sind. Daher bestätigen die Wunder die außergewöhnliche Behauptung Jesu, dass er der heilige Sohn Gottes ist, der Messias. Sie provozieren auch eine Antwort bei denen, die sie erlebt haben. Die richtige Schlussfolgerung, zu der die Juden hätten kommen sollen, nachdem sie Jesu Wunder gesehen hatten, wäre, dass hier jemand mit Gottes Autorität gekommen ist, um das anbrechende Reich Gottes einzuführen.

Satan und Wunder

Einige haben argumentiert, dass Satan ebenfalls Wunder bewirken kann (Mt 7,22-23; 2Thes 2,9). Aber Satan ist als endliches Geschöpf unfähig, wahrhaft übernatürliche Taten zu vollbringen, wie Gott es tut, denn nur ein übernatürliches Wesen (Gott) kann übernatürliche Taten vollbringen. Satan ist beispielsweise unfähig, Leben zu schaffen oder jemanden von den Toten aufzuerwecken. Wenn Satan die Macht hätte, Tote aufzuerwecken, würde das ein schwerwiegendes Problem dafür darstellen, die Auferstehung Jesu als Bestätigung für seine Göttlichkeit zu verwenden. Manche haben sich auf Offenbarung 13 berufen, um die Gegenmeinung zu stärken; eine sorgfältige Untersuchung lässt jedoch das Gegenteil erkennen.

In Offenbarung 13 wird der Antichrist tödlich verwundet und anschließend auf wundersame Weise von seiner Wunde geheilt (Offb 13,3.12). Manche glauben, dass der Antichrist getötet und dann vom Satan wieder zum Leben erweckt wird. Tim LaHaye stellt dieses Szenario in seinem Endzeit-Romanzyklus dar.[26] Doch die Elberfelder Bibel übersetzt Vers 3 folgendermaßen: „Und ich sah einen seiner Köpfe wie zum Tod geschlachtet. Und seine Todeswunde wurde geheilt." Im Griechischen liest man: *Hos esphagmenen eis thanaton*. Der Neutestamentler Leon Morris schreibt, dass hier mit „wie erlegt"[27] übersetzt werden kann. Daher können wir schlussfolgern, dass das Tier nicht wirklich getötet, sondern nur ernsthaft verwundet wurde und dem Tod nahe ist. Dann wird seine Wunde geheilt, es wird jedoch nicht von den Toten auferweckt.

Offenbarung 13,15 sagt, dass dem Tier „die Macht" gegeben wurde, „das Standbild des ersten Tieres zu beleben, sodass das Standbild reden konnte". (NeÜ) Manche glauben, Satan demonstriere in diesem Abschnitt die Macht, Leben zu schaffen. Als erstes gilt: Jede Macht, über die das Tier verfügt, wird ihm von Gott gegeben. Die Quelle dieses „Odems" oder „Lebens" stammt also nicht von Satan selbst, sondern sie wird ihm von Gott gewährt. Weiterhin ist das Wort *Odem* (ELB) eine Übersetzung des griechischen Wortes *pneuma*. Manche übersetzen dieses Wort mit „Leben", aber die Elberfelder Übersetzung wählt „Odem", eine präzisere Übersetzung. *Pneuma* unterscheidet sich deutlich von dem griechischen Wort für *Leben*, nämlich *zoe*. Dem Bild wird nicht Leben gegeben, sondern Odem, was darauf hindeuten könnte, dass das Bild den Anschein von Leben erweckt. John Walvoord stellt fest: „Es scheint die Absicht des Abschnitts zu sein, dass das Bild den Anschein von Leben erweckt, der sich im Atmen äußert. Tatsächlich ist es aber möglicherweise kaum mehr als ein Roboter. Außerdem wird beschrieben, dass das Bild fähig ist zu sprechen, eine Fähigkeit, die leicht mit technischen Mitteln erzeugt werden kann."[28] Es gibt zahlreiche Szenarien, die vernünftige Erklärungen dafür liefern, wie das Bild eine lebensähnliche Erscheinung zu bekommen scheint.

Keiner der beiden Abschnitte liefert also echte Unterstützung für die Ansicht, dass Satan Tote auferwecken kann. Und die gesamte Schrift spricht dagegen, denn überall wird Gott allein als der Schöpfer von „alle[n] sich regenden lebenden Wesen" dargestellt (1Mo 1,21). In der Tat sagt Gott selbst: „Seht nun, dass ich, ich es bin und kein Gott neben mir ist! Ich, ich töte, und ich mache lebendig" (5Mo 32,39; vgl. Hi 1,21). Sogar die Magier Ägyptens bestätigen, dass nur Gott Leben aus dem Staub schaffen kann, denn über Moses Wunder sagen sie: „Das ist der Finger Gottes!" (2Mo 8,15). Die Behauptung, Satan könne wahre Wunder wirken, die Gottes übernatürlichem Handeln gleichkommen, bei dem er Leben schafft und Tote auferweckt, zerstört das gesamte apologetische Fundament, auf dem das Christentum ruht (1Kor 15,12-19). Satan ist ein Meister der Magie und Wissenschaft. Er tut viele Dinge, die wie Wunder aussehen. Aber die Bibel nennt sie „Zeichen und Wunder der Lüge" (2Thes 2,9). Nur Gott besitzt die Fähigkeit, eine wirklich übernatürliche Tat zu vollbringen. Satan ist ein endliches Geschöpf. Als solches kann er sich nicht mit der unendlichen Macht Gottes messen. Daher sind Christi Wunder einzigartig.

Christi Wunder und Mysterienkulte

Andere versuchen, den einzigartigen apologetischen Wert der Wunder Christi zu schmälern, indem sie behaupten, diese entstammten der Mysterienkulte. Diese Ansicht entbehrt jedoch aus verschiedenen Gründen jeder Grundlage.

Erstens beinhaltet diese Ansicht einen kompositorischen Trugschluss. Wenn ihre Verfechter Vergleiche mit dem Christentum anstellen, dann stellen sie die heidnischen Religionen oft einheitlich dar. Durch die Zusammenstellung verschiedener Merkmale der unterschiedlichen Religionen wird versucht, starke Ähnlichkeiten zum Christentum aufzuzeigen.[29] Wenn jedoch die einzelnen Mythen selbst untersucht werden, entdeckt der Leser bedeutende Unterschiede zwischen den Mythen bei nur wenig Gemeinsamkeiten.

Zweitens liegt hier ein terminologischer Trugschluss vor. Christliche Begriffe werden benutzt, um heidnische Glaubensansichten zu beschreiben. Dann wird gefolgert, dass es Parallelen in deren Ursprung und Bedeutung gibt. Aber obwohl dieselben Wörter verwendet werden, besteht ein großer Unterschied zwischen der christlichen Definition und Praxis und dem heidnischen Verständnis.[30]

Als Drittes folgt der chronologische Trugschluss. Vertreter dieser Position nehmen fälschlicherweise an, dass das Christentum viele seiner Ideen von den Mysterienkulten entliehen habe. Dabei zeigt die Beweislage jedoch, dass es sich tatsächlich andersherum verhält. Es gibt keine archäologischen Belege dafür, dass Mysterienkulte in Israel vor dem 1. Jahrhundert n. Chr. überhaupt existierten. Juden und die frühen Christen verabscheuten Synkretismus. Sie waren kompromisslos monotheistisch, während die Griechen polytheistisch waren. Christen verteidigten außerdem nachdrücklich die Einzigartigkeit Christi als einzigem Sohn Gottes und einzigem Weg zum ewigen Leben (Apg 4,12). Obwohl Christen heidnischen Religionen begegneten, kämpften sie dagegen, fremde Glaubensansichten zu übernehmen.[31] Ron Nash sagt: „Der kompromisslose Monotheismus und die Ausschließlichkeit, die die frühe Kirche predigte und praktizierte, machte die Möglichkeit irgendwelcher heidnischer Annäherungen […] unwahrscheinlich, wenn nicht unmöglich."[32]

Viertens folgt der intentionale Fehlschluss, der eine falsche Absicht unterstellt. Das Christentum vertritt ein lineares Geschichtsverständnis: Es gibt einen Grund für die Existenz der

Menschheit, und die Geschichte bewegt sich linear auf ein Ziel zu, um Gottes Plan für die Zeiten zu erfüllen. Die Mysterienkulte haben eine andere Absicht: Sie vertreten ein zyklisches Geschichtsverständnis. Sie glauben, dass die Geschichte sich in einem nie endenden Kreislauf fortsetzt, der oftmals mit dem Lebenszyklus der Natur verbunden wird.[33]

Zusammenfassend kann man sagen, dass das Christentum seinen Ursprung nicht in der griechischen Mythologie hat, sondern im Judentum. Jesus, Paulus und die Apostel berufen sich auf das Alte Testament. Dort finden wir Prophetien, die durch das Christentum erfüllt werden. Die Lehren des Alten Testaments, z. B. über Gott, über Blutsühne für Sünde, Erlösung aus Gnade, die Sündhaftigkeit des Menschen und die körperliche Auferstehung, haben ihren Ursprung im Judentum. Sie sind der griechischen Mythologie fremd. Die Vorstellung einer Auferstehung wurde vor dem ausgehenden 2. Jahrhundert n. Chr. in keinem griechisch-mythologischen Werk gelehrt.[34] Die Wunder Jesu sind daher keine mythologisch-literarischen Kopien; sie sind einzigartige übernatürliche Ereignisse.

Vollmacht, die sich in den Wunderzeichen Jesu zeigt

Im ganzen Alten Testament gebraucht Gott Wunder, um seine Botschaft und seinen Boten zu bestätigen. Christi Wunder bewiesen, dass das, was er über sich selbst behauptete, der Wahrheit entspricht und dass Gott die Botschaft bestätigte, die er predigte. Jesus wirkte ein großes Spektrum an Wunderzeichen, die zeigten, dass er der Mensch gewordene Gott war, der Autorität über jeden Bereich der Schöpfung besaß.

Jesu Macht über den Kosmos zeigte sich darin, dass er die Kontrolle über jede Kategorie des Kosmos hatte, die von dem berühmten griechischen Philosophen Aristoteles in seinen *Kategorien* aufgezählt wurde. Beachten Sie Jesu Macht über:

- Substanz (Was?) – Wasser wird in Wein verwandelt
- Quantität (Wie viel?) – Fünftausend werden gespeist

- Qualität (Welcher Art?) – Ein Blinder wird sehend, bekommt die Qualität des Augenlichts

- Relativum (Worauf bezieht sich etwas?) – Lazarus wird wieder zum Leben erweckt, in eine Beziehung mit anderen hinein

- Raum (Wo?) – Der Sohn des Hauptmanns wird aus der Ferne geheilt

- Zeit (Wann?) – Jemand, der 38 Jahre lang körperlich behindert war, wird geheilt

- Lage (In welcher Position?) – Jesus geht auf dem Wasser, eine nicht natürliche Position

- Zustand (Unter welcher Bedingung?) – Eine übergroße Menge an Fischen wird gefangen

- Wirken (Was tut etwas?) – Sein Sterben, dass den Tod besiegt

- Erleiden (Was erleidet etwas?) – Seine eigene, triumphale Auferstehung[35]

Die Wunder Christi spiegeln seinen göttlichen Charakter wider und demonstrieren seine Autorität über die Schöpfung. Wenn er sein Königreich auf der Erde aufrichten wird, wird ihm die ganze Schöpfung untertan sein. Sünde, Gebrechen, Tod und Krankheit werden endgültig überwunden werden (1Kor 15,20-26; Offb 21,4). Denjenigen, die zu seinem Königreich gehören, wird es nie an irgendetwas mangeln. Der König wird all ihre Bedürfnisse stillen.

Jesus wirkt eine Reihe von Wundern, die sein übernatürliches Wissen zeigen. In der Berufung von Nathanael (Joh 1,43-51) offenbart Christus, dass er Nathanaels Aufenthaltsort und sogar seine Gedanken kennt. Infolgedessen ruft Nathanael aus: „Rabbi, du bist der Sohn Gottes, du bist der König Israels“ (Joh

1,49). In Johannes 4,1-38 offenbart Jesus sein Wissen über das Leben der samaritanischen Frau, indem er sagt, dass sie vorher fünf Ehemänner hatte und aktuell mit einem Mann zusammenlebt, der nicht ihr Ehemann ist. Infolgedessen berichtet sie den Leuten in ihrer Stadt: „Kommt, seht einen Menschen, der mir alles gesagt hat, was ich getan habe! Dieser ist doch nicht etwa der Christus?" (V. 29). Jesu besonderes Wissen über Einzelpersonen und Ereignisse zeigt, dass er seine göttliche Eigenschaft der Allwissenheit wahrnehmen kann.

Jesus zeigt, dass er als Schöpfer Autorität über die natürliche Welt besitzt. Beispiele für diese Autorität werden sichtbar, als er den Sturm stillt (Lk 8,22-25), Wasser in Wein verwandelt (Joh 2,1-11) und auf dem Wasser geht (Joh 6,16-24). Als Gott, der heilt, zeigt Christus Vollmacht über Krankheiten. Er heilt Lepra (Mt 8,1-4), Blindheit (Mk 10,46-52; Joh 9,1-12), tödliche Krankheit (Joh 4,43-54) und körperliche Gebrechen (Joh 5,1-15).

Als Herr über die ganze Schöpfung erstreckt sich Christi Autorität sogar über den geistlichen Bereich. Er beweist seine Macht über dämonische Kräfte gegenüber zwei Männern in der Gegend der Gadarener (Mt 8,28-34), einem Jungen mit einem bösen Geist (Mk 9,14-32; Lk 9,37-45) und einem besessenen Gerasener (Lk 8,26-39).

Als Gott, der Versorger, zeigt Jesus seine Fähigkeit, die Bedürfnisse der Menschen zu stillen. Er speist eine Menschenmenge von 5000 Mann (Mt 14,13-21) und später eine Menge von 4000 Mann (Mt 15,29-39). In Lukas 5,1-11 vollbringt Jesus das Wunder des wunderbaren Fischfangs. Die Versorgung mit Nahrung hat große Ähnlichkeiten damit, wie Gott sein Volk während des Auszugs aus Ägypten versorgte.

Jesus zeigt seine Autorität über Sünde und ihre Auswirkungen in Markus 2,1-12. Als Jesus sieht, wie der Lahme vor ihm heruntergelassen wird, verkündet Jesus dem Mann: „Kind, deine Sünden sind vergeben" (V. 5). Die jüdischen Führer, die das mitbekommen, sind wie vor den Kopf gestoßen. Denn sie wissen: Nur Gott hat die Autorität, Sünden zu vergeben. Das bedeutet also, dass Jesus die Autorität beansprucht, die allein Gott vorbehalten ist. Jesus, der ihre Gedanken kennt, erwidert: „Damit ihr aber wisst, dass der Sohn des Menschen Vollmacht hat, auf der Erde Sünden zu vergeben – spricht er zu dem Gelähmten: Ich sage dir, steh auf, nimm dein Bett auf und geh in dein Haus!" (Mk 2,10-11). So demonstriert Jesus den Zuhörern auf körperliche Weise seine Autorität über Sünde.

Jesus ist auch die Quelle des Lebens. Er zeigt das, indem er mehrere Menschen von den Toten auferweckt. Zu ihnen zählen die Tochter des Jaïrus (Mk 5,21-24.35-43), der Sohn der Witwe aus der Stadt Nain (Lk 7,11-17) und Lazarus (Joh 11).

Durch diese große Vielfalt an Wundern beweist Jesus seine Autorität über jeden Bereich der Schöpfung. Das gewaltige Spektrum der Wunder Christi bestätigt: „Er ist das Bild des unsichtbaren Gottes, der Erstgeborene aller Schöpfung" (Kol 1,15). Kurz gesagt werden Wunder immer wieder von Christus apologetisch eingesetzt, um seine Botschaft zu bestätigen und um sie zu verteidigen.

Die Apologetik der Wunder

Jesus wird häufig aufgefordert, seine Behauptungen zu verteidigen. Wenn das geschieht, weist er die Leute auf das Zeugnis seiner Wunder hin. In Johannes 10 fordern die Juden Jesus heraus: „Bis wann hältst du unsere Seele hin? Wenn du der Christus bist, so sage es uns frei heraus" (V. 24). Als Antwort auf diese Herausforderung, seine Behauptung zu untermauern, weist Jesus seine Gegner auf das klare und eindringliche Zeugnis seiner Wunder hin: „Ich habe es euch gesagt, und ihr glaubt nicht. Die Werke, die ich in dem Namen meines Vaters tue, diese zeugen von mir" (V. 25). D. A. Carson schreibt: „Das Spektrum seiner Taten – darunter die Heilung eines Mannes, der 38 Jahre lang gelähmt gewesen war, die sorgfältig belegte Heilung eines blind geborenen Mannes und kurz darauf die Auferweckung eines Mannes, der unbestreitbar tot gewesen war – zusammen mit dem Tonfall und Inhalt seiner Lehre sprechen deutlich für ihn."[36] Eine sehr verhärtete Gruppe, die überzeugende Beweise fordert, wird von Jesus auf seine Wunder hingewiesen. Der Zusammenhang zwischen Jesus, der Wahrheit seiner Botschaft und Gottes Autorität ist offensichtlich.

Der Abschnitt in Johannes 10 berichtet weiter, dass die Juden Steine aufhoben, um Jesus zu steinigen. Zu seiner Verteidigung beruft Jesus sich wieder auf das Zeugnis seiner Wunder, die Gottes Werk sind: „Viele gute Werke habe ich euch von meinem Vater gezeigt. Für welches Werk unter ihnen steinigt ihr mich?" (V. 32). Dann präsentiert er ein offensichtliches Argument aus Psalm 82,6.

> „Steht nicht in eurem Gesetz geschrieben: ‚Ich habe gesagt: Ihr seid Götter'? Wenn er jene Götter nannte, an die das Wort Gottes erging – und die Schrift kann nicht aufgelöst werden –, sagt ihr von dem, den der Vater geheiligt und in die Welt gesandt hat: Du lästerst, weil ich sagte: Ich bin Gottes Sohn?"
>
> Johannes 10,34-36

Dann beruft sich Jesus ein drittes Mal auf die Beweise seiner Wunder: „So glaubt den Werken, wenn ihr auch mir nicht glaubt, damit ihr erkennt und versteht, dass der Vater in mir ist und ich in dem Vater!" (V. 38). Jesus erwartet nicht, dass ihm die Menschenmenge nur aufgrund seiner Worte glauben wird. Er weist auf die Beweise hin – seine Wunder – und möchte, dass sie diese ernsthaft in Erwägung ziehen.[37]

Für Jesus ergibt sich eine weitere Gelegenheit, um seine Behauptungen zu verteidigen, diesmal jedoch gegenüber einer freundlich gesinnten Menschenmenge. Die Erwartung des Volkes ist, dass der Messias das Königreich einführen wird. Dieses Reich wird sich durch Freiheit und Unabhängigkeit auszeichnen. Doch das Königreich wird nicht sichtbar, Johannes der Täufer findet sich im Gefängnis wieder und droht, hingerichtet zu werden. Johannes weiß nicht, was er von dieser Entwicklung halten soll, er ist entmutigt und vielleicht desillusioniert. Er hinterfragt seine Sicht über Jesus, als er seine Jünger schickt, um zu fragen: „Bist du der Kommende, oder sollen wir auf einen anderen warten?" (Mt 11,3; Lk 7,20). Jesus antwortet, indem er auf das Zeugnis seiner Wunder hinweist: „Geht hin und verkündet Johannes, was ihr hört und seht: Blinde werden sehend, und Lahme gehen,

Aussätzige werden gereinigt, und Taube hören, und Tote werden auferweckt, und Armen wird gute Botschaft verkündigt" (Mt 11,4-5; siehe auch Lk 7,22). Jesus gibt einen Überblick über seine Werke, indem er Jesaja 35,4-6 und 61,1 zitiert. Er versichert Johannes damit, dass die messianischen Visionen dieser Textstellen gerade erfüllt werden. Der Beweis zeigt sich in den Wundern Christi und darin, dass den Armen das Evangelium gepredigt wird. Die Mächte der Finsternis werden entmachtet, während der König beginnt, sein Königreich einzuführen.[38] Da er um Johannes' Zweifel und seine Situation weiß, weist er auf das bezwingende Zeugnis seiner Wunder und seiner Werke hin, damit der Propheten nicht mit zweifelnden Fragen zurückbleibt.

Die Einzigartigkeit der Wunder Christi

Die Wunder Jesu bestätigen seinen Anspruch, der heilige Sohn Gottes zu sein, sie demonstrieren seine Autorität über jeden Bereich der Schöpfung und heben ihn von den Begründern aller anderen Religionen ab. Die meisten Wunderberichte aus anderen Religionen sind mythisch und wurden außerdem einige Generationen nach Lebzeiten der Augenzeugen aufgeschrieben. Der Historiker A. N. Sherwin White belegt, dass es mindestens zwei oder drei Generationen nach dem Tod der Augenzeugen braucht, damit vollständige Legenden entstehen können.[39] William Lane Craig bemerkt: „Die Schriften des griechischen Historikers Herodot erlauben uns zu überprüfen, in welchem Tempo sich eine Legende aufbaut; die Untersuchungen zeigen, dass sogar Zeitspannen von zwei Generationen zu kurz sind, damit legendäre Tendenzen den harten Kern historischer Tatsachen auslöschen können."[40] Da die Evangelien noch in der Generation der Augenzeugen verfasst wurden, war es noch zu früh, als dass sich vollständige Legenden hätte entwickeln können.

Im Gegensatz zu anderen antiken Wunderberichten gibt es im Neuen Testament schriftliche Aufzeichnungen über die Ereignisse im Leben Jesu, die von vielen Augenzeugen und engen Gefährten Christi genau dokumentiert wurden. Ihre Zeugenberichte und Schriften waren schon zu Lebzeiten anderer Augenzeugen in den Städten im Umlauf, in denen die Ereignisse stattgefunden hatten. Wie wir in Kapitel 1 gesehen haben, ist der Bericht von Augenzeugen – das *Zeugnis* – ein zentraler Begriff des Johannesevangeliums. Der Grund dafür ist klar: Die Zeichen, die Jesus tat, wurden von vielen Zeugen umfassend bestätigt; deshalb können diese Wunder nicht einfach abgetan oder wegerklärt werden.

Viele dieser Augenzeugen waren ablehnend. Sie suchten nach Möglichkeiten, die historische Glaubwürdigkeit der Botschaft der Apostel zu diskreditieren. Wenn Jesu Wunder erfunden gewesen wären, hätten diese ablehnenden Augenzeugen die Evangelien und das Zeugnis der Apostel, das immer wieder apologetisch auf Christi Wunder verwies, leicht diskreditieren können. Mit anderen Worten: Das Christentum hätte keinen Bestand gehabt, wenn die Wunderberichte über Jesus nicht wahr wären.

Im Gegensatz zum historischen Charakter der Wunder Christi sind Berichte aus anderen Religionen über Wunder oft mythischer Natur. Auch die gnostischen Evangelien sind ein deutliches Beispiel dafür. Das *Petrusevangelium* sagt beispielsweise, dass das Kreuz, an dem Christus gekreuzigt wurde, bei der Auferstehung lief und redete. Dann besagt es, dass die Hälse der Engel am Grab bis in den Himmel reichten, aber der Hals Christi reichte über den Himmel hinaus. Nur wenige halten das für einen historischen Bericht über die Auferstehung.

Die meisten Wunderberichte anderer Religionen wurden mindestens zwei Generationen nach der Lebenszeit der Augenzeugen niedergeschrieben. Sie sind daher keine historischen Berichte der ersten Generation, wie es die christlichen Evangelien sind. Der Koran schreibt Mohammed gar keine Wunder zu; er selbst weigert sich sogar, solche zu tun (Sure 28,47-51). Muslime behaupten jedoch, er habe viele Wunder getan. Sie beziehen sich dabei auf den *Hadith*, der die mutmaßlichen Aussprüche Mohammeds aufzeichnet. Dieses Werk wurde jedoch mindestens ein Jahrhundert nach Mohammeds Lebzeiten verfasst.[41] Sowohl der *Hadith* als auch die gnostischen Evangelien folgen diesem Muster sagenhafter Wunderberichte, die sich erst zwei Generationen später zu entwickeln begannen. Darüber hinaus gibt es Nachweise dafür, dass sie als Antwort auf christliche

Apologeten entstanden, die sich auf Christi Wunder beriefen als Beweis für seine Göttlichkeit, die so auf übernatürliche Weise bestätigt wurde – im Gegensatz zu Mohammed, der keine solchen Wunder wirkte.

Ein letztes Wunderzeichen

Die Wunder Christi führten viele zum Glauben (siehe Kap. 3). Doch die Auferstehung war das größte Wunder von allen. Trotz seiner zahlreichen Wunder weigerten sich noch immer viele, an ihn zu glauben. Johannes schreibt: „Obwohl er aber so viele Zeichen vor ihnen getan hatte, glaubten sie nicht an ihn" (Joh 12,37). Nachdem er den Tempel gereinigt hatte, fordern die Juden Jesus heraus, ein weiteres Zeichen zu wirken, um seine Vollmacht zu beweisen, in der er solche Dinge tat. Jesus weigert sich in jenem Moment, ein weiteres Wunder zu tun, wegen ihrer harten Herzen. Aber er sagte, dass ein letztes Zeichen gegeben werden würde: „Brecht diesen Tempel ab, und in drei Tagen werde ich ihn aufrichten" (Joh 2,19). Die Juden, die nicht begriffen, was er meinte, erwiderten: „46 Jahre ist an diesem Tempel gebaut worden, und du willst ihn in drei Tagen aufrichten?" (Joh 2,20). Sie verstanden nicht, dass der Tempel, von dem er redete, sein eigener Körper war. Nach Jesu Auferstehung erinnerten sich seine Jünger und verstanden es nun, und das überzeugte auch ein paar der skeptischsten Juden (siehe zum Beispiel Joh 12,42; Apg 9).

Bei einer anderen Gelegenheit forderten die Pharisäer und die Gesetzeslehrer ein Zeichen von Jesus. Im Wissen, dass sie eine unaufrichtige Bitte vorbrachten, antwortete er: „Ein böses und ehebrecherisches Geschlecht begehrt ein Zeichen, und kein Zeichen wird ihm gegeben werden als nur das Zeichen Jonas, des Propheten. Denn wie Jona drei Tage und drei Nächte in dem Bauch des großen Fisches war, so wird der Sohn des Menschen drei Tage und drei Nächte im Herzen der Erde sein" (Mt 12,39-40).

Anwendung für Apologetik heute

Im monotheistischen Kontext, in dem Jesus sprach, stellt ein Wunder den größten Beweis dar, der geliefert werden kann. Denn wenn Gott existiert, dann sind Wunder möglich, und Gott nutzt Wunder, um seine Botschaft durch seine Sprecher zu bestätigen (Apg 2,22; Hebr 2,3-4). Daher wurde die Wahrheit von Jesu Behauptungen durch Wunder erwiesen. Es sind Taten Gottes, die die Wahrheit bestätigen, die seine Boten an Gottes Volk weitergeben.

Wunder sind starke Beweise, um für das Christentum zu plädieren. Jesus verwendete Wunder, um die Wahrheit seiner Behauptungen zu demonstrieren – sie sind ein deutliches Indiz dafür, dass er der Mensch gewordene Gott ist. Und als seine Gegner ihn hinterfragen, verweist er auf jene Wunder als Bestätigung seines Anspruchs, der heilige Sohn Gottes zu sein (siehe Mk 2,8-12).

Wenn Apologeten für das Christentum plädieren, können sie sich auf dasselbe Wunder-Beweismaterial berufen. Natürlich haben heutige Apologeten die zusätzliche Aufgabe, zeigen zu müssen, dass die neutestamentlichen Dokumente historisch zuverlässig sind, was sie ohne Weiteres tun können.[42] Die Wunder Christi heben ihn von den Führern anderer Religionen ab. Sie demonstrieren seine Autorität über jeden Bereich der Schöpfung. Von allen Behauptungen der Führer von Weltreligionen sind nur die von Christus auf einzigartige Weise durch vielfältige, wiederholte Augenzeugenberichte bestätigt.

Argumente gegen Christi Wunder

Die schwerwiegendsten Argumente gegen Wunder stammen von David Hume. Seine Argumente oder modifizierte Varianten davon werden heute noch gegen die Wunderberichte über Christus verwendet. Hume glaubt, dass das Christentum nicht wahr sein kann, weil Wunder nicht möglich sind. Da das Christentum Zeugenberichte von Wundern verwende, um seinen Anspruch, der wahre Glaube zu sein, zu begründen, baue das Christentum seine Behauptungen auf eine falsche Prämisse auf. Im Hinblick auf sein eigenes Argument äußert Hume: „Ich schmeichle mir, eine Begründung gleicher Natur aufgefunden zu haben, welche, wenn sie richtig ist, für Weise und Gelehrte eine dauernde Schranke gegen jede Art von abergläubischer Verblendung aufrichten und daher ihren Nutzen behalten wird, solange die Welt fortbesteht."[43]

➲ *Humes Annahme*

Humes Argument beruht auf seinem Glauben an ein naturalistisches Universum, in dem die Gesetze des Universums nicht verändert werden können und es keinen Gott gibt, der eingreifen kann. Da die meisten, unter denen Jesus wirkte, Monotheisten waren, bestand für ihn keine Notwendigkeit, ihnen Beweise für Gottes Existenz zu liefern. Wenn sich solche Situationen ergeben hätten, hätte er ohne Weiteres auf die Gestaltung des Himmels (Ps 19,2) oder auf die Notwendigkeit eines Schöpfers der Welt (Apg 14,15-17; 17,24-28; Röm 1,19-20) verweisen können. In der Tat gibt es überzeugende Indizien, die darauf hindeuten, dass wir in einem theistischen Universum leben. Im Folgenden stelle ich eine kurze Zusammenfassung der Indizien für die Existenz Gottes dar.

Erstens gibt es das Argument einer *ersten bewirkenden Ursache*, das auch als das *kosmologische Argument* bekannt ist. Dieses besagt, dass alles, was zu existieren beginnt, eine Ursache hat. Die wissenschaftlichen Erkenntnisse zeigen, dass das Universum einen Anfang hatte. Also muss es eine Ursache gehabt haben. Es ist unlogisch anzunehmen, nichts habe das Universum geschaffen, denn es ist für das Universum unmöglich, sich aus dem Nichts zu entwickeln. Es muss jemand oder etwas Größeres als das Universum gegeben haben, um es zu schaffen. Eine solche *erste bewirkende Ursache* ist das, was wir Gott nennen: ein übernatürliches Wesen jenseits des natürlichen Universums, das dieses ins Dasein gerufen hat. Die wissenschaftlichen Indizien dafür, dass das Universum einen Anfang hatte, sind überwältigend. Dazu gehören der zweite Hauptsatz der Thermodynamik, die Expansion des Universums, die kosmische Mikrowellenhintergrundstrahlung, Einsteins allgemeine Relativitätstheorie und die großen Energiemassen, die durch das Hubble-Weltraumteleskop entdeckt wurden – alles dies deutet auf einen Anfang des Raum-Zeit-Universums hin.[44] Angesichts dieser Indizien gesteht sogar der agnostische Astronom Robert Jastrow ein: „Dass hier etwas am Werk ist, das ich oder andere als übernatürliche Kräfte bezeichnen würden, ist inzwischen, denke ich, eine wissenschaftlich belegte Tatsache."[45]

Zweitens weisen die offenkundige Ordnung und Gestaltung in der Natur auf einen intelligenten Konstrukteur hin. Beispielsweise würde niemand unter uns annehmen, ein Computer entstünde als Folge natürlicher Kräfte. Obwohl alle Komponenten eines Computers auf der Erde zu finden sind, würden wir niemals annehmen, dass Wind, Regen und Licht irgendwie etwas so Komplexes und Raffiniertes wie einen Computer hervorgebracht hätten. Wenn wir zu diesem Schluss kommen, wie viel mehr können wir dann in ähnlicher Weise folgern, dass das menschliche Gehirn, das sogar noch viel komplexer als ein Computer ist, *nicht* zufällig entstanden ist? Offensichtliches Design findet sich in allen Bereichen der Schöpfung. Wissenschaftler wie Michael Behe und Bill Dembsky haben in ihren Büchern gezeigt, dass wir im gesamten Universum spezifizierte Komplexität und nichtreduzierbare Komplexität finden. Die erstaunliche Gestaltung des Universums weist auf einen intelligenten Designer hin.[46]

Drittens stellt unsere moralische Intuition eine Bestätigung für Gottes Existenz dar. Wir wissen von Natur aus, was richtig und falsch ist. Alle Menschen wissen z. B., dass es falsch ist, ein Kind zum Spaß zu foltern und zu ermorden. Alle Menschen sind sich bewusst, dass Vergewaltigung falsch ist. Dieses universale Moralgesetz, das in den Herzen der Menschen verwurzelt ist, weist auf einen moralischen Gesetzgeber hin, der einen moralischen Gesetzeskodex festgelegt und diesen ins Gewissen jedes Menschen hineingelegt hat. Dieser moralische Gesetzgeber ist Gott. Der ehemalige Atheist C. S. Lewis stellt dieses Argument in seinem berühmten Buch *Pardon, ich bin Christ* überzeugend dar.[47]

Wenn ein Gott im Sinne des Theismus existiert, dann sind Wunder nicht nur möglich, sondern auch tatsächlich geschehen. Das wird durch die Tatsache veranschaulicht, dass das größte Wunder geschah, als Gott das Universum aus dem Nichts erschuf. Wenn es einen Gott gibt, der handelt, dann kann es auch diese Handlungen Gottes geben.[48] Wenn dieses Wunder der Schöpfung bereits geschehen ist, dann ist es auch vernünftig zu fragen: „Wann hat Gott sonst noch in der Menschheitsgeschichte gehandelt?" Eine mögliche Existenz Gottes widerlegt die Grundprämisse von Humes Argument.

➲ *Humes Argument gegen Wunder*

Humes Argument gegen Wunder lässt sich wie folgt zusammenfassen:

1. Ein Wunder ist per Definition ein seltenes Ereignis.
2. Die Naturgesetze sind per Definition eine Beschreibung regelmäßiger Ereignisse.
3. Es gibt immer mehr Beweise für regelmäßige Ereignisse als für seltene.
4. Kluge Individuen gründen ihren Glauben auf das größere Beweismaterial.
5. Daher sollten kluge Individuen niemals an Wunder glauben.[49]

Humes erste und zweite Annahme sind stichhaltig; Punkt drei hingegen ist es nicht. Die Beweise für das Regelmäßige sind nicht immer größer als für das Seltene. Humes Fehler besteht hier darin, dass er die Beweise gegen Wunder aufsummiert, die Beweise aber nicht gewichtet. Da Naturgesetze selten oder nie gebrochen werden, geht er davon aus, dass man von einer naturalistischen Erklärung ausgehen sollte, anstatt die Möglichkeit in Erwägung zu ziehen, dass ein seltenes Ereignis (wie zum Beispiel ein Wunder) tatsächlich eingetreten ist. Seine Position ist, dass ein seltenes Ereignis nie so viel Beweismaterial haben kann wie gewöhnliche Ereignisse. Humes Schlussfolgerung ist zwar in den meisten Fällen wahr. Doch es gibt Zeiten, in denen es mehr Beweise für ein seltenes Ereignis gibt.

Wenn beispielsweise jemand 100 Meter von einer Felsenklippe abstürzt, wird die Person in der überwiegenden Mehrheit der Fälle sterben. Es besteht jedoch die Möglichkeit, dass ein seltenes Ereignis geschieht und die Person einen solchen Sturz überlebt. In der Tat kannte ich in der High School einen jungen Mann, der von einer 100 Meter hohen Felsklippe abstürzte und überlebte; er ist heute Evangelist. Hume zufolge sollten wir nicht glauben, dass dieser Mann überlebte, weil das ein seltenes Ereignis ist. Doch in diesem Fall überwiegen die Beweise für ein seltenes Ereignis gegenüber denen für die Norm, denn es gab zahlreiche Augenzeugen und schriftliche Berichte. Anstatt das Beweismaterial für einen Wunderbericht an sich zu prüfen, geht Hume einfach von vornherein davon aus, dass die höhere Wahrscheinlichkeit für ein gewöhnliches Ereignis immer schwerer wiegt als die Beweise für ein seltenes Ereignis wie ein Wunder. Eine kluge Person würde aber das Beweismaterial an sich prüfen und nicht einfach annehmen, jegliche Erfahrung sei einheitlich. Daher scheitert Humes Argument gegen Wunder.

➲ *Humes Argument der Selbstaufhebung gegensätzlicher Ansprüche*

Humes zweites Argument gegen Wunder ist: Alle Religionen verwenden Wunder, um ihr System zu stützen; da diese religiösen Systeme im Gegensatz zueinander stehen, kann ein Wunder nicht verwendet werden, um irgendeins dieser Systeme zu stützen. (Gegensätze können nicht gleichzeitig wahr sein; sie schließen sich gegenseitig aus.) Sein Argument kann folgendermaßen zusammengefasst werden:

1. Viele religiöse Systeme gebrauchen Wunder, um ihre Behauptungen zu stützen.

2. Aber diese Religionen erheben gegensätzliche Wahrheitsansprüche, die einander ausschließen.

3. Daher kann ein Wunder nicht verwendet werden, um ein religiöses System zu stützen.[50]

Dieses Argument greift jedoch nicht, weil Hume fälschlicherweise annimmt, alle mutmaßlichen Wunderbehauptungen der unterschiedlichen Religionen seien gleich. Doch nicht alle Religionen verfügen über Augenzeugenberichte wie das Christentum. Der Koran enthält beispielsweise keine Berichte über irgendwelche Wunder, die der Prophet Mohammed tat.[51] Und die Wunderberichte im *Hadith* wurden mehr als 100 Jahre nach Mohammed aufgezeichnet. Im Gegensatz dazu sind die Wunder Christi von Menschen bezeugt, die noch zur Generation der Augenzeugen gehörten, zu der Zeit lehrten und ihre Berichte aufschrieben.

Hinzukommt, dass nicht alle Religionen über zuverlässige handschriftliche Belege verfügen. Das Neue Testament hat Tausende von antiken Manuskripten – 5700 griechische Manuskripte, von denen manche bereits aus dem 2. Jahrhundert n. Chr. stammen. Wenn wir die frühen Übersetzungen dieser Manuskripte miteinbeziehen, haben wir mehr als 24 000 Manuskripte. Es gibt außerdem mehr als 36 000 Zitate dieser Manuskripte (fast der vollständige NT-Text, nur elf Verse fehlen) bei den frühen Kirchenvätern, die im ausgehenden 1. und beginnenden 2. Jahrhundert schrieben. Schließlich bestätigen die Schriften von Nichtchristen wie Thallus und Josephus die wesentlichen Ereignisse im Leben Christi, wie sie in den Evangelien berichtet werden. Die Menge an Beweisen zeigt, dass die vielen Augenzeugenberichte genau bewahrt wurden.

➲ *Humes Argument im Hinblick auf das Fehlen glaubwürdiger Zeugen*

Hume sagt: Es „findet sich in der ganzen Geschichte nicht ein Wunder, das durch eine genügende Anzahl von Personen bezeugt wäre, deren gesunder Verstand, Erziehung und Bildung so außer Frage stehen, dass jede Verblendung bei ihnen sicherlich ausgeschlossen ist; deren unzweifelhafte Redlichkeit sie jedem Verdacht, andere betrügen zu wollen, entrückt; deren Glaubwürdigkeit und Ansehen so hoch in den Augen der Welt stehen, dass sie viel zu verlieren hätten, wenn sie bei einer Unwahrheit ertappt würden."[52]

Humes drittes Argument besagt, dass es tatsächlich nie genügend gebildete Leute mit ausreichender Integrität gab, um zu gewährleisten, dass es sich nicht um Täuschungen handelt, die uns im Blick auf Wunder vor Einbildungen bewahren könnten. Auf der einen Seite haben wir die erwiesene menschliche Neigung, entgegen aller Wahrscheinlichkeit bereitwillig das

Wunderbare zu glauben. Auf der anderen Seite finden wir die vielen tatsächlichen Fälschungen. All das spricht gegen Wunder. Außerdem sind Wunder vor allem unter den Ungebildeten und Unkultivierten zahlreich.

Im Hinblick auf die Wunderberichte in den Evangelien sagt Hume: (1) Die Leute waren unwissend. (2) Die Berichte wurden lange Zeit nach dem Ereignis verfasst. (3) Es gab keine bestätigenden oder übereinstimmende Zeugenaussagen. (4) Sie gleichen den Fabelerzählungen, die jedes Volk in seinen Ursprüngen hat.

Mehrere historische Fakten widerlegen Humes Argument: (1) Zum Christentum gehörten gebildete Zeugen wie Paulus und Lukas. (2) Es ist falsch anzunehmen, gewöhnliche Leute könnten keine zuverlässigen Augenzeugen sein. (3) Es gab mehr als 500 Augenzeugen für die Wunder Christi und die Auferstehung (wie Paulus in 1Kor 15,6 erwähnt). Es gab nicht nur zahlreiche Augenzeugen, sondern es handelte sich dabei außerdem um integre Personen. Das wird durch die Tatsachen bekräftigt, dass sie in ihren Berichten sogar ihre eigenen Fehler aufzeichneten, dass sie nicht von ihrer Botschaft profitierten, dass viele sogar für ihr Zeugnis starben, anstatt es zu widerrufen. Selbst die Kriterien Humes bestätigen sogar die neutestamentlichen Zeugen als glaubwürdig.

Die Apostel besaßen Integrität; sie lehrten ihre Botschaft, lebten sie aus und starben für sie. Ihre Berichte wurden zu Lebzeiten der Augenzeugen aufgezeichnet und nicht in einem fernen Land gepredigt und in Umlauf gebracht, sondern genau in den Städten, in denen die Ereignisse geschehen waren. Schließlich gibt es nichtchristliche römische und jüdische Quellen, die viele Tatsachen bestätigen, die in den Evangelien berichtet werden. Humes Argumente widerlegen also nicht die Aussagekraft der Wunder als gültige Indizien für die Wahrheit des Christentums. Jesus verwendete sie, um seine Göttlichkeit zu bekräftigen, und die historischen Belege stützen seinen Anspruch.

Fazit

Ein Wunder ist die krönende Bestätigung eines Wahrheitsanspruchs, der im Namen Gottes erhoben wird. Es ist ein spezielles Handeln Gottes, das den Anspruch des Propheten bestätigt, dass er dem Volk Gottes die Wahrheit sagt. Das galt nicht nur für die alttestamentlichen Propheten, sondern auch für den Messias, den sie voraussagten. Die Wunder Christi sind einzigartig: Er wirkte nicht nur viele Wunder, sondern es gab auch viele Zeugen dafür. Und das Wesen vieler Wunder, die er tat, machte sie über jede vernünftige Infragestellung erhaben. Er heilte nicht nur sonst unheilbare Krankheiten, sondern er vermehrte auch Brote, ging auf dem Wasser und erweckte Tote zum Leben. Diese Wunder dienen als die krönende Bestätigung von Jesu Wahrheitsansprüchen. Zusammen mit seiner Auferstehung lieferten sie „viele sichere Beweise“ (Apg 1,3; NeÜ) für seinen Anspruch, Gott zu sein.

KAPITEL 3

Wie Jesus die Auferstehung apologetisch einsetzt

Jesus bestätigte seinen Anspruch, der heilige Sohn Gottes zu sein, durch seine Wunder (siehe Kap. 2), die seine Autorität über jeden Bereich der Schöpfung demonstrierten. Trotz dieser mächtigen Taten weigerten sich die meisten der hartherzigen jüdischen Führer, ihn als ihren Messias anzuerkennen (Joh 12,37). Ungläubigen wie diesen kündigte Jesus an, dass sein letztes und endgültiges Zeichen seine Auferstehung von den Toten sein würde (Mt 12,40). Die Auferstehung bildete einen weiteren wesentlichen Bestandteil seiner Apologetik und stand im Zentrum der Lehre der Apostel, die verstanden, dass dies der endgültige Beweis dafür war, dass Christus Gott war (1Kor 15,12-19).

Die Hoffnung von jedem, der an die Auferstehung und das ewige Leben glaubt, baut auf der Historizität dieses Ereignisses auf. Petrus eröffnet seinen Brief folgendermaßen: „Gepriesen sei der Gott und Vater unseres Herrn Jesus Christus, der nach seiner großen Barmherzigkeit uns wiedergeboren hat zu einer lebendigen Hoffnung durch die Auferstehung Jesu Christi aus den Toten" (1Petr 1,3). Unsere Erlösung und unsere ewige Hoffnung sind aufgrund der Auferstehung gewiss. Paulus sagt: „Wenn aber Christus nicht auferweckt ist, so ist euer Glaube nichtig, so seid ihr noch in euren Sünden" (1Kor 15,17). Ohne die Auferstehung gibt es keine Erlösung, und das Christentum fällt in sich zusammen. Die Auferstehung bekräftigt, dass Christus die Sünde und den Tod besiegt hat. Sie war von Anfang an Teil der christlichen Verteidigung des Glaubens. Und sie war Teil der Apologetik Christi, mit der er Behauptungen bestätigte.

Eine kurze Verteidigung der Auferstehung

Skeptiker und Gegner des Christentums bestreiten weiterhin die Historizität der Auferstehung. Trotz ihrer Angriffe bleibt die Auferstehung eines der am besten dokumentierten geschichtlichen Ereignisse der Antike. Wenn wir nun das Beweismaterial untersuchen, beginnen wir mit einigen Tatsachen, über die sich Wissenschaftler auf beiden Seiten der Streitfrage einig sind.

Erstens war Jesus eine prominente Persönlichkeit in Israel, und viele Leute kannten seine Grabstätte. In der Tat berichten Matthäus, Markus und Johannes den präzisen Standort seines Grabes. Matthäus schreibt: „Ein reicher Mann von Arimathäa, mit Namen Josef [...] nahm den Leib und wickelte ihn in ein reines Leinentuch und legte ihn in seine neue Gruft" (Mt 27,57.59-60). Markus macht deutlich, dass Josef ein „angesehener Ratsherr" war (Mk 15,43). Es wäre für die Verfasser verhängnisvoll gewesen, einen Mann mit diesem Bekanntheitsgrad zu erfinden, ihn ausdrücklich zu nennen und die Grabstätte zu beschreiben, da Augenzeugen die falschen Behauptungen des Autors leicht hätten widerlegen können.

Sowohl jüdische als auch römische Quellen bezeugen, dass das Grab am dritten Tag nach Jesu Kreuzigung leer vorgefunden wurde. Matthäus 28,12-13 sagt ausdrücklich, dass die Hohenpriester die Geschichte, dass die Jünger den Leichnam gestohlen hätten, erfunden haben. Es bestünde keinerlei Bedarf für solche Lügenmärchen, wenn das Grab nicht leer gewesen wäre. Und die Predigt der Apostel hätte keine Chance gehabt, wenn das Grab nicht leer gewesen wäre, denn die jüdischen Autoritäten hätten den Leichnam präsentieren können und so dem Christentum leicht Einhalt geboten. Doch nicht eine einzige historische Aufzeichnung aus dem 1. oder 2. Jahrhundert greift die Tatsächlichkeit des leeren Grabes an oder behauptet, Jesu Leichnam wäre gefunden worden. Gegner der Auferstehung müssen das erklären.

Tom Anderson, der ehemalige Vorsitzende der *California Trial Lawyers Association,* sagt: „Nehmen wir an, dass die schriftlichen Berichte darüber, wie er Hunderten von Menschen erschien, falsch sind. Ich möchte eine Frage stellen. Würden Sie angesichts eines Ereignisses, das so gut bekannt ist, nicht denken, es wäre logisch, dass ein Historiker, ein Augenzeuge, ein Gegner für alle Zeiten dokumentieren würde, dass er den Leichnam gesehen hat? [...] Das Schweigen der Geschichte ist ohrenbetäubend im Hinblick auf Zeugenaussagen gegen die Auferstehung."[53]

Zweitens müssen wir das veränderte Leben der Apostel erklären. Die Evangelien berichten, dass die Jünger Jesus aus Angst im Stich lassen, während er vor Gericht steht. Nur ein paar Tage später kehren sie jedoch plötzlich nach Jerusalem zurück. Sie fangen an zu predigen, dass Jesus der Messias ist und dass er von den Toten auferstanden ist. Alle Jünger wissen, dass diese Botschaft ihnen ein Leben voller Leid und sogar den Tod bringen wird. Was erklärt also diese plötzliche Veränderung? Zehn der (nach Judas' Tod) verbleibenden elf Apostel sterben den Märtyrertod, weil sie glauben, dass Jesus von den Toten auferstand. Und obwohl Johannes nicht als Märtyrer stirbt, muss er bis zu seinem Tod Verfolgung ertragen. Etwas sehr Überzeugendes muss geschehen sein, um diesen plötzlichen Wandel zu erklären.

Drittens fangen die Apostel in *Jerusalem* an, über die Auferstehung zu predigen – also in der Stadt, in der Jesus gekreuzigt wurde, in der Stadt, die ihrer Botschaft am feindseligsten gegenübersteht. Außerdem sind alle Beweise vorhanden, sodass jeder sie prüfen kann, der dieser Botschaft feindlich gegenübersteht. Legenden entstehen in fernen Ländern oder wenigstens drei Generationen nach dem Ereignis, weil es so schwieriger ist, sie anzuzweifeln, denn es gibt keine Augenzeugen mehr. In diesem Fall wird die Botschaft jedoch in derselben Stadt, kurz nach Jesu Kreuzigung und Auferstehung gepredigt. Alle Fakten konnten also gründlich überprüft werden.

Viertens müssen wir den gewaltigen Wandel in der jüdischen Gesellschaft erklären. Tausende Juden in Jerusalem geben ihre bisherigen Hauptlehren und Glaubenspraktiken auf und erkennen Jesus als Messias an, der das Gesetz erfüllt hat. Tausende von Juden geben den Gottesdienst am Sabbat auf und beginnen, sonntags Gottesdienst zu feiern – an dem Tag, an dem Christus auferstanden ist. Unzählige Juden geben die Tempelopfer auf in dem Glauben, dass Christus die Opfergesetze erfüllt. Was ist die beste Erklärung für diese beachtlichen Veränderungen unter so vielen Juden?

Schließlich muss man den Ursprung der Gemeinde erklären, die von Anfang an die Auferstehung Christi verkündigt. Diese Botschaft hätte nicht überdauern können, wenn es keine starken Belege für die Historizität der Auferstehung gegeben hätte, denn es gab viele Feinde, die nur darauf warteten, die Botschaft der Jünger und der frühen Kirche in Verruf zu bringen. Jeder, der sich mit der Auferstehung befasst, muss diese Tatsachen erklären.

Alternative Erklärungen

Angesichts der historischen Zuverlässigkeit der Berichte in den Evangelien ergibt keiner der alternativen Erklärungsansätze für die Auferstehung Christi irgendeinen Sinn. Sie alle leugnen entweder, dass Jesus starb oder dass er einige Tage später zahlreichen Leuten mehrfach im selben physischen Körper erschienen ist, in dem er gestorben war. Trotzdem haben viele Kritiker diese Tatsachen infrage gestellt. Daher ist es notwendig, sich mit ihren alternativen Erklärungsansätzen auseinanderzusetzen.

➲ *Die Theorie des gestohlenen Leichnams*

Die älteste Erklärung ist die Theorie des gestohlenen Leichnams. Diese Erklärung nahm ihren Anfang am Tag der Auferstehung und wird noch immer von vielen Gegnern des Christentums vertreten. Matthäus 28,12-15 dokumentiert die Entstehung dieser Erklärung:

> „Und sie versammelten sich mit den Ältesten und hielten Rat; und sie gaben den Soldaten reichlich Geld und sagten: Sprecht: Seine Jünger kamen bei Nacht und stahlen ihn, während wir schliefen. Und wenn dies dem Statthalter zu Ohren kommen sollte, so werden wir ihn beschwichtigen und machen, dass ihr ohne Sorge seid. Sie aber nahmen das Geld und taten, wie sie unterrichtet worden waren. Und diese Rede verbreitete sich bei den Juden bis auf den heutigen Tag."

Manche fragen sich, warum Matthäus das dokumentiert und dann keine Widerlegung liefert. Zweifellos liegt das daran, dass diese Erklärung so unwahrscheinlich ist, dass er keine Notwendigkeit dafür sieht. Die Vorstellung, dass Jesu Leichnam gestohlen wurde, ist aus mehreren Gründen höchst unwahrscheinlich.

1. Wenn die Soldaten schliefen, woher wussten sie dann, dass es die Jünger gewesen waren, die den Leichnam gestohlen hatten? Und es war nicht wahrscheinlich, dass römische Wachen bei einer so wichtigen Aufgabe einschliefen, weil sie in so einem Fall harte Strafen erwarteten. Wenn sie nicht schliefen, hätten die Jünger bewaffnete Soldaten überwältigen müssen – ein höchst unwahrscheinliches Szenario.

2. Selbst wenn die Wachen schliefen, wäre es den Jüngern physisch unmöglich gewesen, an den Soldaten vorbeizuschleichen und dann einen zwei Tonnen schweren Stein lautlos einen Hang hinaufzurollen. Gewiss hätten die Wachen etwas gehört.

3. Das Grab war mit einem römischen Siegel gesichert. Jeder, der den Stein bewegte würde das Siegel brechen – ein Vergehen, auf dem die Todesstrafe stand. Die Niedergeschlagenheit und Feigheit, die die Jünger im Garten Gethsemane gezeigt hatten, machen es schwer zu glauben, sie wären plötzlich mutig genug geworden, um sich einer Abteilung Soldaten entgegenzustellen, den Leichnam zu stehlen und dann im Hinblick auf die Auferstehung Lügen zu verbreiten.

4. Jesu Kreuzigung machte klar, dass seine Botschaft zu predigen fast sicher zu einem Leben voll Leid und Tod führen würde. Die Geschichte lehrt, dass Männer und Frauen nicht für etwas sterben, wovon sie wissen, dass es eine Lüge ist. Warum würden sich die Apostel also eine Geschichte ausdenken und dann predigen, die ihnen mit Sicherheit Verfolgung bringen würde?

5. Johannes berichtet, dass die Grabkleider Jesu zusammen mit dem Leichentuch, das um seinen Kopf gewickelt war, ordentlich gefaltet gefunden wurden (siehe Joh 20,3-9). Wenn die Jünger den Leichnam gestohlen hätten, hätten sie sich an den Soldaten vorbeischleichen, den Stein wegrollen, den Leichnam auswickeln, ihn in etwas anderes einwickeln und das Kopftuch sowie die Leinentücher ordentlich falten müssen, bevor sie entkommen wären. Bei einem Raub wie diesem hätten sie die Tücher einfach liegen gelassen und wären aus Angst davor, entdeckt zu werden, schnell geflohen.

All diese Tatsachen machen die Theorie vom gestohlenen Leichnam wenig glaubhaft.

➲ *Die Theorie vom falschen Grab*

Eine zweite Theorie besagt, dass die Frauen zum falschen Grab gingen. Vertreter dieses Arguments behaupten, dass die Frauen nach den Berichten der Evangelien das Grab früh am Morgen besuchten, als es noch dunkel war. Wegen ihrer emotionalen Verfassung und der Dunkelheit gingen sie zum falschen Grab. Überglücklich zu sehen, dass es leer war, rannten sie zurück, um den Jüngern zu erzählen, dass Jesus auferstanden war. Die Jünger ihrerseits liefen nach Jerusalem, um die Auferstehung zu verkünden.

Die Schwachstelle an dieser Erklärung ist, dass Christi Gegner den präzisen Standort des Grabes kannten. Die Evangelien berichten, dass Jesu Leichnam in der Gruft von Josef von Arimathäa, einem Mitglied des jüdischen Rates, beerdigt wurde. Wenn der Leichnam noch im Grab gewesen wäre, als die Apostel anfingen, zu predigen, hätten die Obrigkeiten einfach zum richtigen Grab gehen, den Leichnam herbeiholen und damit durch die Straßen marschieren können. Dies hätte dem christlichen Glauben ein für alle Mal ein Ende bereitet. Denken Sie daran, dass die Auferstehung zuerst in Jerusalem gepredigt wurde, in der Stadt, in der Christus vor Gericht gestellt und außerhalb der er gekreuzigt und begraben worden war. Diese Faktoren lassen diese Theorie als sehr schwach erscheinen.

➲ *Die Theorie von der Umbettung*

In jüngerer Zeit wurde vermutet, dass Jesus nur vorübergehend in der Gruft von Josef von Arimathäa beerdigt worden war, bis er umgebettet werden konnte. Angeblich solle Josef den Leichnam am Samstag zu einem endgültigen Begräbnisort gebracht haben. Am nächsten Tag kamen die Frauen zu einem leeren Grab. Und da sie nicht wussten, dass der Leichnam umgebettet worden war, verbreiteten sie die Geschichte von einer Auferstehung.[54]

Als Antwort auf dieses unwahrscheinliche Szenario muss man nur auf folgende Tatsachen hinweisen: Vor allen Dingen erklärt es nicht die zwölf leibhaftigen Erscheinungen Jesu vor mehr als 500 Leuten in einem Zeitraum von 40 Tagen nach dem Ereignis. Dann wird das Zeugnis der Engel in den Berichten nicht berücksichtigt, die verkündeten: „Er ist nicht hier, denn er ist auferweckt worden“ (Mt 28,6). Außerdem liefert es keine plausible Erklärung dafür, dass Josef von Arimathäa, der an Christus glaubte, zuließ, dass die Hohenpriester die Geschichte erfanden, dass Jesus nie von den Toten auferstanden sei. Und schließlich wurde die Gruft von einer römischen Wache versiegelt, sodass niemand Jesu Leichnam wegnehmen konnte (Mt 27,62ff.). Es ist unglaubwürdig anzunehmen, dass die Wachen nicht vorher überprüften, ob ein Leichnam darin lag, bevor sie begannen, das Grab zu bewachen.

➲ *Die Halluzinationstheorie*

Eine vierte Theorie besagt, dass die Auferstehung Christi als Halluzination in den Köpfen der Nachfolger Christi stattfand. D. William McNeil formuliert diese Position in seinem Buch *A World History*.

> „Die römischen Behörden in Jerusalem nahmen Jesus fest und kreuzigten ihn. […] Doch kurz darauf versammelten sich die niedergeschlagenen Apostel in einem Obergemach. Und plötzlich spürten sie wieder die herzerwärmende Gegenwart ihres Herrn. Das erschien als absolut überzeugender Beweis dafür, dass Jesu Tod am Kreuz

nicht das Ende, sondern der Anfang gewesen war. […] Die Apostel sprudelten über vor Begeisterung und versuchten, allen, die bereit waren zuzuhören, zu erklären, was geschehen war."[55]

Diese Position ist aus mehreren Gründen unrealistisch. Psychiater sind sich einig, dass mehrere Bedingungen erfüllt sein müssen, damit Halluzinationen dieser Art auftreten. Aber diese Situation begünstigte aus mehreren Gründen keine Halluzinationen:

1. Halluzinationen treten allgemein bei Leuten auf, die fantasievoll sind und ein nervöses Temperament besitzen. Doch Jesus erschien einer Vielzahl von Leuten. Nicht alle von ihnen konnten diesem Personentyp entsprechen.

2. Halluzinationen sind subjektiv und individuell. Keine zwei Leute teilen dieselbe Erfahrung. In diesem Fall schilderten mehr als 500 Leute (1Kor 15,3-8) dasselbe.

3. Halluzinationen treten nur zu bestimmten Zeiten und an bestimmten Orten auf. Sie stehen in Zusammenhang mit gewissen Ereignissen. Der Auferstandene ist an unterschiedlichen Umgebungen zu unterschiedlichen Zeiten erschienen.

4. Halluzinationen dieser Art treten bei denjenigen auf, die zutiefst glauben wollen. Doch einige (inklusive Thomas und Jakobus, dem Halbbruder Jesu) waren sehr skeptisch im Hinblick auf die Nachricht der Auferstehung.

Diejenigen, die weiter diese Position verteidigen, müssen immer noch das leere Grab erklären. Wenn die Apostel eine imaginäre Auferstehung predigten, hätten die Autoritäten nur den Leichnam vorzeigen müssen, um dem Traum der Apostel ein Ende zu setzen. Diese Sachverhalte machen diese Theorie extrem unwahrscheinlich.

➲ *Die Theorie, dass Jesus gar nicht starb*

Eine fünfte Theorie geht davon aus, dass Jesus am Kreuz gar nicht starb, sondern nur bewusstlos wurde und fälschlicherweise für tot erklärt wurde. Nach drei Tagen kam er wieder zu sich, trat aus dem Grab und erschien seinen Jüngern, die glaubten, er sei von den Toten auferstanden. Diese Hypothese wurde im frühen 18. Jahrhundert entwickelt, aber heute halten nur noch wenige daran fest.

Diese Theorie weist einige schwerwiegende Mängel auf. Zunächst ist es höchst unwahrscheinlich, dass Jesus die Qualen der Kreuzigung hätte überleben können. Zweitens waren die Soldaten, die Jesus kreuzigten, Experten in der Vollstreckung dieser Art von Todesstrafe. Sie konnten einen Toten von einem Bewusstlosen unterscheiden. Zusätzlich baten die Juden Pilatus, die Beine der drei Männer brechen zu lassen (um den Sterbeprozess zu beschleunigen), da der Sabbat herannahte. Als die Soldaten aber zu Jesus kamen, stellten sie fest, dass er schon gestorben war. Um sicher zu sein, stießen sie einen Speer in seine Seite. Als Blut und Wasser getrennt voneinander austraten, bestätigte das, dass er tot war (Joh 19,31-34). Obgleich die römischen Soldaten die wissenschaftliche Erklärung vermutlich nicht kannten, zeigte das, dass die Blutzellen angefangen hatten, sich vom Plasma zu trennen – das geschieht nur, wenn das Blut aufhört zu zirkulieren.

Nachdem er vom Kreuz abgenommen worden war, wurde Jesus mit 36 Kilogramm Gewürzen bedeckt und einbalsamiert. Es ist unvernünftig zu glauben, Jesus würde nach drei Tagen ohne Essen oder Wasser wieder zu sich kommen. Noch schwerer zu glauben ist, Jesus hätte danach einen zwei Tonnen schweren Stein einen Hang hoch rollen, die Wachen überwältigen und anschließend mehrere Meilen nach Emmaus laufen können. Selbst wenn er das getan hätte, wäre er den Jüngern halbtot erschienen und hätte dringend ärztliche Behandlung benötigt. Das hätte sie nicht dazu veranlasst, ihn als Gott anzubeten.

Im 19. Jahrhundert bereitete David F. Strauss, ein Gegner des Christentums, jedweder Hoffnung auf diese Theorie ein Ende. Obwohl er nicht an die Auferstehung glaubte, schloss er, dass diese Theorie abwegig war.

> „Ein halbtot aus dem Grabe Hervorgekrochener, siech Umherschleichender, der ärztlichen Pflege, des Verbandes, der Stärkung und Schonung Bedürftiger, und am Ende doch dem Leiden Erliegender, konnte auf die Jünger unmöglich den Eindruck des Siegers über Tod und Grab, des Lebensfürsten, machen, der ihrem späteren Auftreten zu Grunde lag; ein solches Wiederaufleben hätte den Eindruck, den er im Leben und Tode auf sie gemacht hatte, nur schwächen, denselben höchstens elegisch ausklingen lassen, unmöglich aber ihre Trauer in Begeisterung verwandeln, ihre Verehrung zur Anbetung steigern können.“[56]

➲ *Die Austausch- oder Substitutionstheorie*

Eine weitere Version der Theorie, dass Jesus gar nicht starb, ist die Substitutionstheorie. Die meisten Muslime glauben beispielsweise, dass Jesus weder am Kreuz starb, noch von den Toten auferstand. So heißt es in Sure 4,157: „[Sie] sagten: ‚Wir haben Christus Jesus, den Sohn Marias, Gottes Gesandten, getötet.‘ Sie haben ihn aber nicht getötet und nicht gekreuzigt, sondern es wurde ihnen der Anschein erweckt. […] Sie haben ihn sicher nicht getötet.“[57] Manche Muslime mutmaßen, Allah habe einen Jungen in die Gestalt Jesu verwandelt, und dieser Jugendliche sei anstelle Christi gekreuzigt worden. Anderen islamischen Auffassungen nach sei Judas oder Simon von Kyrene an Christi Stelle gekreuzigt worden. Dann habe Allah Jesus in den Himmel aufgenommen.

Es gibt mehrere Probleme mit dieser Erklärung. So gut wie jeder, der um das Kreuz herumstand, hatte ein starkes persönliches Interesse an der Identität desjenigen, der gerade gekreuzigt wurde. Erstens werden die jüdischen und die römischen Behörden jede Vorkehrung getroffen haben, um sicherzustellen, dass sie die richtige Person inhaftiert hatten. Zweitens werden die jüdischen Autoritäten, die Jesus zum Tod verurteilt hatten, sichergestellt haben, dass er wirklich derjenige war, der hingerichtet wurde. Drittens wurde Jesus von seiner Mutter und den Frauen, die ihm gedient hatten, dort erkannt. Viertens bestätigte sein Jünger Johannes, der beim Kreuz war, seinen Tod (Joh 19,35). Es ist menschlich unmöglich, dass all diese Leute, die ihn so gut kannten, inklusive seiner eigenen Mutter, darüber getäuscht wurden, wer gerade direkt vor ihren Augen gekreuzigt wurde. Sie hätten einen Betrug erkannt.

Darüber hinaus widerlegen Jesu eigene Worte diese Theorie. Mehrmals hatte er seinen Tod und seine Auferstehung vorausgesagt. Wenn er nicht am Kreuz gestorben wäre, hätten ihn die jüdischen Leiter falscher Prophetie bezichtigt. Und schließlich hätte Jesus, wenn er nicht gestorben wäre, seinen Auftrag nicht erfüllt. Matthäus berichtet, dass Jesus beim letzten Abendmahl sagte: „Dies ist mein Blut des Bundes, das für viele vergossen wird zur Vergebung der Sünden" (Mt 26,28). Johannes der Täufer identifizierte Jesus als „das Lamm Gottes, das die Sünde der Welt wegnimmt" (Joh 1,29). Jesu Auftrag bestand darin, als das letzte Opferlamm zu sterben, damit die Vergebung der Sünden denen zuteilwürde, die an seinen Namen glauben. Wenn Jesus nicht am Kreuz starb, dann hatte er eine falsche Botschaft gepredigt; doch sogar Muslime behaupten, dass Jesus ein Prophet war und als solcher nicht lügen würde.

➲ *Die Theorie, dass Jesu Leichnam von Hunden gefressen wurde*

John Dominic Crossan, ein prominenter Leiter des Jesus-Seminars, stellte eine weitere wenig glaubhafte Spekulation vor. Er argumentiert, dass Jesu Leichnam in ein flaches Grab geworfen und später von wilden Hunden ausgegraben und gefressen wurde. Er schreibt:

> „Wenn die Römer nicht die Verordnung aus 5. Mose befolgten, wäre Jesu toter Körper für die wilden Tiere am Kreuz hängen gelassen worden. Und seine Nachfolger, die geflohen waren, hätten das gewusst. Wenn die Römer die Verordnung befolgten, hätten die Soldaten sichergestellt,

dass Jesus tot war und ihn dann selbst begraben, als Teil ihrer Aufgabe. In beiden Fällen – ob sein Leichnam am Kreuz gelassen wurde oder in einem flachen Grab, dürftig mit Erde und Steinen bedeckt lag – warteten die Hunde. Und seine Nachfolger, die geflohen waren, werden das auch gewusst haben."[58]

Es gibt mehrere Probleme im Zusammenhang mit dieser jüngeren Theorie. Erstens ist es bezeichnend, dass diese Hypothese erst in jüngster Zeit entstand – 2000 Jahre nach dem Ereignis. Gegner des Christentums, die Augenzeugen gewesen waren, haben dies nie als mögliche Erklärung vorgeschlagen. Stattdessen behaupteten sie, die Jünger hätten den Leichnam gestohlen, während die Wachen schliefen (eine bereits zuvor behandelte Theorie).

Die Verfasser der Evangelien unternahmen große Anstrengungen, um die Grabstätte zu identifizieren. Sie nannten sogar ihren Besitzer – Josef von Arimathäa. Crossan widerspricht dem, indem er unterstellt, dass die Jünger hier eine fiktive Figur erschufen: „Das Dilemma ist schmerzlich klar. Die politische Obrigkeit hatte Jesus gekreuzigt und war gegen ihn. Aber, das wussten seine Nachfolger, man brauchte auch die Obrigkeit oder zumindest ihre Erlaubnis, um ihn zu begraben. Wie könnte man diese erhalten? [...] Markus 15,42-46 löst das Problem, indem dort ein Josef von Arimathäa erschaffen wurde."[59]

Wie bereits angedeutet wäre es für die Verfasser der Evangelien vernichtend gewesen, eine Figur zu erfinden und ihr eine so hochrangige gesellschaftliche Position zuzuschreiben. Diese Sachlage hätte ohne Weiteres von Augenzeugen überprüft und widerlegt werden können. Zusätzlich hätten die Jünger den Bericht der Wachen am Grab erfinden müssen; für ihre Gegner wäre es leicht gewesen, auch diesen zu widerlegen. Crossans Argument stimmt nicht mit den Tatsachen überein und stellt keine vernünftige Option dar. Alle Indizien weisen auf eine übernatürliche Auferstehung Jesu von den Toten hin.

Schließlich ist diese Theorie angesichts des Kontextes noch wundersamer als die Auferstehungsgeschichte selbst. Sie übersieht die überwältigenden vielfältigen Augenzeugenberichte, dass nämlich derselbe Körper starb, lebendig wurde, gesehen und berührt wurde und in einem Zeitraum von 40 Tagen zu den Menschen sprach, aß, lehrte und Wunder bewirkte. Überdies wurden diese verängstigten, verstreuten und zweifelnden Jünger nach diesen Begegnungen über Nacht zur größten Missionsgesellschaft der Welt. Innerhalb weniger Wochen hörten Menschen aus der ganzen Welt (siehe Apg 2,6-11) ihr Zeugnis, das in derselben Stadt gepredigt wurde, wo diese Ereignisse geschehen waren. Es ist viel einfacher und leichter, schlich an die Auferstehung zu glauben.

Jesus sagt seine eigene Auferstehung voraus

Ein weiterer Aspekt der Auferstehung, der zu ihrem übernatürlichen Charakter beiträgt, ist, dass Jesus sie tatsächlich bei mehreren Gelegenheiten vorausgesagt hat (Mt 12,38-40; 16,1-4; 17,22-23; 20,18-19; Mk 8,31-32; 9,31; 10,33-34; Lk 9,22; Joh 2,18-21). Das Alte Testament sagt den Tod und die Auferstehung des Messias ebenfalls voraus (Ps 22,15-19; Jes 52,13-53,12; Dan 9,24-27; Sach 12,10).

Nachdem Jesus den Jerusalemer Tempel gereinigt hat,

> „antworteten und sprachen [die Juden] zu ihm: Was für ein Zeichen der Vollmacht zeigst du uns, dass du dies tust? Jesus antwortete und sprach zu ihnen: Brecht diesen Tempel ab, und in drei Tagen werde ich ihn aufrichten. Da sprachen die Juden: 46 Jahre ist an diesem Tempel gebaut worden, und du willst ihn in drei Tagen aufrichten? Er aber sprach von dem Tempel seines Leibes. Als er nun aus den Toten auferweckt war, gedachten seine Jünger daran, dass er dies gesagt hatte, und sie glaubten der Schrift und dem Wort, das Jesus gesprochen hatte."
>
> Johannes 2,18-22

Das Zeichen, das Jesus als Bestätigung seiner Vollmacht setzt, wird seine vorausgesagte Auferstehung sein.

Bei anderer Gelegenheit kommen die Juden zu Jesus und fordern, dass er ihnen ein Wunderzeichen zur Bestätigung seiner Autorität liefert. Jesus ist über ihre Forderung verärgert, weil er schon zahlreiche Wunder gewirkt hat (siehe Mt 8-9). Diesen verhärteten Menschen erwidert Jesus: „Ein böses und ehebrecherisches Geschlecht begehrt ein Zeichen, und kein Zeichen wird ihm gegeben werden als nur das Zeichen Jonas, des Propheten. Denn wie Jona drei Tage und drei Nächte in dem Bauch des großen Fisches war, so wird der Sohn des Menschen drei Tage und drei Nächte im Herzen der Erde sein" (Mt 12,39-40). Das Zeichen für diese Männer wird seine vorhergesagte Auferstehung von den Toten sein. Und wieder einmal sagt Jesus seinen Tod, sein Begräbnis und seine Auferstehung voraus.

Nachdem Petrus Jesus als den Messias, als den „Sohn des lebendigen Gottes" bestätigt hat, werden sein Tod und seine Auferstehung zum Mittelpunkt von Jesu Botschaft (Mt 16,16.21). Zum Beispiel:

> „Der Sohn des Menschen muss vieles leiden und [...] getötet werden und nach drei Tagen auferstehen."
>
> Markus 8,31

> „Brecht diesen Tempel ab, und in drei Tagen werde ich ihn aufrichten."
>
> Johannes 2,19

> „Niemand nimmt es [mein Leben] mir, sondern ich gebe es freiwillig her. Ich habe die Macht, es zu geben, und die Macht, es wieder an mich zu nehmen. So lautet der Auftrag, den ich von meinem Vater erhalten habe."
>
> Johannes 10,18 (NeÜ)

„Und als sie von dem Berg [der Verklärung] herabstiegen, gebot ihnen Jesus und sprach: Sagt niemandem die Erscheinung weiter, bis der Sohn des Menschen aus den Toten auferweckt worden ist!"

Matthäus 17,9

„Der Sohn des Menschen wird überliefert werden in der Menschen Hände, und sie werden ihn töten, und am dritten Tag wird er auferweckt werden."

Matthäus 17,22-23

„Siehe, wir gehen hinauf nach Jerusalem, und der Sohn des Menschen wird den Hohenpriestern und Schriftgelehrten überliefert werden, und sie werden ihn zum Tode verurteilen; und sie werden ihn den Nationen überliefern, um ihn zu verspotten und zu geißeln und zu kreuzigen; und am dritten Tag wird er auferweckt werden."

Matthäus 20,18-19

Diese Abschnitte zeigen, dass Jesus von Anfang bis Ende seines Dienstes seinen Tod, sein Begräbnis und seine Auferstehung voraussagt. Solche Vorhersagen zu machen bringt Jesus in eine heikle Lage. Wenn diese Ereignisse nicht eintreffen, könnte er als Lügner und falscher Prophet bezeichnet werden, und sogar seine weisen Aussprüche würden durch das Vermächtnis an falschen Prophetien in Verruf geraten. Doch seine Vorhersagen erweisen sich als starke Apologetik, weil sie sich tatsächlich erfüllen. Nach seiner Auferstehung klingen sie in den Köpfen der Augenzeugen nach, die sich an seine Worte erinnern.

Jesu Auferstehung ist eine Erfüllung der Prophetie
Jesu Auferstehung erweist sich aus einem weiteren Grund als starke Apologetik. Sie ist eine Erfüllung alttestamentlicher Prophetien über den Messias (siehe Kap. 7). In Jesaja 53,8-10 steht:

> Aus Bedrängnis und Gericht wurde er hinweggenommen.
> Und wer wird über seine Generation nachsinnen?
> Denn er wurde abgeschnitten vom Lande der Lebendigen.
> Wegen des Vergehens seines Volkes hat ihn Strafe getroffen.
> Und man gab ihm bei Gottlosen sein Grab,
> aber bei einem Reichen ist er gewesen in seinem Tod,
> weil er kein Unrecht begangen hat
> und kein Trug in seinem Mund gewesen ist.
> Doch dem HERRN gefiel es, ihn zu zerschlagen. Er hat ihn leiden lassen.
> Wenn er sein Leben als Schuldopfer eingesetzt hat,
> wird er Nachkommen sehen, er wird seine Tage verlängern.
> Und was dem HERRN gefällt, wird durch seine Hand gelingen.

Jesajas Aussage, dass der Messias „abgeschnitten vom Lande der Lebendigen" sein wird, bedeutet, dass der Messias getötet werden wird. Doch der Messias wird auch „Nachkommen sehen, er wird seine Tage verlängern", was darauf hindeutet, dass er zum Leben auferweckt werden wird. In Psalm 16,10 steht, dass Gottes „Heiliger" (LUT) nicht im Scheol bleiben und „die Verwesung nicht sehen" wird (NeÜ). Zudem sagt Psalm 2 die Auferstehung voraus:

> „Lasst mich die Anordnung des HERRN bekannt geben!
> Er hat zu mir gesprochen: ‚Mein Sohn bist du,
> ich habe dich heute gezeugt.
> Fordere von mir,
> und ich will dir die Nationen zum Erbteil geben,
> zu deinem Besitz die Enden der Erde.'"
>
> Psalm 2,7-8; siehe dazu auch Apostelgeschichte 13,33-35

Nicht nur der Tod und die Auferstehung wurden vorausgesagt. Das Gleiche gilt für unzählige Ereignisse im Umfeld. Dazu gehören:

1. Der Messias wird durchbohrt werden (Ps 22,17; Sach 12,10).

2. Soldaten werden das Los über seine Kleider werfen (Ps 22,19).

3. Der Messias wird für 30 Silberstücke verkauft werden (Sach 11,12-13).

4. Der Messias wird getötet oder „ausgerottet" werden (Dan 9,20-27).

5. Der Messias wird einen stellvertretenden Tod für andere sterben (Jes 53,5-6).

6. Der Messias wird still vor seinen Anklägern stehen (Jes 53,7).

7. Dem Messias wird ein Grab bei den Gottlosen und den Reichen zugewiesen werden (Jes 53,9).

8. Dem Opferlamm wird kein Knochen gebrochen werden (2Mo 12,43-47; Ps 34,21).

9. Der Messias wird an einen Baum gehängt werden (5Mo 21,22-23).

10. Der Messias wird von einem ihm nahestehenden Freund verraten werden (Ps 41,10).

Mehrmals weist Jesus seine Jünger darauf hin, dass sein Tod und seine Auferstehung alttestamentliche Prophetie erfüllen (z. B. Mt 26,31-35.54; Lk 24,44). In Lukas 24 begegnet Jesus auf der Straße nach Emmaus zweien seiner Jünger. Die Männer sind niedergeschlagen, weil ihre Hoffnung auf das kommende Königreich mit Jesu Tod zunichtegemacht scheint. Lukas dokumentiert Jesu Worte an sie: „Ihr Unverständigen und im Herzen zu träge, an alles zu glauben, was die Propheten geredet haben! Musste nicht der Christus dies leiden und in seine Herrlichkeit hineingehen? Und von Mose und von allen Propheten anfangend, erklärte er ihnen in allen Schriften das, was ihn betraf" (Lk 24,25-27). Damit legt Jesus eine Apologetik vor, die seinen Jüngern beweist, dass die Vorhersagen seines Todes und seiner Auferstehung durch die alttestamentlichen Propheten in seinem Leben erfüllt worden sind.

In Lukas 24,44-49 öffnet Jesus das Verständnis der Jünger, sodass sie die alttestamentlichen Schriften verstehen. Jesus macht seinen Jüngern klar: Seine Auferstehung ist mehr als nur sein größtes Wunder; sie ist die Erfüllung alttestamentlicher Prophetie. Das ergänzt sein Zeugnis und wird grundlegend für die Apologetik, die die Jünger nutzen werden, wenn sie zu den Juden predigen (Apg 2,22-40; 13,13-43).

Jesu Tod und Auferstehung erfüllen das Gesetz

Jesus ist die einzige Person, die rechtmäßig als Retter der Welt bezeichnet werden kann, weil er der Einzige ist, der die Anforderungen des alttestamentlichen Gesetzes erfüllt. Demnach ist er der Einzige, der die Sünden der Menschheit sühnen kann. Der Verfasser des Hebräerbriefes schreibt:

> „Das Gesetz lässt also nur ein Schattenbild der künftigen Güter erkennen, nicht die Gestalt der Dinge selbst. Deshalb kann es die Menschen, die Jahr für Jahr mit denselben Opfern vor Gott hintreten, niemals völlig von ihrer Schuld befreien."
>
> Hebräer 10,1 (NeÜ)

Das Opferlamm war eine Vorschattung des perfekten Lammes, das alle Anforderungen des Gesetzes erfüllen und den Preis der

Sünde bezahlen würde. Unter dem alten System konnte das Opfern von Lämmern einen Menschen nicht dauerhaft von Sünde reinigen. Es wies auf den kommenden Messias hin, der die Sünden der Welt wegnehmen würde. Dem alttestamentlichen Gesetz zufolge musste das Opferlamm ohne Makel sein (3Mo 23,12.18). Jesus führte ein sündloses Leben, ohne Makel, und er wurde das perfekte Opfer für Sünden (Joh 1,29; siehe auch Joh 8,46). Es gibt in keinem religiösen Glaubenssystem irgendein Individuum, das unser Defizit gegenüber unserem Schöpfer sühnen könnte, außer Jesus Christus. In ihm haben wir einen, der durch seinen Tod den vollen Preis für die Sünde bezahlte und durch die Auferstehung Gottes Annahme unter Beweis stellt.

Fazit

In Johannes 11,25-26 sagt Jesus: „Ich bin die Auferstehung und das Leben; wer an mich glaubt, wird leben, auch wenn er gestorben ist; und jeder, der da lebt und an mich glaubt, wird nicht sterben in Ewigkeit." Jesus behauptet, die Quelle des Lebens und der Sieger über den physischen Tod zu sein. Viele „Retter" mögen diesen Anspruch erheben, aber durch das einzigartige Ereignis seiner Auferstehung bestätigt nur Jesus seine Behauptung. Die Gründer aller Religionen sind gestorben. Doch nur Christus sagte seinen Tod, sein Begräbnis und seine Auferstehung voraus und vollbrachte dieses große Werk.

Jesus verwendet Beweise, um seinen Anspruch, der Sohn Gottes zu sein, zu bestätigen, und seine stärksten Beweise sind Wunder. Wunder bestätigen Gottes Botschaft und seinen Boten (Hebr 2,2-4), und das wichtigste Wunder ist Jesu Auferstehung aus den Toten. In einem theistischen Umfeld, wo man Wunder für möglich hält, bleibt dies die beste Apologetik für die Wahrheit des Christentums. Anders als Jesus tragen wir jedoch eine zusätzliche Last – nämlich die, die Historizität dieser Ereignisse zu beweisen. Doch da es dafür überwältigende Belege gibt, bleiben die Verteidigung der Wunder Jesu und die Berufung auf sie bis heute der wirkungsvollste Beweis für die Göttlichkeit Christi.

KAPITEL 4

Wie Jesus die Vernunft apologetisch einsetzt

Als Monotheisten glaubten die Juden zur Zeit Jesu, dass ein vernünftiger, rationaler und moralisch vollkommener Gott das Universum geschaffen hatte (Mt 22,37-38). Als Schöpfer (1Mo 1,1.27) stattete Gott die Menschen mit der Fähigkeit zur Vernunft und Rationalität aus. Vernunft ist Teil des „Bildes Gottes", nach dem Gott die Menschen machte (Kol 3,10), und selbst in unserem gefallenen Zustand behalten wir sein Bild (1Mo 9,6; Jak 3,9). Gewiss, Sünde hat das Bild Gottes beeinträchtigt, aber sie hat es nicht ausgelöscht. Unerlöste Menschen können noch immer rational denken. In der Tat war es der nichtchristliche griechische Philosoph Aristoteles, der als erster die Prinzipien dargelegt hat, nach denen alle rationalen Wesen denken – die Gesetze der Logik.[60] Und trotz des bekannten Unterschiedes zwischen der griechischen und der hebräischen Weltsichten,[61] besteht kein grundsätzlicher Unterschied im Gebrauch der grundlegenden Denkgesetze.[62]

Als Schöpfer, der selber der Logos ist (Joh 1,1-3; Kol 1,16), stattete Jesus die Menschen auch mit einer Sprache aus, durch die vernünftige Ideen kommuniziert werden können. Als Wesen, die nach dem Ebenbild Gottes geschaffen wurden, sind wir dazu bestimmt, Wahrheit zu kennen und ihr entsprechend zu leben. Außerdem besitzen wir die Fähigkeit, Irrtümer zu erkennen. In Jesaja 1,18 fordert Gott Israel auf: „Kommt her, lasst uns prüfen, wer von uns Recht hat, ihr oder ich!" (GN). Gott wollte, dass die Israeliten ihre Fähigkeit zur Vernunft nutzen, um die Konsequenzen ihres Verhaltens abzuwägen.

Ein zentraler Aspekt von Jesu Auftrag bestand darin, die Wahrheit zu lehren und zu verteidigen und Irrtümer zu korrigieren (Joh 8,32). Dadurch erwies Jesus sich als brillanter Denker, der die Gesetze der Logik nutzte, um Wahrheit zu offenzulegen, Argumente zu widerlegen und auf Irrtümer hinzuweisen. Wenn wir Jesu Argumente analysieren, wird uns bald bewusst, dass er der größte Denker war, der je einen Fuß auf diese Erde setzte. Der zeitgenössische Philosoph Dallas Willard schreibt:

> „Wir müssen verstehen, dass Jesus ein Denker ist. Das ist keine unangemessene Bezeichnung, sondern beschreibt ein wesentliches Werkzeug, das er nutzte. Seine anderen Eigenschaften schließen das Denken nicht aus, sondern gewährleisten einfach nur, dass er gewiss der größte Denker der menschlichen Rasse ist: „die intelligenteste Person, die je auf der Erde lebte". Er nutzte ständig die Möglichkeiten logischer Erkenntnis, um Menschen dazu zu bringen, mit ihrem eigenen Herzen und Verstand die Wahrheit über sich selbst und über Gott zu erkennen."[63]

Jesus benutzte die Logik, um die Irrtümer der Pharisäer und Gesetzeslehrer aufzudecken. Obwohl er die Gesetze der Logik oder die ersten Prinzipien nicht artikulierte, verstand er sie zweifellos und wendete sie an, wenn er mit den jüdischen Autoritäten diskutierte. Die *ersten Prinzipien* der Erkenntnis sind selbstevidente (offensichtliche) Wahrheiten. Sie bilden die Grundlage aller Erkenntnis. Da ein erstes Prinzip etwas ist, woraus alles andere folgt, sind erste Prinzipien der Erkenntnis jene grundlegenden Voraussetzungen (Prämissen), aus denen alles andere im Bereich des Wissens folgt.[64]

Die grundlegenden Denkgesetze

Aristoteles erkannte die grundlegenden Formen rationaler Schlussfolgerung und die grundlegenden Denkgesetze, die unabdingbar für alles rationale Denken sind. Ohne sie kann sich niemand mit logischen Denkprozessen beschäftigen.

Der Satz der Identität: A ist A.
Der Satz vom Widerspruch: A ist nicht nicht-A.
Der Satz vom ausgeschlossenen Dritten: Entweder A oder nicht-A.

Neben diesen drei Denkgesetzen formulierte Aristoteles verschiedene Formen, mit denen man logische Schlussfolgerungen aus Prämissen ziehen kann. Diese werden als *Syllogismen* bezeichnet, von denen es drei grundlegende Arten gibt.

Kategorische (deduktive) Syllogismen

1. Alle Menschen sind Sünder.
2. Johannes ist ein Mensch.
3. Also ist Johannes ein Sünder.

Hypothetische Syllogismen

1. Falls Gott existiert, sind Wunder möglich.
2. Gott existiert.
3. Also sind Wunder möglich.

Disjunktive Syllogismen

1. Entweder ist John erlöst oder er ist unerlöst.
2. John ist nicht unerlöst.
3. Also ist John erlöst.

Natürlich gibt es noch viele andere gültige Formen des logischen Denkens, einschließlich verkürzter Syllogismen *(Enthymeme)*, bei denen eine oder mehrere Prämissen vorausgesetzt, aber nicht ausgedrückt werden; ein Kettenschluss, bei der eine Prämisse auf die nächste aufbaut (*Sorites*); *reductio ad absurdum* (lateinisch für „Zurückführung auf den Widersinn"); und *argumentum a fortiori* (lateinisch für „mit größerer Kraft").

Reductio ad absurdum

1. Die Bejahung von X führt zu einer logischen Absurdität.
2. Was immer logisch absurd ist, ist falsch.

3. Johannes hält an X fest.
4. Also liegt Johannes falsch.

Argumentum a fortiori

1. A wird als wahr akzeptiert.

2. Doch die Belege für B sind noch größer als die Belege für A.

3. Also sollte B sogar noch stärker als wahr akzeptiert werden als A.

Es gibt außerdem einen **negativen logischen Schritt**, der bekannt ist als das „Vermeiden von Zwickmühlen". Ein disjunktiver Syllogismus argumentiert:

1. Es ist weder dies noch jenes.
2. Es ist nicht jenes.
3. Also ist es dies.

Um diesen Schluss zu vermeiden, muss man zeigen, dass die beiden Pole nicht logisch entgegengesetzt sind und es daher eine dritte Alternative gibt. Dieser rationale Schritt nimmt die folgende Form an:

1. Es ist weder dies noch jenes.
2. Es ist ein Anderes.
3. Also folgt nicht, dass es entweder dies oder jenes ist.

Zum Beispiel könnte man argumentieren:

1. Paul ist entweder reich oder arm.
2. Er ist nicht arm.
3. Also ist er reich.

Doch diese Schlussfolgerung ist nicht zwingend, denn es gibt noch einen anderen Zustand zwischen arm und reich. Daher folgt der Schluss nicht zwingend. Jesus verwendete diese Taktik, um scheinbare Zwickmühlen zu vermeiden, die seine Gegner ihm vorschlugen (siehe unten).

Wie Jesus logische Prinzipien und logisches Denken gebraucht

Jesus wendete in seinen Reden die meisten der grundlegenden Formen des logischen Denkens an. Da er selber der Logos[65] Gottes ist, ist es nicht verwunderlich, dass er diese Prinzipien des logischen Denkens in seiner Darstellung und Verteidigung der Wahrheit beispielhaft vorlebt. Da Logik auf dem Charakter Gottes basiert, als dem ultimativ rationalen Wesen, von dem alle Rationalität ausgeht, ist es tatsächlich angemessen zu sagen: „Im Anfang war die Logik, und die Logik war bei Gott, und die Logik war Gott."

➲ ***Wie Jesus den Satz vom Widerspruch gebraucht***

Vom menschlichen Standpunkt aus betrachtet ist das *Prinzip vom Widerspruch* vielleicht das grundlegendste aller Denkgesetze, weil alle anderen Gesetze darauf reduziert werden können.[66] Dieses Prinzip besagt, dass sich widersprechende Aussagen unmöglich gleichzeitig im selben Sinne wahr sind. Wenn eine Aussage wahr ist, ist deren Gegensatz notwendigerweise falsch.

Als rationales Wesen verwendete Jesus alle Gesetze des Denkens; sie sind unvermeidbar. Aber ein paar konkrete Beispiele dafür, wo der Satz vom Widerspruch in den Reden Jesu auftaucht, wird helfen, den Punkt zu veranschaulichen.

Jesus deutet den Satz vom Widerspruch an, als er vor falschen Propheten im Gegensatz zu wahren Propheten warnt (Mt 7,15; 24,24). Ebenso stellt er die Kinder des Lichts den Kindern der Finsternis entgegen (Joh 8,12ff.). Immer wieder ermahnt er diejenigen, die die Wahrheit ablehnen und im Irrtum sind (Joh 8,32). Jesus weist außerdem darauf hin, dass die, die Kinder des Teufels sind, nicht zugleich Kinder Gottes sein können (Joh 8,42-47). Sein Jünger Johannes macht den Kontrast später deutlich, als er sagt: „Geliebte, glaubt nicht jedem Geist, sondern prüft die Geister, ob sie aus Gott sind! Denn viele falsche Propheten sind in die Welt hinausgegangen. [...] Hieraus erkennen wir den Geist der Wahrheit und den Geist des Irrtums" (1Jo 4,1.6).

➲ *Wie Jesus den Satz der Identität gebraucht*

Wie andere Menschen wusste Jesus intuitiv: A ist A. Jeder rationale Gedanke und jede rationale Äußerung, die er machte, implizierte diesen Satz. Er äußerte den Satz der Identität deutlich, als er sagte: „Euer Ja sei ein Ja und euer Nein ein Nein!" (Mt 5,37; NeÜ). Er wusste, dass wir ohne dieses Prinzip nicht einmal zusammenhängend denken oder reden könnten. Wäre nämlich der Satz der Identität nicht wahr, dann könnte *Gott* auch *nicht Gott* bedeuten; *glauben* könnte *nicht glauben* bedeuten und *gut* könnte *nicht gut* bedeuten.

➲ *Wie Jesus den Satz vom ausgeschlossenen Dritten gebraucht*

Dieser Satz besagt, dass eine Aussage entweder wahr oder falsch sein muss. Dies ist eine Vorbedingung von jedem Gedanken, den Jesus äußerte, da keine Bejahung (oder Verneinung) gleichzeitig im selben Sinne wahr und falsch sein kann.[67] Er demonstrierte das in prägnanter Weise, als er sagte: „Wer nicht mit mir ist, ist gegen mich" (Mt 12,30) und „Wer nicht auf meiner Seite steht, ist gegen mich" (Lk 11,23; NeÜ). Wenn es um Gott geht, gibt es keine Neutralität. Entweder wir glauben an ihn oder wir tun es nicht. Entweder wir nehmen seine Herrschaft an oder wir tun es nicht. Und diejenigen, die sie nicht annehmen, lehnen sie folglich ab. Ebenso sind wir entweder Kinder Gottes oder wir sind es nicht (1Jo 3,10). Wir wandeln entweder im Licht oder in der Finsternis. In der Tat: „Gott ist Licht; in ihm gibt es keine Spur von Finsternis" (1Jo 1,5; NeÜ).

Wie Jesus die Prinzipien des logischen Denkens anwendete

Jesus verwendete viele *aristotelische* Standardformen des logischen Denkens, wenngleich oftmals in (gekürzter) Form von Enthymemen mit implizierten Prämissen. Einige bekannte Geschichten werden Jesu Gebrauch verschiedener Formen des logischen Denkens veranschaulichen.

➲ *Jesu Gebrauch von A-fortiori-Argumenten*

Im Dialog mit seinen Gegnern gebrauchte Jesus oftmals ein *argumentum a fortiori*. Dies ist eine besonders starke Art des logischen Denkens, da der Gegner bereits eine ähnliche Schlussfolgerung bei weniger Beweismaterial akzeptiert.

Matthäus 12,9-14. Jesus betritt eine Synagoge, in der sich ein Mann mit einer verkrüppelten Hand befindet. Die Juden suchen nach einem Grund, Jesus dafür anzuklagen, dass er am Sabbat arbeitet und damit das vierte Gebot bricht. Also treten sie an ihn heran: „Ist es erlaubt, am Sabbat zu heilen?" Jesus erwidert: „Welcher Mensch wird unter euch sein, der ein Schaf hat und, wenn dieses am Sabbat in eine Grube fällt, es nicht ergreift und herauszieht? Wie viel wertvoller ist nun ein Mensch als ein Schaf! Also ist es erlaubt, am Sabbat Gutes zu tun" (V. 10-12).

Jesus deckt den Irrtum in der Logik seiner Kritiker auf, indem er ein *argumentum a fortiori* verwendet. Er weist darauf hin, dass sie bereit wären zu arbeiten, um am Sabbat ein Schaf in Not zu retten. Wenn das wahr ist, wie viel mehr sollten sie dann bereit sein, am Sabbat einen Mann, der nach Gottes Ebenbild geschaffen ist, wiederherzustellen?

Johannes 7,21-24. Jesus verteidigt die Tatsache, dass er am Sabbat geheilt hat, mit einem *argumentum a fortiori.* Er weist darauf hin, dass im alttestamentlichen Gesetz die Beschneidung am Sabbat erlaubt war. Wenn die Beschneidung im Gehorsam gegenüber dem mosaischen Gesetz am Sabbat vorgenommen werden kann, warum ist es dann falsch, dass Jesus eine Person am Sabbat heilt und wiederherstellt?

Johannes 10,24-41. Hier wird Jesus der Blasphemie bezichtigt, weil er sich selbst zu Gottes Sohn erklärt hat. Jesus weist auf das Zeugnis seiner Wunder hin und fragt seine Gegner: „Viele gute Werke habe ich euch von meinem Vater gezeigt. Für welches Werk unter ihnen steinigt ihr mich?" Die Juden sind wütend über diese Behauptung und sagen: „Wegen eines guten Werkes steinigen wir dich nicht, sondern wegen Lästerung, und weil du, der du ein Mensch bist, dich selbst zu Gott machst" (V. 31-33).

Jesus erwidert, dass ernannte Richter in Israel als „Götter" bezeichnet wurden – nicht, weil sie göttliche Wesen waren, sondern weil sie Gottes Sprecher waren, die repräsentativ für Gott sprachen (Ps 82). Wenn nun diese Männer wegen der Autorität, die ihnen übertragen wurde, als Götter bezeichnet werden konnten, wie viel mehr konnte Jesus als Sohn Gottes bezeichnet werden nach all den großartigen Wundern, die er getan und durch die er gezeigt hat, dass Gottes Autorität auf ihm ruht?

Matthäus 7,11. Jesus sagt außerdem: „Wenn nun ihr, die ihr böse seid, euren Kindern gute Gaben zu geben wisst, wie viel mehr wird euer Vater, der in den Himmeln ist, Gutes geben denen, die ihn bitten!" Dies ist ein *argumentum a fortiori* in hypothetischer Form:

1. Wenn böse Männer und Frauen ihren Kindern gute Gaben zu geben wissen, wie viel mehr dann Gott.

2. Böse Männer und Frauen wissen ihren Kindern gute Gaben zu geben.

3. Also weiß Gott erst recht seinen Kindern gute Gaben zu geben.

➲ *Jesu Gebrauch des disjunktiven Syllogismus*

Jesus sagt: „Wer nicht mit mir ist, ist gegen mich" (Mt 12,30) und „Wer nicht auf meiner Seite steht, ist gegen mich" (Lk 11,23; NeÜ). Oder: „Ihr könnt nicht Gott dienen und dem Mammon" (Mt 6,24; Lk 16,13). Die Logik funktioniert folgendermaßen:

1. Man ist entweder für Christus oder gegen ihn.
2. Atheisten sind nicht für Christus.
3. Also sind Atheisten gegen Christus.

Da Jesus beansprucht, Gott zu sein, gibt es keine neutrale Position. Denn entweder wird er als Gott akzeptiert und ihm wird gehorcht oder er wird nicht als Gott akzeptiert und ihm wird nicht gehorcht. Und wenn man Gott nicht gehorcht, dann ist man gegen Gott.

➲ *Jesu Gebrauch des hypothetischen Syllogismus*

Jesus verwendet einen hypothetischen Syllogismus, um die Pharisäer zu bremsen. Sie akzeptieren den Messias als den Sohn Davids, aber nicht als den Sohn Gottes. Jesus erwidert scharf:

1. Wenn David, vom Heiligen Geist geleitet, den Messias als seinen „Herrn" bezeichnete, dann muss der Messias mehr als nur der Sohn Davids (also ein Mensch) sein.

2. David nannte den Messias tatsächlich „Herrn" (Ps 110,1).

3. Also ist der Messias mehr als nur der Sohn Davids; er ist auch der Herr Davids (also Gott).

In der Tat entwickelt Jesus hier einen genialen Weg, um zu zeigen, dass er als der Messias sowohl Gott als auch Mensch ist. Er ist Mensch, weil er der Sohn einer Frau ist. Er ist Gott, weil David, vom Heiligen Geist inspiriert, sagt, dass der Messias Davids „Herr" ist. Also ist er sowohl Gott als auch Mensch.

Ein weiteres Beispiel für einen hypothetischen Syllogismus findet sich in Matthäus 6,14: „Wenn ihr den Menschen ihre Vergehungen vergebt, so wird euer himmlischer Vater auch euch vergeben." Er kann folgendermaßen zusammengefasst werden:

1. Wenn wir anderen vergeben, wird Gott uns vergeben.
2. Wir vergeben anderen.
3. Also vergibt Gott uns.

„Richtet nicht, damit ihr nicht gerichtet werdet!" (Mt 7,1) und viele andere Aussagen Jesu können in die Form eines hypothetischen Syllogismus gebracht werden, aus dem eine logische Schlussfolgerung folgt.

➲ *Jesu Gebrauch des kategorischen (deduktiven) Syllogismus*

Lukas 6,6-11. Jesus heilt am Sabbat einen Mann. Um sich gegen die Angriffe der legalistischen[68] Juden zu verteidigen, verwendet er einen kategorischen Syllogismus. Bevor er den Mann mit einer verkrüppelten Hand heilt, fragt er die Pharisäer: „Ich frage euch, ob es erlaubt ist, am Sabbat Gutes zu tun" (V. 9). Sie wissen, dass es erlaubt ist. Sein Argument nimmt also folgende Form an:

1. Es ist gesetzeskonform, am Sabbat Gutes zu tun.
2. Jemandes Hand zu heilen ist gut.
3. Also ist es gesetzeskonform, am Sabbat die Hand eines Menschen zu heilen.

Matthäus 4,4. Jesus verwendet oftmals kategorische Syllogismen in gekürzter Form. Seine Aussage „Nicht von Brot allein soll der Mensch leben" kann verwendet werden, um ausgehend vom Bedürfnis her ein Argument für die Existenz Gottes zu formulieren.

1. Menschen brauchen Gott (sie können also nicht von Brot allein leben).
2. Was auch immer wir wirklich brauchen, existiert auch wirklich.
3. Also existiert Gott.

Auch die zweite Prämisse wird an anderer Stelle von Jesus gestützt, als er versichert, dass unsere tatsächlichen, wahren Bedürfnisse gestillt werden (Mt 6,25-34; 7,7-11). Der gesunde Menschenverstand macht es notwendig, dass Wasser, wenn es wirklich lebensnotwendig ist, auch tatsächlich existieren muss (ob man es nun findet oder nicht). Und wenn Nahrung wirklich nötig ist, dann existiert sie tatsächlich irgendwo (ob manche nun an Hunger sterben oder nicht). Wenn Menschen Gott wirklich brauchen, folgt daraus, dass es wirklich irgendwo einen Gott geben muss, der dieses Bedürfnis erfüllen kann. Es gibt gute Belege dafür, dass Menschen Gott wirklich brauchen. Die meisten Menschen, die an Gott glauben, erkennen dies an und selbst große Atheisten haben es stillschweigend eingestanden.[69]

➲ *Jesus vermeidet Zwickmühlen*

Jesus ist ein Meister darin, Zwickmühlen zu vermeiden. Dies ist ein wichtiger Ansatz für ihn, weil seine Gegner andernfalls entkräften könnten, was er lehrt.

Matthäus 22,15-22. Jesus wird geprüft: „Ist es erlaubt, dem Kaiser Steuer zu geben, oder nicht?" (V. 17). Wenn er *Ja* sagt, dann erkennt er die übergeordnete Autorität Caesars an. Wenn er *Nein* sagt, dann stellt er sich gegen Caesar. Jesus will aber keins von beidem tun; daher die Zwickmühle. Seine Antwort ist brillant: „Gebt denn dem Kaiser, was des Kaisers ist, und Gott, was Gottes ist" (V. 21). Die Pharisäer dachten, sie hätten Jesus in einer Zwickmühle gefangen. Doch er entkommt ihrer Falle auf meisterhafte Weise.

Matthäus 22,23-33. Die Sadduzäer, die nicht an die Auferstehung glauben, fragen Jesus, mit wem eine Frau im Himmel verheiratet sein würde, die sieben Ehemänner überlebt und keine Kinder geboren habe. (Das mosaische Gesetz verlangte, dass, wenn ein Mann kinderlos verstarb, sein Bruder die Witwe heiratete und an der Stelle seines Bruders einen Erben zeugte; siehe 5Mo 25,5.) Ihre Frage war ein Versuch, die Absurdität des Glaubens an eine Auferstehung zu demonstrieren. Ihre Falle ist clever: Jesus kann weder dem Gesetz des Mose widersprechen, noch kann er die Auferstehung der Toten leugnen – eine Lehre, die er während seines gesamten Dienstes vertreten hat. Ihm scheinen nur zwei Alternativen zu bleiben, die beide zu einem unerwünschten Ergebnis führen würden. Die Sadduzäer nehmen an, dass Jesus entweder das Gesetz des Mose leugnen oder die Vorstellung der Auferstehung aufgeben muss. Die Frau kann bei der Auferstehung weder mit allen sieben Brüdern verheiratet sein, noch gibt es irgendeinen Grund dafür, dass sie mit einem bestimmten verheiratet sein sollte, da keiner der Ehemänner einen Erben gezeugt hat.

Wenn wir vor zwei inakzeptablen Alternativen stehen – was als „in der Zwickmühle stecken" bezeichnet wird – sollten wir nach einer dritten Option suchen. Jesus liefert ein brillantes Beispiel dafür, wie er einer Zwickmühle entgeht, indem er zunächst zeigt, dass das von den Sadduzäern beschriebene Szenario falsch ist. In der Ewigkeit wird es die Institution der Ehe nicht mehr geben, genauso wenig wie andere irdische Institutionen. Zweitens zeigt Jesus, dass Menschen bei der Auferstehung wie Engel sein werden, die nicht heiraten. Jesus weiß, dass die Sadduzäer die fünf Bücher Mose als einzig autoritativen Teil der hebräischen heiligen Schriften betrachten. Daher zitiert er aus ihrem hochgeschätzten Text, wobei er den Irrtum der Sadduzäer im Verständnis ihrer eigenen Schriften aufdeckt. Gott sagte zu Mose: „Ich bin der Gott deines Vaters, der Gott Abrahams, der Gott Isaaks und der Gott Jakobs" (2Mo 3,6). Die Präsensform des Verbs –„Ich bin" – zeigt, dass Gott *gegenwärtig* ihr Gott ist, weil sie noch existieren – d. h., dass die Existenz der Patriarchen nie aufgehört hat. In der Tat treten Mose und Elia sehr lebendig und bei Bewusstsein auf dem Berg der Verklärung in Erscheinung (siehe Mt 17,1-13; Mk 9,2-13).

➲ *Jesu Gebrauch der reductio ad absurdum*

Reductio ad absurdum (Reduzierung bis zur Absurdität) ist ein Argument, welches demonstriert, dass etwas, was wahr sein soll, aber zu einem Widerspruch oder zur Absurdität führt, nicht wahr sein kann. Das funktioniert folgendermaßen: Das Argument beginnt mit den Annahmen, die Ihr Gegenüber vertritt. Dann decken Sie auf, wie das zu einem Widerspruch führt. Und so wird die Ansicht Ihres Gegenübers ad absurdum geführt.[70] Dies ist ein wirkungsvoller Weg, einen falschen Zug einer Sichtweise aufzudecken, denn wenn wir zeigen können, dass sie zu einem Widerspruch führt, dann kann sie nicht wahr sein.

Matthäus 12,22-28. Jesus verwendet das *Reductio-ad-absurdum*-Argument, um auf die Anschuldigung der Pharisäer zu antworten, er treibe Dämonen durch Satans Macht aus. Jesus zeigt, dass ihre Prämisse zu einem Widerspruch führt:

> „Jedes Reich, das mit sich selbst entzweit ist, wird verwüstet; und jede Stadt oder jedes Haus, die mit sich selbst entzweit sind, werden nicht bestehen. Und wenn der Satan den Satan austreibt, so ist er mit sich selbst entzweit. Wie wird denn sein Reich bestehen? Und wenn ich durch Beelzebul die Dämonen austreibe, durch wen treiben eure Söhne sie aus?" (V. 25-27)

Jesus beginnt mit der Prämisse der Pharisäer, dass er Dämonen mithilfe von Satans Macht austreibe. Er weist dabei auf Folgendes hin: Wenn er von Satan dazu ermächtigt ist, Dämonen auszutreiben, dann vertreibt Satan seine eigenen Anhänger. Das würde bedeuten, dass Satan mit sich selbst uneins ist. Und jedes Königreich, jede Stadt oder auch jeder Haushalt, der einen internen Konflikt aufkommen lässt, wird sich selbst zerstören. Jesus geht noch weiter und weist darauf hin, dass es ja zeitgenössische jüdische Exorzisten gibt, die ebenfalls Dämonen austreiben. Wenn sie nun glauben, dass diese Männer Dämonen mithilfe von Gottes Macht austreiben, warum gestehen sie dies dann nicht auch Jesus zu? Außerdem verfügt Jesus über das starke Zeugnis von Wundern, die zusätzlich bestätigen, dass seine Autorität von Gott stammt. Also verwendet Jesus das *Reductio-ad-absurdum*-Argument, um zu zeigen, dass die Behauptung, seine Autorität, Dämonen auszutreiben, stamme von Satan, eine widersprüchliche und absurde Schlussfolgerung produziert.

Fazit

Der Gebrauch von Vernunft und Logik war essenziell für die Apologetik Jesu. Indem er sorgfältig durchdachte Argumente verwendete, demontierte er die Argumente seiner Gegner und wies auf ihre Denkfehler hin. Logische Widersprüche und Trugschlüsse aufzudecken waren die Methoden, die er nutzte. Da Vernunft und logische Argumente Teil von Jesu Verteidigung waren, sollten Apologeten und alle Christen heutzutage daraus einen Studienschwerpunkt machen, während sie sich auf den Streit der Ideen einlassen.

Der Auftrag, Leben zu verändern und Menschen zum Glauben an Christus zu führen, wird nicht dadurch erfüllt, dass man Menschen emotional bewegt; Gott übergeht nicht den Verstand, um das Herz anzusprechen. Logik und gut durchdachte Argumente sind erforderlich, um falsche Überzeugungen zu widerlegen und Menschen in Richtung der Wahrheit zu führen. Natürlich dürfen wir nicht das Wirken des Heiligen Geistes ausblenden und uns ausschließlich auf die Logik verlassen. Das Wirken des Heiligen Geistes arbeitet mit der Logik und den rationalen Fähigkeiten einers Menschen zusammen. Dr. James Sire sagt, das Wirken des Heiligen Geistes „wendet sich an den ‚Verstand' von Gottes Leuten – nicht an Bereiche wie unsere ‚Emotionen' oder unsere ‚Gefühle'. Gottes Offenbarung zu kennen bedeutet, unseren Verstand zu gebrauchen. Das macht Erkenntnis zu etwas, das wir mit anderen teilen, etwas, worüber wir reden können. Gottes Wort ist in Worten mit normalem, rationalem Inhalt verfasst."[71] Wenn Menschen es zulassen, offenbart der Heilige Geist ihrem Verstand Wahrheit, bevor sie mit ihren Emotionen und ihrem Willen darauf reagieren.

In diesem Zusammenhang erinnert uns der Theologe Roy B. Zucks daran, dass der Geist der „Geist der Wahrheit" ist (Joh 14,17; 15,26; 16,13).

> „Er lehrte keine Konzepte, die den Wahrheitstest nicht bestanden. (In der Korrespondenztheorie der Wahrheit ist Wahrheit das, was sich mit der wirklichen Sachlage deckt.) Der Heilige Geist führt nicht in Auslegungen, die sich gegenseitig widersprechen oder keine logische, innere Folgerichtigkeit haben. […] Der Geist trachtet danach, dem geisterfüllten Lernenden dabei zu helfen, klar und genau zu denken. Der Ausleger muss die Prinzipien des logischen Denkens anwenden, wenn er beobachtet, Schlüsse zieht, Analogien und Vergleiche verwendet."[72]

Wahrheit deckt sich mit der Realität und ist in sich schlüssig. Daher müssen Logik und Vernunft gebraucht werden, um Wahrheit zu interpretieren und von Irrtum zu unterscheiden. Jesus demonstrierte dies, indem er Vernunft gebrauchte, um Irrtümer aufzudecken und Wahrheit darzulegen. Der Gebrauch der grundlegenden Prinzipien und Methoden des logischen Denkens bildete also einen unverzichtbaren Bestandteil von Jesu Apologetik. Alle Menschen, selbst in ihrem gefallenen Zustand, besitzen diese Fähigkeit. Und Jesus benutzt sie, um ihnen zu helfen, die Wahrheit zu erkennen.

KAPITEL 5

Wie Jesus Gleichnisse apologetisch einsetzt

Es ist eine allgemein bekannte Tatsache, dass Jesus der großartigste Geschichtenerzähler war, der je gelebt hat. Seine Gleichnisse fesselten das Publikum, vermittelten wertvolle Lektionen und waren unvergesslich. Wenn wir jemanden als „barmherzigen Samariter" oder als „verlorenen Sohn" bezeichnen, wissen viele auf der ganzen Welt, was wir meinen, wegen der unvergesslichen Gleichnisse, die Jesus erzählte. Eine der besten Arten, Wahrheit zu vermitteln, besteht darin, sie durch Geschichten zu veranschaulichen. Sie sind auch ein wirksames Mittel, um zu verhärteten Herzen durchzudringen, die nicht empfänglich sind für eine direkte Darstellung der Wahrheit.

Jesus erzählte Gleichnisse, um wertvolle geistliche Lektionen zu vermitteln. Seine Geschichten veranschaulichten die Wahrheit, wiesen auf Irrtümer hin, veränderten das Denken und riefen die Zuhörer zu einer Reaktion auf. In den Geschichten gab es einfache Figuren, und das Publikum konnte die Identität der Figuren erkennen, auf die Jesus sich bezog. Normalerweise standen die Figuren für: (1) Gott oder ihn selbst (Jesus), (2) das Publikum und (3) die jüdischen Anführer. Während sich das Gleichnis entfaltete, veranschaulichte Jesus damit eine Wahrheit, deckte falsche Vorstellungen auf und forderte eine echte Reaktion heraus.

Apologetik in den Gleichnissen

Auch die Gleichnisse Jesu hatten apologetischen Charakter. Durch die Verwendung dieser kreativen Geschichten verkündete und verteidigte er seinen Anspruch, der heilige Sohn Gottes zu sein. Die Bilder, die er auswählte, waren aus dem Alten

Testament und auch der späteren jüdischen Literatur als Verweise auf Gott bekannt. Er gebrauchte in vielen seiner Gleichnisse subtile, aber dennoch wirkungsvolle Logik, oft zur Bekräftigung seiner Göttlichkeit. Diese Logik kann folgendermaßen zusammengefasst werden:

1. Im Alten Testament bezeichnet Gott sich als X.
2. Ich bin X.
3. Also bin ich Gott.

Dr. Philip Payne verfasste seine Doktorarbeit in Cambridge zu diesem Thema. Er schreibt: „Von den 52 aufgezeichneten Gleichniserzählungen stellen 20 ihn selbst in der Bildsprache dar, die das Alten Testament typischerweise auf Gott bezog. Die Häufigkeit, mit der dies passiert, zeigt, dass Jesus sich selbst immer wieder mit Metaphern darstellte, die für die Beschreibung Gottes besonders geeignet waren."[73] Dass er diese Metaphern auf sich selbst bezog, weist auf Jesu Selbstverständnis als der heilige Sohn Gottes hin und kommunizierte seinem Publikum diese Wahrheit. In den Gleichnissen offenbarte er seine Göttlichkeit, er verteidigte seinen Anspruch und bestätigte seinen Dienst. Die Aufnahme ins Königreich Gottes und das ewige Schicksal eines Menschen hängen davon ab, wie er auf Jesu Worte reagiert. Diese Autorität – zu richten und ewiges Leben zu gewähren – ist allein Gott vorbehalten. Und genau diese Autorität beansprucht Jesus für sich selbst.

Jesu impliziter Anspruch auf Göttlichkeit in den Gleichnissen

Philip Payne identifiziert zehn markante Bilder in den Gleichnissen, die im Alten Testament als Metaphern auf Gott verweisen. Diese bezieht Jesus nun auf sich selbst.[74] Dass er dies so häufig tut, weist seinen Wunsch, dass seine Zuhörer seine Göttlichkeit erkennen und ebenso die Tatsache, dass er in seinem Dienst auf der Erde Gottes Willen verwirklicht.

➲ *Das Bild von Gott als Sämann*

Der Sämann ist ein herausragendes Bild in den Gleichnissen Jesu. Es spiegelt mehrere Abschnitte im Alten Testament wider, in denen Gott als Sämann oder Pflanzer dargestellt wird (z. B. 4Mo 24,6-7; Ps 80,9-17; 104,13-16; Jer 2,21; 11,17; 12,2; 17,8). Gott wird als Sämann beschrieben, der einen Weinstock pflanzt – welcher das Volk Israel in einem Gartental symbolisiert – und sich um den Weinstock kümmert, damit er Frucht hervorbringt. In den Schriften der Propheten bringt der Weinstock keine Frucht hervor. Er wird zertrampelt und aufgegeben – ein Bild für Gottes Gericht über das Volk Israel.

In verschiedenen Gleichnissen bezieht Jesus das Bild des Sämanns auf sich selbst. In Lukas 8,5-8 stellt er sich etwa selbst als den Sämann dar, der Samen – also Gottes Wort – ausstreut. Die verschiedenen Bodentypen stellen die verschiedenen Arten dar, wie Gottes Wort aufgenommen wird. Jesus gebraucht dieses Gleichnis, um zu zeigen, dass er das Ebenbild Gottes widerspiegelt, und um zu verkünden, dass das Schicksal von Menschen von ihrer Reaktion auf seine Worte abhängt, denn er ist der Sohn Gottes.

➲ *Gott ist der Herr der Ernte*

Ein zweites Bild, das in den Gleichnissen verwendet wird, ist das des Herrn der Ernte. Gott pflanzt nicht nur den Samen. Er sammelt die Früchte auch zur Erntezeit ein, die im Alten Testament für den Tag des HERRN steht (z. B. Jes 27,3-12; Jer 51,33; Hos 2,23-25; 6,11; Joe 4,13). In diesen Passagen wartet Gott geduldig darauf, dass Israel oder ein heidnisches Volk seine Sünde bereut, doch am Ende kommt Gottes Gericht (dargestellt als Ernte) über sie.

In Matthäus 13,24-30 und Markus 4,26-29 wird Jesus als Herr der Ernte dargestellt. Er hat sein Saatgut ausgesät und wartet nun auf den Tag der Ernte. Zur Erntezeit, d. h. am Tag des Gerichts, sendet er seine Knechte zum Ernten aus, und Menschen aus allen Völkern empfangen sein Urteil. Jesus verkündet, dass er als Gottes heiliger Sohn über die Autorität Gottes verfügt, sein Gericht über die Seelen von Menschen zu vollstrecken. In Johannes 5,26-27 sagt er: „Denn wie der Vater Leben in sich selbst hat, so hat er auch dem Sohn gegeben, Leben zu haben in sich selbst; und er hat ihm Vollmacht gegeben, Gericht zu halten, weil er des Menschen Sohn ist." Durch dieses Gleichnis bekräftigt Jesus seine Behauptung, dass er Autorität vom Vater besitzt und dass er am Ende des Zeitalters der Richter sein wird.

➲ *Gott ist der Fels*

Eine dritte Metapher ist die eines Felsens. Sie wird insbesondere in den Psalmen verwendet, um Gott zu beschreiben (Ps 19,15; 28,1; 42,10; 61,3; 62,3; 71,3; 78,35). In vielen dieser Abschnitte steht der Fels für ein sicheres und unerschütterliches Fundament, auf das der Gläubige vertrauen kann. Jesus verwendet das Gleichnis vom weisen und vom törichten Bauherrn, um zu zeigen, dass diejenigen, die ihr Leben auf seine Lehren bauen, auf ein sicheres Fundament gebaut haben (Mt 7,24-26; Lk 6,46-49). Damit wird bekräftigt, dass seine Worte Gottes Worte sind; dass seinen Lehren zu gehorchen gleichbedeutend mit dem Gehorsam gegenüber Gott ist; und dass Jesus – da Gott ein unerschütterliches Fundament ist – es ebenso ist.

➲ *Gott ist der Hirte*

Das vierte Bild, das Jesus in den Gleichnissen verwendet, ist das eines Hirten. Im Alten Testament wird Gott als ein Hirte dargestellt, der sich um sein Volk kümmert, wie ein Hirte sich um seine Schafe kümmert. In Hesekiel 34,1-22 erklärt Gott, dass er ein Hirte ist, der seine verlorenen Schafe sucht, und dass diejenigen, die sich nicht richtig um seine Schafe gekümmert haben, zur Rechenschaft gezogen werden. Im 23. Psalm verkündet David: „Der HERR ist mein Hirte." Wenn Jesus sich selbst als den guten Hirten darstellt (siehe Joh 10,1-18), dann können wir daraus schließen, dass er aus Abschnitten wie Hesekiel 34 und Psalm 23 schöpft – indem er sich als den guten Hirten bezeichnet und daher implizit beansprucht, Gott zu sein.

➲ *Gott ist der Bräutigam*

Ein fünftes Bild, das in Jesu Gleichnissen gebraucht wird, ist das des Bräutigams. Im Alten Testament wird Gott als Bräutigam und das Volk Israel als seine Braut dargestellt (Jes 49,18; 54,5-8; 62,4; Jer 2,2; 3,1-14; Hes 16,8-14; Hos 2,4-25). Als er gefragt wird, warum seine Jünger nicht fasten, so wie es die Jünger von Johannes und den Pharisäern tun, erwidert Jesus, dass die Hochzeitsgäste nicht fasten, während der Bräutigam unter ihnen ist (Mt 9,14-15; Mk 2,18-20; Lk 5,33-35) – dabei bezieht er das Bild vom Bräutigam auf sich selbst.

➲ *Gott ist der Vater*

Ein sechstes Bild ist das eines Vaters. Im gesamten Alten Testament wird Jahwe Vater genannt (5Mo 32,6; 2Sam 7,14; Ps 68,6; 89,27; 103,13; Jer 31,9; Mal 1,6; 2,10). Im Gleichnis vom verlorenen Sohn (Lk 15,11-32) verteidigt Jesus seinen Umgang mit Sündern, indem er sein Handeln als analog zu Gott dem Vater bezeichnet, der freudig reumütige Sünder in seiner Familie willkommen heißt.

➲ *Gott ist der, der Sünden vergibt*

Ein siebtes Bild ist das Bild von jemandem, der Vergebung anbietet. Im Alten Testament kann nur Jahwe Vergebung der Sünden gewähren (2Mo 32,32; 34,7; 3Mo 4,20.26.31; 5,10; 5,26; 4Mo 14,18-20; 5Mo 21,8; Ps 25,18; 32,1-5; Jes 33,24). Jesus wird dafür kritisiert, dass er sich von einer sündigen Frau die Füße salben lässt. Doch er verteidigt sich, indem er die Geschichte von zwei Schuldnern erzählt. Durch dieses Gleichnis erklärt er, dass die Frau weiß, dass sie eine Sünderin ist. Daher wird ihre Liebe groß sein, wenn er ihr vergibt, denn sie erkennt das riesige Ausmaß ihrer Schuld (Lk 7,41-43; siehe V. 36-50). Als er die Autorität beansprucht, Sünden zu vergeben, greifen die jüdischen Schriftgelehrten ihn an: „Wer kann Sünden vergeben außer einem, Gott?" (Mk 2,7). Die Schriftgelehrten erkennen dabei nicht, dass ihre Anklage tatsächlich bestätigt, dass Jesus Gott ist, der Sünden vergibt.

➲ *Gott ist der Weinbergbesitzer*

Eine achte Metapher ist die des Weinbergbesitzers. Sie taucht in verschiedenen alttestamentlichen Abschnitten auf (z. B. 5Mo

8,8; Ps 80,9-17; Jes 5,1-7; 27,2-6; 65,21; Jer 2,21; Hes 28,26; Hos 2,17; 10,1; Joe 1,7). In Matthäus 20,1-16 verteidigt Jesus seine Annahme von Sündern, indem er die Geschichte eines großzügigen Weinbergbesitzers erzählt. Die Pharisäer haben das Empfinden, sie sollten mehr Anerkennung bekommen, weil sie Gott schon länger dienen als die Sünder, die erst spät im Leben zur Umkehr gelangten. Jesus bezeichnet sich selbst als großzügigen Weinbergbesitzer, der alle Leute belohnt, unabhängig von der Dauer, die sie in seinem Dienst gestanden haben. Er verwendet dieses Gleichnis, um seinen Anspruch zu stützen, dass er über die Autorität verfügt, jedem Segen zu geben, der die Einladung ins Königreich annimmt – eine Autorität, die Gott vorbehalten ist.

➲ *Der Gebrauch des Wortes HERR (Jahwe)*

Ein neuntes Bild steht in Zusammenhang mit dem Wort *HERR*. Im Alten Testament wird dieses Wort nur für den Namen Jahwe (Gott) verwendet, nie für irgendein anderes Wesen. Doch Jesus bezieht es in den Gleichnissen auf sich selbst.

In seinem Dienst nimmt Jesus diejenigen auf, die ihn als *HERRN* anreden (Joh 20,28). In Gleichnissen wie dem vom Türhüter (Mk 13,32-37), von den zehn Jungfrauen (Mt 25,1-13) und den Talenten (Lk 19,12-27) bezieht Jesus den Titel *HERR* auf sich selbst. Diese Geschichten beschreiben ihn als jemanden, der die Autorität hat, Einlass in das Königreich (und Belohnung) zu gewähren und diejenigen zu richten, die nicht hineinkommen.

➲ *Gott ist König*

Eine zehnte Metapher ist die eines Königs. Im Alten Testament wird sie viele Male für Jahwe verwendet (z. B. 1Sam 12,12; Ps 10,16; 11,4; 22,29; 24,7-10; 29,10; 44,5; 47,3-9; 48,3). In Lukas 19,11-27 erzählt Jesus die Geschichte eines Adligen, der fortgeht, um zum König gekrönt zu werden. Für die Zeit seiner Abwesenheit verteilt er unterschiedliche „Pfunde" (jeweils ungefähr drei Monatslöhne) unter seinen drei Dienern. Jesus identifiziert sich selbst in diesem Gleichnis als der König, der bei seiner

Wiederkunft das Gericht vollzieht. Die Autorität zu richten ist Gott allein vorbehalten, und Jesus beansprucht diese Autorität.

Andere Ansprüche auf Göttlichkeit in den Gleichnissen

In mehreren Gleichnissen führt Jesus ein apologetisches Argument an für seinen Anspruch auf Göttlichkeit und als Verteidigung seines Dienstes. Oftmals tut er das mit großer Scharfsinnigkeit und Kreativität, und das hat starke apologetische Anziehungskraft.

➲ *Das Gleichnis vom verlorenen Sohn*

Eines der berühmtesten Gleichnisse ist das vom verlorenen Sohn (Lk 15,11-32). Der Grund dafür, dass Jesus diese Geschichte erzählt, wird in 15,1-2 erklärt. Er verkehrte unter Zöllnern und Sündern, reichte ihnen bewusst in Freundschaft die Hand und lehrte sie geistliche Wahrheiten. „Und die Pharisäer und die Schriftgelehrten murrten und sprachen: Dieser nimmt Sünder auf und isst mit ihnen" (V. 2).

Die Pharisäer und Schriftgelehrten stellen sein Verhalten infrage. Wenn er der Sohn Gottes ist, warum verkehrt er dann mit der untersten Schicht der Gesellschaft? Die Gesetzeslehrer verurteilen diese Gesellschaftsschicht, weil sie glauben, dass diese Leute sich an die römische Regierung verkauft haben und mit Prostituierten verkehren. Diese Sünde macht sie geistlich tot und trennt sie von der religiösen Gemeinschaft Israels.[75] Die Pharisäer und Schriftgelehrten glauben, dass Jesus – wenn er der Messias wäre – wissen müsste, dass diese Leute das jüdische Gesetz ablehnen und keinen Zutritt in Gottes Königreich verdienen. Wer dagegen die Aufmerksamkeit des Messias verdient, sind diejenigen, die sich treu an das Gesetz halten, nicht die Sünder, die sich für ein Leben in der Rebellion entschieden haben.

In diesem Kontext erzählt Jesus die Geschichte vom verlorenen Sohn, um Wahrheit deutlich zu machen, die falschen Vorstellungen der Pharisäer aufzudecken und zu einer angemessenen Antwort aufzufordern. Er trägt in dieser Geschichte außerdem eine apologetische Verteidigung seines Dienstes und seines Verhaltens vor. Die zwei Söhne in der Geschichte stehen für die Leute, aus denen sein Publikum besteht.

In diesem Gleichnis fordert der jüngere Sohn sein Erbe. Er lehnt das ab, was sein Vater ihn gelehrt hat, und reist in ein fremdes Land, wo er ein freizügiges Leben führt und alles verliert, was er hat. Dann empfindet er Reue und kehrt heim, beschämt und gedemütigt. Als er noch weit entfernt ist, läuft der Vater bereits los, um seinen Sohn zu begrüßen, und er feiert dessen Rückkehr. Der ältere Bruder ist aufgebracht angesichts der Feier für seinen dreisten jüngeren Bruder. Er weigert sich trotz der inständigen Bitte seines Vaters, an der Feier teilzunehmen.

Jesus erzählt die Geschichte so, dass wir wissen, für wen die Figuren stehen: Der Vater in dieser Geschichte ist Gott der Vater. Der jüngere der beiden Söhne sind die Sünder und Zöllner, die auf Jesu Lehren hören. Der ältere Sohn steht für die Pharisäer und Schriftgelehrten.

Jesus veranschaulicht in diesem Gleichnis verschiedene Punkte: Erstens gilt Gottes Liebe allen Menschen, die seinen Sohn annehmen und Buße über ihre Sünden tun – einschließlich Sündern und Zöllnern. Gott sehnt sich danach, dass sie zu ihm zurückkehren und in sein Königreich eintreten. Zweitens repräsentiert der ältere Sohn die Pharisäer. Sie haben ihre Herzen verhärtet und wollen Gottes Offenbarung nicht annehmen, die in seinem Sohn Jesus offenbart ist. Außerdem spiegelt ihre Reaktion nicht den Charakter Gottes wider. Sie haben ihre Herzen ihren Mitmenschen gegenüber verhärtet, die sie doch lehren und für deren geistliches Wohlergehen sie sorgen sollten. Weil Gott alle Menschen so sehr liebt, geht er Sündern nach. Und er freut sich, wenn sie Buße tun. Wenn die Pharisäer das Herz Gottes hätten, würden auch sie sich über die Buße von Sündern freuen.

Das apologetische Argument, das Jesus vorträgt, ist folgendes: Er ist der Sohn Gottes, und sein Dienst und sein Verhalten spiegeln das Herz des Vaters wider, der die Verlorenen sucht. Jesu Dienst repräsentiert die Mission, die im Zentrum des Herzens seines Vaters steht. Er hat die verhärteten Herzen der Pharisäer aufgedeckt, ihren Unglauben und ihre Ablehnung von Gottes Mission. Wahrer Glaube zeigt sich in Liebe zu Sündern, während sich falscher Glaube durch geistlichen Stolz äußert.

➲ *Das Gleichnis vom Weinbergbesitzer*

Ein weiteres Beispiel ist die Geschichte vom Weinbergbesitzer (Mt 21,33-46). Die Juden mussten diese Analogie wiedererkennen, denn sie wurde in Jesaja 5 verwendet. In diesem Abschnitt ist Gott der Besitzer des Weinbergs, der für Jerusalem steht, der Hauptstadt des Volkes Israel. Jesaja warnt die Israeliten davor, dass der Besitzer des Weinbergs kommen wird, um das Volk für seine Sünde zu richten, und dass sie ins Exil verbannt werden.

Die Juden erkennen höchstwahrscheinlich Jesu Anspielung auf diesen Abschnitt und erinnern sich schnell an das Thema der Geschichte. Die bösen Pächter, denen die Verantwortung für den Weinberg übertragen wird, sind die Hohenpriester und Pharisäer (Mt 21,45). Die Diener, die die Pacht abholen wollen und von den Pächtern misshandelt werden, repräsentieren die Propheten des Alten und Neuen Testaments, die verfolgt wurden, weil sie Gottes Botschaft überbrachten. Der Sohn des Weinbergbesitzers symbolisiert Jesus Christus, Gottes Sohn.

Das wahre Wesen der bösen Pächter wird offenbart, als sie den Sohn des Weinbergbesitzers ermorden. Indem sie sich weigern, die Botschaft von Johannes dem Täufer und nun von Jesus anzunehmen, lehnen die jüdischen Führer Gottes letzten Boten ab. Dann lehrt Jesus, dass die Geduld des Besitzers nach zahlreichen Gütebeweisen zu Ende gehen wird. Das Gericht wird über die bösen Pächter kommen. Das fügt dem Gleichnis ein prophetisches Element hinzu; Jesus sagt seinen Tod und das zukünftige Gericht über das Volk Israel voraus.

Jesus baut auf dem Leitmotiv der Ablehnung auf, doch die Geschichte endet nicht mit der Ablehnung des Sohnes. Dann zitiert er Psalm 118,22-25 und wechselt vom Sohn des Weinbergbesitzers hin zu Bauleuten, die den wichtigsten Eckstein verwerfen. In dieser Analogie wird der Stein, der verworfen wurde, zum wichtigsten Stein im Gebäude – zum Eckstein. Dann sagt Jesus, dass dieser Stein diejenigen zerstören wird, die ihn verwerfen. Indem sie den Sohn töten, zerstören die Pächter sich selbst. Und die Bauleute, die den Eckstein verwerfen, stürzen sich selbst ins Verderben. Jesus sagt in dem Gleichnis vom Weinberg seine

Ablehnung voraus. Doch er sagt in der Analogie des Ecksteins ebenso seine Erhöhung voraus.[76]

Die erste Lektion, die wir aus diesem Gleichnis lernen, betrifft die Geduld und Langmütigkeit Gottes, der einen Propheten nach dem anderen schickte und dadurch Israel inständig bat, umzukehren und Buße zu tun. In gleicher Weise sendet Gott – anstatt das Urteil direkt auszuführen – seinen Sohn in einem allerletzten Versuch, sein Volk zu erreichen, das seine Botschaft bisher abgelehnt hat. Die zweite Lektion ist, dass Jesus die Bosheit Israels aufdeckt, welches Gottes Liebe zurückweist. Drittens erfahren wir, dass Gottes Geduld zu Ende gehen wird und dass sein Gericht über jene kommen wird, die ihn ablehnen. Zum Schluss wird Israel für eine gewisse Zeit sein Sonderstatus entzogen und einer anderen Gruppe von Menschen gegeben werden, die Frucht hervorbringen werden.

Die apologetische Verteidigung, die Jesus in diesem Gleichnis darlegt, ist folgende: (1) Seine Ablehnung durch die Führung Israels ist eine Erfüllung alttestamentlicher Prophetie. (2) Jesu Lehren werden sich als wahr erweisen, wenn seine Prophezeiungen über die Zerstörung Jerusalems, seinen Tod und seine Erhöhung eintreten werden.

Fazit

Die Art, wie Jesus Gleichnisse einsetzt, zeigt den Wert von Geschichten auf: Mit ihnen kann man ein Publikum überzeugen und eine Botschaft vermitteln, wie es nicht immer durch direkte Kommunikation möglich ist. Vielleicht ist das ein Grund dafür, warum Jesus so zurückhaltend ist, seinen Anspruch auf Göttlichkeit direkter zu kommunizieren. Als direkte Behauptung wäre das für die meisten Leute eine Überforderung. Da die jüdischen Führer zur Zeit Jesu wissen, dass der Messias Gott sein wird, erklärt das in der Tat möglicherweise zum Teil, warum Jesus nie öffentlich sagt: „Ich bin der Messias." Die beiden direkten Eingeständnisse, dass er der Messias ist, werden unter vier Augen gemacht – zunächst gegenüber der samaritischen Frau (Joh

4,25-26) und dann bei seiner Gerichtsverhandlung dem Hohenpriester gegenüber (Mk 14,61-62). Und sein Eingeständnis im letzteren Fall zieht eine heftige Reaktion und die Anklage wegen Blasphemie nach sich (Mk 14,63f.). Tatsächlich rufen sogar besonders die verdeckten Ansprüche auf Göttlichkeit eine starke Reaktion hervor (Mk 2,5-7; Joh 10,30-38). Es überrascht nicht, dass Jesus Gleichnisse gebraucht, um die Anstößigkeit offenkundigerer Ansprüche zu verringern.

Die indirekte Methode, Göttlichkeit durch eine Geschichte für sich zu beanspruchen, hat den zusätzlichen Wert, dass sie zu Selbsterkenntnis führt. Erst nachdem Jesus seine Jünger durch Gleichnisse gelehrt hat, fragt er sie, für wen sie ihn halten. Das ruft jenes großartige Bekenntnis von Petrus hervor: „Du bist der Christus *[Messias]*, der Sohn des lebendigen Gottes" (Mt 16,16). Indem er also die Gleichnis-Methode durch die sokratische Fragemethode ergänzt, ist Jesus in der Lage, seine Nachfolger von der ausgefallensten Behauptung zu überzeugen, die je ein Mensch gemacht hat – dass er der allmächtige Gott in einem menschlichem Körper ist! Das war eine erstaunliche apologetische Technik, deren Wert wir nutzen müssen, wenn wir in dieser postmodernen Welt, die den Ansprüchen Christi so ablehnend gegenübersteht, Vor-Evangelisation betreiben wollen (siehe Kap. 11).

KAPITEL 6

Wie Jesus Gespräche apologetisch einsetzt

Jesus gebrauchte häufig auch direkte Rede, um seine Ansprüche auf Göttlichkeit geltend zu machen. Selbst dort war die Apologetik jedoch oftmals auf den ersten Blick indirekt, aber dennoch überzeugend für das jüdische Publikum, das er ansprach. Wir werden zunächst den jüdischen monotheistischen Kontext untersuchen und dann vor diesem Hintergrund ein paar seiner Ansprüche auf Göttlichkeit betrachten.

Verkündigung versus Gleichnis

Wie in Kapitel 5 thematisiert, bildeten Gleichnisse die sanftere Art, eine starke Botschaft zu vermitteln. Zudem hatten sie den Vorteil, dass sie halfen, eine positive Reaktion hervorzurufen. Der apologetische Wert, das Publikum von der Wahrheit zu überzeugen, dass hier Christus verkündet wurde, war immens. Daher ist es verständlich, dass Jesus so oft davon Gebrauch machte.

Dennoch ist auch Platz für direkte Verkündigung. Es ist aufschlussreich zu untersuchen, wann und warum Jesus davon Gebrauch machte. Alle Gleichnisse Jesu erscheinen in den synoptischen Evangelien (Matthäus, Markus und Lukas); der Großteil der direkten Reden wurde von Johannes aufgezeichnet. Es ist bekannt, dass die Synoptiker Jesu öffentlichen Dienst hervorheben und dass Johannes seinen nichtöffentlichen Dienst betont. Johannes ist auch bekannt für die „Ich bin"-Aussagen Jesu, die viel von seinem Anspruch auf Göttlichkeit wiedergeben. Weniger bekannt ist der Grund, warum Jesus manchmal direkter redete als zu anderen Zeiten.

Manche Kritiker behaupten, es sei unwahrscheinlich, dass Jesus die direkten Äußerungen wie die „Ich bin"-Aussagen aus dem Johannesevangelium wirklich selbst gemacht hat – insbesondere jene, die seine Göttlichkeit betonen. Diese Unterstellungen der Unechtheit sind darauf zurückzuführen, dass die „Ich bin"-Aussagen nirgendwo in den synoptischen Evangelien zu finden sind und sie im Kontrast zu Jesu Gleichnissen stehen. Neben dem Anspruch Jesu, der „Ich bin" (d. h. Gott) zu sein, der vor Abraham existierte (Joh 8,58), enthält nur das Johannesevangelium die sieben berühmten „Ich bin"-Aussagen Christi.

1. „Ich bin das Brot des Lebens." (6,35)
2. „Ich bin das Licht der Welt." (8,12)
3. „Ich bin die Tür der Schafe." (10,7.9)
4. „Ich bin der gute Hirte." (10,11.14)
5. „Ich bin die Auferstehung und das Leben." (11,25)
6. „Ich bin der Weg und die Wahrheit und das Leben." (14,6)
7. „Ich bin der wahre Weinstock." (15,1)

Die Tatsache jedoch, dass die „Ich bin"-Aussagen ein Alleinstellungsmerkmal von Johannes sind, beweist jedoch in keiner Weise, dass sie nicht authentisch sind. Das Argument der Kritiker übersieht viele wichtige Faktoren. Man könnte ebenso gut argumentieren, dass man keiner der synoptischen Aussagen vertrauen kann, die nicht in einem der anderen Bücher wiederholt werden.

Erstens können verschiedene Gründe für die Authentizität der „Ich bin"-Aussagen angeführt werden: (1) Von keinem anderen religiösen Führer aus dem 1. Jahrhundert ist bekannt, dass er ähnliche Aussagen verwendete. Das Format ist praktisch ohnegleichen. (2) Mindestens zweimal verwenden die synoptischen Evangelien die „Ich bin"-Form (Mk 6,50; 13,6). (3) Die bei Johannes vorkommenden „Ich bin"-Aussagen enthalten nichts, was nicht implizit in ähnlichen Aussagen bei den Synoptikern auch vorkommt. Sie zeichnen das Bild eines Mannes, dessen „Worte für immer Bestand haben, der die Vergebung der Sünden verkündigt, der sagt, dass das ewige Schicksal der Menschen von deren Reaktion auf seine Person abhängig sei, der unbedingten Gehorsam von seinen

Jüngern fordert, der den Mühseligen Ruhe und den Verlorenen das Heil anbietet, der verheißt, dass er alle Zeit bei seinen Nachfolgern sein werde, und der verspricht, dass Gott alle Gebete, die in seinem Namen gesprochen werden, erhören wird."[77]

Zweitens gibt es keinen guten Grund dafür, dass nicht sowohl Johannes als auch die Synoptiker unabhängig voneinander als authentisch verstanden werden können. Beide stimmen in ihrer Berichterstattung über das Leben Christi in allen entscheidenden, sich überschneidenden Bereichen überein – einschließlich der Tatsache, dass er von Johannes angekündigt wurde, Wunder tat, am Kreuz starb und von den Toten auferstand. Und wenn es bei den Lehren Christi direkte Parallelen gibt, stimmen diese nahezu Wort für Wort überein.

Drittens bilden andere typisch johanneische Aussagen kein Alleinstellungsmerkmal von Johannes. Es gibt deutliche Beispiele für diese Art von Aussagen in Matthäus 11,25-27 und Lukas 10,21-22.

Viertens sind die synoptischen Evangelien nicht ohne „Ich bin"-Aussagen von Christus. Jesus sagt zum Hohenpriester: „Ich bin es *[der Christus]"* (Mk 14,62). Dieselben griechischen Worte werden außerdem zitiert, als Jesus sagt: „Seid guten Mutes! *Ich bin es.* Fürchtet euch nicht!" (Mk 6,50; Hervorhebung des Autors). Stauffer liefert drei Argumente dafür, dass man diesen Ausdruck auch mit „Ich bin ER" übersetzen könnte – d. h. ER „als Ersatzwort für den Gottesnamen Jahwe"[78] – anstelle des üblichen „Ich bin es". Erstens hatte diese „göttliche Ichformel" im Passahritual eine feste Stelle. Zweitens war es mitten in einem Sturm: „Das Erscheinen Jesu gilt hier als die Epiphanie des meerbeherrschenden Gottes."[79] Drittens waren die Ausdrücke „seid guten Mutes" und „fürchtet euch nicht", die die „Ich bin"-Aussagen einleiten, bereits ein etablierter Bestandteil der alttestamentlichen „Formelsprache göttlicher Selbstoffenbarung"[80] (z. B. Ps 46,3.11; Jes 43,1.3). Weiter steht in der jüdischen Damaskusschrift aus Qumran: „Den Gott der Götter suchst du? Ich bin es!", worauf im nächsten Kapitel folgt: „Ich bin es, fürchte dich nicht, denn ich bin vor den Äonen."[81] In der Tat basiert der Ausdruck „Ich bin es" (griechisch: *ego eimi)* auf der alttestamentlichen Proklamation Gottes, dass er Gott ist

(z. B. 5Mo 5,6; 32,39; Ps 46,11; Jes 40-45). Dass Jesus ihn sowohl bei den Synoptikern als auch bei Johannes verwendet, offenbart seinen Anspruch auf Göttlichkeit. Wie Stauffer argumentiert: „ICH BIN ES, das bedeutet: Wo ich bin, da ist Gott, da lebt, da spricht, da ruft, da fragt, da handelt, da entscheidet, da liebt, da erwählt, da vergibt, da verwirft, da verstockt, da leidet, da stirbt Gott. [...] Gott selbst ist Mensch geworden, menschlicher als irgendein Mensch im weiten Feld der Geschichte."[82]

Fünftens gibt es parallele Aussagen der Selbstoffenbarung in einem zeitgenössischen apokalyptischen Dokument, der äthiopischen *Himmelfahrt des Jesaja* (68 n. Chr.). Dort steht: „Und alle Menschen in der Welt werden an ihn glauben und werden ihm opfern und dienen und werden sprechen: Das ist Gott, und außer ihm gibt es keinen anderen."[83] Da dieses Werk vermutlich lange vor dem Johannesevangelium verfasst wurde (das ca. 90 n. Chr. entstanden ist), haben wir hier Aussagen der Selbstoffenbarung mit dem Anspruch auf Göttlichkeit, die viel älter und noch dazu unabhängig von Johannes sind. Aus diesem Grund stützen sie die Authentizität von Johannes' Aussagen noch zusätzlich.

Sechstens enthält das Johannesevangelium sowohl Aussagen über Christus in der ersten Person als auch in der dritten Person. Letztere sind bei den Synoptikern gängiger. Ein möglicher Grund dafür könnte in Johannes 10 sichtbar werden, wo er von der dritten Person (V. 1-6) zur ersten Person (V. 7-18) wechselt, als die Zuhörer nicht verstehen, was er sagt (siehe außerdem Johannes 4,26). Das verschafft uns einen Einblick in die Gründe, warum Jesus diesen Wechsel vollzieht: „Wahrlich, wahrlich, ich sage euch: Wer nicht durch die Tür in den Hof der Schafe hineingeht, sondern anderswo hinübersteigt, der ist ein Dieb und ein Räuber. [...] Diese Bildrede sprach Jesus zu ihnen; *sie aber verstanden nicht,* was es war, das er zu ihnen redete. Jesus sprach nun wieder zu ihnen: Wahrlich, wahrlich, ich sage euch: *Ich bin* die Tür der Schafe" (Joh 10,1.6-7; Hervorhebung des Autors). Da Johannes die Feindseligkeit der jüdischen Führer gegenüber Jesus hervorhebt (siehe z. B. Joh 5,16.18; 7,1; 10,31), ist es nachvollziehbar, dass seine „Ich bin"-Ansprüche auf Göttlichkeit gerade in diesem Evangelium erscheinen.

Siebtens beweisen die sieben „Ich bin"-Worte im Johannesevangelium ebenso wenig, dass Johannes sie erfunden hat, wie die sieben *Zeichen* (Wunder), die er gebrauchte, um sein Anliegen zu stützen (siehe Joh 20,30-31). Beides wurden von Johannes aus all den Zeichen und Aussprüchen Jesu ausgewählt, um seinen Standpunkt zu verdeutlichen. Nun gibt es keine Überschneidungen zwischen den Aussprüchen Jesu bei Johannes und bei den Synoptikern. Aber warum auch, wenn er bewusst ergänzende Informationen aus der großen Fülle an Material liefert, die „selbst die Welt [...] nicht fassen" würde (Joh 21,25)?

Trotz alledem gibt es Überschneidungen mit den Synoptikern im Hinblick auf die Zeichen oder Wunder, die Johannes aufzeichnet. Der auf dem Wasser gehende Jesus (Mt 14,22-33; Mk 6,45-52; Joh 6,16-21), die Speisung der Fünftausend (Mt 14,13-21; Mk 6,30-44; Lk 9,10-17; Joh 6,1-13) und die Auferstehung Christi (Mt 28,1-10; Mk 16,1-14; Lk 24,1-49; Joh 20) sind beispielsweise sowohl im Johannesevangelium als auch bei den Synoptikern vorhanden. Die Tatsache, dass sich die Art, wie Johannes von diesen Zeichen berichtet, nicht bedeutend von den Synoptikern unterscheidet, spricht ebenfalls für die Authentizität der Aussprüche, von denen er berichtet. Da es keinen Grund gibt, an Johannes' Authentizität zu zweifeln, wenn er über die Zeichen von Jesus berichtet, besteht auch kein Grund, an ihm zu zweifeln, wenn er über die Aussprüche von Jesus berichtet.

Achtens sagt D. A. Carson: „Die exakte Form [von ‚Ich bin'-Aussagen] ist ein Alleinstellungsmerkmal des vierten Evangeliums, aber [...] die Synoptiker zeigen andere Formen von ‚Ich'-Äußerungen, während die synoptischen Gleichnisse einen Großteil vom Inhalt der johanneischen ‚Ich'-Aussprüche liefern."[84]

Abschließend ist es Johannes, der berichtet, dass Jesus die göttliche Aktivierung der Gedächtnisse der Apostel verheißt: „Der Beistand aber, der Heilige Geist, den der Vater senden wird in meinem Namen, der wird euch alles lehren und euch an alles erinnern, was ich euch gesagt habe" (Joh 14,26; siehe außerdem Joh 16,13). Mit dieser Aussage im Hinterkopf ist es unwahrscheinlich, dass Johannes es riskiert hätte, Jesus Worte in den

Mund zu legen, die beweisen würden, dass er (Johannes) ungenau war. Wenn ihr Gedächtnis auf übernatürliche Weise durch den Heiligen Geist aktiviert wurde, dann stellt es kein Problem dar, dass sich die Verfasser der Evangelien Jahrzehnte später daran erinnern konnten, was Jesus gesagt hatte.[85]

Der jüdische monotheistische Kontext

Es gab nicht nur einen *kulturellen Kontext*, in dem Jesus – wie durch Johannes berichtet – direktere Redeweise verwendete, sondern es gibt auch einen *theologischen Kontext* für das Verständnis von Jesu Behauptungen, Gott zu sein. Ob durch direkte oder indirekt Rede, diese Behauptungen können nur im Licht des monotheistischen Kontextes verstanden werden, in dem Jesus sie äußerte. Dieser monotheistische Kontext umfasst mindestens drei Aspekte: (1) Es gibt einen und nur einen Gott, der diese Welt geschaffen hat und transzendent über ihr steht. (2) Jahwe (übersetzt: HERR) ist sowohl seinem Titel als auch seinem Wesen nach einzigartig. Dieser Begriff wird im Alten Testament nie für irgendjemand anderen als den einzigen lebendigen und wahren Gott verwendet. (3) Es gab gewisse Dinge, die nur Gott (Jahwe) tun konnte, wie zum Beispiel erschaffen, Tote auferwecken, Sünden vergeben, wahre Wunder bewirken, an Gottes Herrlichkeit teilhaben, Anbetung empfangen und die Toten richten. Für jeden Sterblichen wäre es schiere Blasphemie gewesen zu behaupten, er würde irgendeines dieser Dinge tun. Blasphemie war eine Tat, die in der jüdischen Kultur des Todes würdig war. Vor diesem Hintergrund müssen wir die einzigartigen Ansprüche Christi sehen.

➲ *Die Einheit Gottes*

Die Heilige Schrift bestätigt von Anfang bis ganz zum Ende Gottes absolute Einheit:

> 1. Mose 1,1 – „Im Anfang schuf *Gott* [nicht: *Götter*] den Himmel und die Erde."

> 2. Mose 20,3 – „Du sollst *keine andern Götter* haben *neben mir*."

> 5. Mose 6,4 (LUT) – „Höre, Israel, der HERR ist unser Gott, der HERR ist einer."
>
> Jesaja 44,6 – „Ich bin der Erste und bin der Letzte, und *außer mir gibt es keinen Gott.*"
>
> Jesaja 45,18 – „*Ich* bin der HERR, und *sonst* gibt es *keinen* Gott!" (Hervorhebung des Autors)

Jesus, der tief in den Lehren des Alten Testaments verwurzelt ist, bekräftigt dieselbe Wahrheit:

> Markus 12,29 – „Jesus antwortete ihm: Das erste *[Gebot]* ist: ‚Höre, Israel: Der Herr, unser Gott, ist *ein* Herr.'"

Ebenso bestätigt der Apostel Paulus, ein konvertierter Rabbi, dieselbe Lehre:

> 1. Korinther 8,4 (ZÜ) – „Wir wissen ja, dass es in der Welt keine fremden Götter *gibt* und dass kein anderer Gott *ist* außer dem einen."
>
> Epheser 4,6 – *Es ist* „ein Gott und Vater aller, der über allen und durch alle und in allen ist."
>
> 1. Timotheus 2,5 – „Denn *einer* ist Gott, und *einer* ist Mittler zwischen Gott und Menschen, der Mensch Christus Jesus."

➔ *Die Einzigartigkeit Gottes*

Das Alte Testament lehrt nicht nur die Einheit Gottes (Jahwes), sondern verkündet außerdem seine Einzigartigkeit. Er erklärt Mose und Israel: „Ich bin der HERR, dein Gott [...]. Du sollst keine andern Götter haben neben mir" (2Mo 20,2-3). Er allein erhebt Anspruch auf Souveränität über das Leben: „Seht nun, dass ich, ich es bin und kein Gott neben mir ist! Ich, ich töte, und ich mache lebendig" (5Mo 32,39). Als er durch Mose Leben aus Staub erschafft, rufen selbst die Magier Ägyptens aus: „Das ist der Finger Gottes!" (2Mo 8,15). Ebenso kann nur Jahwe Sünden vergeben (Jes 43,25) und die Toten richten (Joe 4,12). Schließlich verkündet Jahwe durch Jesaja: „Ich bin Jahwe, das ist mein Name. Und meine Ehre gebe ich keinem anderen" (Jes 42,8).

Jesu Anspruch, der monotheistische Gott zu sein

Vor diesem Hintergrund müssen Jesu einzigartigen Ansprüche auf Göttlichkeit verstanden werden, die im Johannesevangelium und an anderer Stelle festgehalten sind, denn er behauptet hier, dass er Jahwe selbst ist und das tut, was nur Jahwe tun kann. Das wird bei zahlreichen Gelegenheiten deutlich. Im Folgenden werden ein paar von diesen bedeutenderen Ereignissen dargestellt.

➲ *Jesu Anspruch, Jahwe zu sein*

Jahwe ist der besondere Name, den Gott sich selbst im Alten Testament gegeben hat. Es ist der Name, der Mose offenbart wurde: „Da sprach Gott zu Mose: ‚Ich bin, der ich bin'" (2Mo 3,14). Während andere Bezeichnungen für Gott auch für Menschen *(Adonai* [Herr] in 1Mo 18,1-3) oder sogar für Götzen *(elohim*, übersetzt mit „Götter" in 5Mo 6,14) verwendet werden können, wird *Jahwe* nur verwendet, um den einen wahren Gott zu bezeichnen. Keiner anderen Person und keiner anderen Sache soll Anbetung oder Dienst erwiesen werden (2Mo 20,5). Jesaja schreibt: „So spricht Jahwe [...]: ‚Ich bin der Erste und ich bin der Letzte, außer mir gibt es keinen Gott!'" (Jes 44,6; NeÜ) und: „Ich bin Jahwe, das ist mein Name. Und meine Ehre gebe ich keinem anderen noch meinen Ruhm den Götterbildern" (Jes 42,8).

Dennoch behauptet Jesus bei vielen Gelegenheiten, er sei Jahwe. Er betet: „Und nun verherrliche du, Vater, mich bei dir selbst mit der Herrlichkeit, die ich bei dir hatte, ehe die Welt war!" (Joh 17,5). Weiter verkündet er: „Ich bin der Erste und der Letzte" (Offb 1,17) – genau die Worte, die Jahwe in Jesaja 44,6 verwendet. Jesus sagt außerdem: „Ich bin der gute Hirte" (Joh 10,11), was bedeutsam ist, weil im Alten Testament steht: „Der HERR *[Jahwe]* ist mein Hirte" (Ps 23,1). Weiter behauptet Jesus, der Richter aller Menschen zu sein (Mt 25,31-46; Joh 5,26-30), während Joel Jahwe zitiert, der sagt: „Denn dort werde ich sitzen, um alle Nationen ringsumher zu richten" (Joe 4,12). Ebenso spricht Jesus von sich selbst als dem „Bräutigam" (Mt 25,1), während sich im Alten Testament Jahwe auf diese Weise bezeichnet (Jes 61,10; 62,5; Hos 2,18). Während der Psalmist erklärt: „Der HERR ist mein Licht" (Ps 27,1), sagt Jesus: „Ich bin das Licht der Welt" (Joh 8,12).

➲ *Jesu Anspruch, der große „ICH BIN" zu sein*

Als Gott sich Mose im brennenden Dornbusch offenbart, tut er das als Jahwe, als der, dessen Name *„ICH BIN"* lautet (2Mo 3,14). Daher findet sich der stärkste Anspruch Jesu, Jahwe zu sein, in Johannes 8,58, wo er sagt: „Ehe Abraham war, bin ich." Hier wird nicht nur behauptet, dass Jesus vor Abraham existierte, sondern auch seine Gleichheit mit dem *„ICH BIN"* aus 2. Mose 3,14. Die Juden um ihn herum verstehen offensichtlich, was er meint, und heben Steine auf, um ihn wegen Blasphemie zu steinigen (Joh 8,59; siehe außerdem Joh 10,31-33). Derselbe grundlegende Anspruch, der *„ICH BIN"* zu sein, wird in Markus 14,62 und Johannes 18,5-6 erhoben.

Jesus behauptet auch auf andere Weise, Gott gleich zu sein. Dazu gehört, dass er Gottes Privilegien übernimmt. Er sagt zu einem Gelähmten: „Kind, deine Sünden sind vergeben." Sie Schriftgelehrten erwidern zu Recht: „Wer kann Sünden vergeben außer einem, Gott?" (Mk 2,5-7). Um also zu beweisen, dass sein Anspruch keine Anmaßung ist, heilt Jesus den Mann und liefert so einen eindeutigen Beweis dafür, dass das, was er über das Vergeben von Sünden gesagt hat, ebenfalls wahr ist.

Ein weiteres Privileg, auf das Jesus Anspruch erhebt, ist die Macht, die Toten aufzuerwecken und zu richten: „Wahrlich, wahrlich, ich sage euch, dass die Stunde kommt und jetzt da ist, wo die Toten die Stimme des Sohnes Gottes hören werden, und die sie gehört haben, werden leben [...] und hervorkommen; die das Gute getan haben zur Auferstehung des Lebens, die aber das Böse verübt haben zur Auferstehung des Gerichts" (Joh 5,25.29). Dabei räumt er durch folgende Aussage jeden Zweifel darüber aus, was er meint: „Denn wie der Vater die Toten auferweckt und lebendig macht, so macht auch der Sohn lebendig, welche er will" (Joh 5,21). Doch das Alte Testament lehrt eindeutig, dass nur Gott Leben schenkt (5Mo 32,39; 1Sam 2,6), die Toten auferweckt (1Kö 17,22) und richtet (5Mo 32,35; Joe 4,12). Jesus nimmt demonstrativ Macht für sich in Anspruch, die nur Gott hat.

Jesus behauptet auch, dass er wie Gott verehrt werden soll. Er sagt, alle Menschen sollten „den Sohn ehren, wie sie den Vater ehren. Wer den Sohn nicht ehrt, ehrt den Vater nicht, der ihn gesandt hat" (Joh 5,23). Die Juden, die zuhören, wissen, dass niemand behaupten sollte, Gott in dieser Weise gleich zu sein. Und deshalb wollen sie ihn nur umso mehr töten (Joh 5,18).

➲ *Jesus beansprucht, der Messias-Gott zu sein*

Sogar der Koran erkennt an, dass Jesus als der Messias bezeichnet wurde (Sure 5,17.75), aber das Alte Testament lehrt, dass der kommende Messias Gott selbst sein wird. Wenn Jesus also sagt, dass er der Messias ist, dann erhebt er damit auch den Anspruch, Gott zu sein. Der Prophet Jesaja bezeichnet den Messias beispielsweise als *„starken Gott"* (Jes 9,5). Der Psalmist schreibt über den Messias: „Dein Thron, Gott, ist immer und ewig" (Ps 45,7; vgl. Hebr 1,8). Psalm 110,1 berichtet von einem Gespräch zwischen dem Vater und dem Sohn: „Spruch des HERRN *[Jahwe] für meinen Herrn [Adonai]:* Setze dich zu meiner Rechten" (V. 1). Jesus wendet diesen Abschnitt in Matthäus 22,43-44 auf sich selbst an. In der großen messianischen Prophezeiung in Daniel 7 wird der Sohn des Menschen der, „der alt an Tagen war" (V. 22), genannt. Dieser Ausdruck wurde in demselben Abschnitt zweimal in Bezug auf Gott den Vater verwendet (V. 9.13). Jesus sagt außerdem bei seiner Gerichtsverhandlung vor dem Sanhedrin, dass er der Messias ist:

> „Wieder fragte ihn der Hohepriester und spricht zu ihm: Bist du der Christus [er verwendete das griechische Wort für *Messias*], der Sohn des Hochgelobten? Jesus aber sprach: Ich bin es! Und ihr werdet den Sohn des Menschen sitzen sehen zur Rechten der Macht und kommen mit den Wolken des Himmels. Der Hohepriester aber zerriss seine

Kleider und spricht: Was brauchen wir noch Zeugen? Ihr habt die Lästerung gehört."

Markus 14,61-64

Indem Jesus sagt, dass er der Messias ist, erhebt er den Anspruch, Gott zu sein (siehe außerdem Mt 26,62-65; Lk 22,66-71).

➲ *Jesus erhebt den Anspruch, Gott zu sein, indem er Anbetung akzeptiert*

Das Alte Testament enthält von Mose aufgezeichnete Worte Gottes, die verbieten, irgendjemand anderen außer Gott anzubeten (2Mo 20,1-5; 5Mo 5,6-9). Im Neue Testament gibt es Beispiele, wie sich Barnabas und Paulus weigern, sich von den Menschen aus Lystra anbeten zu lassen (Apg 14,8-18), sowie von einem Engel, der Johannes davon abhält, ihn anzubeten (Offb 22,8-9). Doch Jesus nimmt bei zahlreichen Gelegenheit Anbetung an: Ein geheilter Aussätziger betet ihn an (Mt 8,2), ein Herrscher kniet mit einer Bitte vor ihm nieder (Mt 9,18). Nachdem er den Sturm gestillt hat, geschieht Folgendes: „Die aber in dem Boot waren, warfen sich vor ihm nieder und sprachen: Wahrhaftig, du bist Gottes Sohn!" (Mt 14,33). Eine kanaanitische Frau (Mt 15,25), die Mutter von Jakobus und Johannes (Mt 20,20) und der besessene Gerasener (Mk 5,6) knien alle anbetend vor Jesus nieder, ohne dass er sie tadelt. Ein geheilter Blinder ruft: *„‚Ich glaube, Herr.' Und er warf sich vor ihm nieder"* (Joh 9,38). Manchmal provoziert Christus auch geradezu Anbetung, als z. B. Thomas den auferstandenen Christus sieht und ausruft: „Mein Herr und mein Gott!" (Joh 20,28). Das konnte nur jemand tun, der sich selbst ernsthaft als Gott betrachtete.

➲ *Jesus beansprucht die gleiche Autorität wie Gott*

Jesu stellt seine eigenen Worte auch auf eine Stufe mit Gottes Worten. Die Wendung „Ihr habt gehört, dass zu den Alten gesagt ist [...]. Ich aber sage euch" (Mt 5,21-22) wird mehrfach wiederholt. Er sagt: „Mir ist alle Macht gegeben im Himmel und auf Erden. Geht nun hin und macht alle Nationen zu Jüngern" (Mt

28,18-19). Gott hatte Mose die Zehn Gebote gegeben, und Jesus sagt: „Ein neues Gebot gebe ich euch, dass ihr einander liebt" (Joh 13,34). Jesus sagt: „Bis der Himmel und die Erde vergehen, soll auch nicht ein Jota oder ein Strichlein von dem Gesetz vergehen" (Mt 5,18), und sagt dann später über seine eigenen Worte: „Der Himmel und die Erde werden vergehen, meine Worte aber sollen nicht vergehen" (Mt 24,35). Über diejenigen, die ihn ablehnen, sagt Jesus: „Das Wort, das ich geredet habe, das wird [*sie*] richten am letzten Tag" (Joh 12,48). Es steht außer Frage, dass Jesus davon ausgeht, dass seine Worte die gleiche Autorität besitzen wie Gottes Aussagen im Alten Testament.

➲ *Jesus erhebt den Anspruch, Gott zu sein, indem er um Gebete in seinem Namen bittet*

Jesus ruft uns nicht nur auf, dass wir an ihn glauben und seinen Geboten gehorchen. Er weist uns außerdem an, in seinem Namen zu beten: „Und was ihr bitten werdet in meinem Namen, das werde ich tun, [...]. Wenn ihr mich etwas bitten werdet in meinem Namen, so werde ich es tun" (Joh 14,13-14). „Wenn ihr in mir bleibt und meine Worte in euch bleiben, so werdet ihr bitten, was ihr wollt, und es wird euch geschehen" (Joh 15,7). Jesus besteht sogar darauf: „Niemand kommt zum Vater als nur durch mich" (Joh 14,6). Als Reaktion darauf beten die Jünger nicht nur *in* Jesu Namen (1Kor 5,4), sondern sie beten *zu* ihm (Apg 7,59). Es ist klar: Jesus will, dass sowohl sein Name im Gebet *vor* Gott angerufen wird, als auch, dass er selbst *als* Gott angerufen wird.

➲ *Jesus beansprucht, der Sohn des Menschen zu sein*

Beim oberflächlichen Lesen nehmen viele an, dass der Ausdruck *„Sohn des Menschen"*, den Jesus oft für sich selbst gebrauchte, auf seine Menschlichkeit hinweist. Doch obwohl Jesus in jeder Hinsicht wahrhaft menschlich war, abgesehen von Sünde (Hebr 4,15), ist dieser Ausdruck kein Hinweis auf seine Menschlichkeit. Im richtigen Kontext stellt er einen weiteren Anspruch auf Göttlichkeit dar. Das zeigt sich deutlich auf zwei Arten: Erstens weist der alttestamentliche messianische Gebrauch des Ausdrucks „Sohn des Menschen" auf die Göttlichkeit Christi hin. Daniel schreibt über den kommenden Messias: „Ich schaute in Visionen der Nacht: Und siehe, mit den Wolken des Himmels kam einer wie der Sohn eines Menschen" (Dan 7,13). Zweitens provoziert ausgerechnet der Bezug Jesu auf dieses Zitat den Hohenpriester dazu, ihn der Blasphemie anzuklagen. Wir lesen: „Und der Hohepriester sagte zu ihm: Ich beschwöre dich bei dem lebendigen Gott, dass du uns sagst, ob du der Christus *[Messias]* bist, der Sohn Gottes! Jesus spricht zu ihm: Du hast es gesagt. Doch ich sage euch: Von nun an werdet ihr *den Sohn des Menschen* sitzen sehen zur Rechten der Macht und kommen auf den Wolken des Himmels. Da zerriss der Hohepriester seine Kleider und sprach: Er hat gelästert" (Mt 26,63-65). Jesus verwendet den Begriff „Sohn des Menschen" außerdem im Kontext seines Anspruchs, Sünden zu vergeben, „dass *der Sohn des Menschen* Vollmacht hat, auf der Erde Sünden zu vergeben" (Mk 2,10). Er gebraucht ihn außerdem im Zusammenhang mit seinem Recht, die Menschheit bei seiner Rückkehr zur Erde zu richten: „Wenn aber *der Sohn des Menschen* kommen wird in seiner Herrlichkeit und alle Engel mit ihm, dann wird er auf seinem Thron der Herrlichkeit sitzen; und vor ihm werden versammelt werden alle Nationen, und er wird sie voneinander scheiden" (Mt 25,31-32). Ebenso sagt Jesus über seine Wiederkunft: „Und dann wird das Zeichen *des Sohnes des Menschen* am Himmel erscheinen; und dann werden wehklagen alle Stämme des Landes, und sie werden den *Sohn des Menschen* kommen sehen auf den Wolken des Himmels mit großer Macht und Herrlichkeit" (Mt 24,30). Der Ausdruck „Sohn des Menschen" wird hier eindeutig im Zusammenhang mit seiner Göttlichkeit verwendet, so wie in Daniel 7, wo er als der, „der alt an Tagen war", bezeichnet wird – ein Ausdruck, der Göttlichkeit zum Ausdruck bringt (V. 9.13).

Die apologetischen Implikationen

Vor dem Hintergrund eines von Gott geschaffenen Universums und der Zuverlässigkeit der neutestamentlichen Dokumente stellt Jesu Behauptung, der allmächtige Gott in Menschengestalt zu sein, eine der zwei wichtigsten Säulen in der christlichen Apologetik dar. Die andere Säule sind die Wunderbeweise, die er für diese Behauptung lieferte (siehe Kap. 2), insbesondere seine Auferstehung von den Toten (siehe Kap. 3). In Anbetracht des oben Genannten scheitert der Vorwurf, Jesus habe nie wirklich behauptet, Gott zu sein. Gleiches gilt für den aussichtslosen Versuch, Verse aus dem Kontext zu reißen, um eine solche Behauptung zu stützen.

Die Behauptung, Jesus bestreite, dass er Gott ist. Jesus sagt zu dem reichen Jüngling: „Was nennst du mich gut? Niemand ist gut als nur *einer*, Gott" (Lk 18,19). Aber das verneint nicht, dass er Gott ist; es ist eine Frage. Jesus fragt ihn, ob ihm die Implikationen seiner Aussage bewusst sind.

Jesu Aussage: „Der Vater ist größer als ich" (Joh 14,28). Auch dies verneint seine Göttlichkeit nicht. Der Vater ist als Gott größer als Jesus als Mensch, und er ist dem Rang nach größer, nicht aber dem Wesen nach. Wie bei einem menschlichen Vater und seinem Sohn haben sowohl Jesus als auch der Vater dasselbe Wesen. Sie unterscheiden sich nur in ihrer Stellung und Aufgabe.

Jesu angebliches Leugnen von Allwissenheit. Jesus sagt: „Von jenem Tag aber oder der Stunde weiß niemand, auch nicht die Engel im Himmel, auch nicht der Sohn, sondern nur der Vater" (Mk 13,32). Gott weiß gewiss alles. Und Jesus *als Gott* kennt den Zeitpunkt seiner Wiederkunft. Doch als Gott-Mensch besitzt Jesus zwei Naturen. Und in seiner menschlichen Natur weiß Jesus nicht alles. In der Tat wächst er, während er auf der Erde ist, in menschlicher Erkenntnis (Lk 2,52).

Von Jesus wird gesagt, er sei der „Erstgeborene" der Schöpfung. Manche verstehen das als Leugnen der Göttlichkeit Christi, weil Paulus sagt: „Er ist das Bild des unsichtbaren Gottes, der Erstgeborene aller Schöpfung" (Kol 1,15). Aber das Wort *Erstgeborener* kann auch Vorrangigkeit in der Stellung bedeuten, nicht nur in der Zeit. Und das ist hier eindeutig der Fall, denn er ist der Schöpfer und Erhalter aller Dinge (V. 16-17). Jesus ist also der Erste *über* die Schöpfung, nicht der Erste *in* der Schöpfung.

Christus wird „der Anfang der Schöpfung Gottes" genannt. In ähnlicher Weise behaupten Kritiker, dies zeige, dass Jesus der Erste war, der geschaffen wurde (Offb 3,14). Doch auch hier wird der Begriff *Anfang* missverstanden. Wenn Jesus geschaffen wurde, würde das der eindeutigen Lehre widersprechen, dass er alle Dinge geschaffen hat (Joh 1,3; Hebr 1,2; Kol 1,16). Weiter wird derselbe Begriff *Anfang* verwendet für den Herrn, den Allmächtigen (Offb 1,8), und den Vater, der Gott ist (Offb 21,5-6). Jesus ist also der Erste oder der *Anfang* in dem Sinne, dass er derjenige ist, der allem Geschaffenen den Anfang gibt, nicht dass er der Erste ist, der in der Schöpfung geschaffen wurde.

Die Behauptung, sowohl Gott als auch Mensch zu sein, wäre widersprüchlich. Manche sehen ein logisches Problem mit der Behauptung, Jesus sei gleichzeitig sowohl Gott als auch Mensch. Dies scheint eine Verletzung des Satzes vom Widerspruch zu sein. Das ist es aber nicht, weil er nicht in demselben Sinne beides ist. Man kann zur gleichen Zeit sowohl ein Vater als auch ein Ehemann sein, aber beides ist voneinander zu unterscheiden. Also besitzt Jesus gleichzeitig sowohl eine göttliche als auch eine menschliche Natur, aber beides ist zu unterscheiden.

Fazit

Da der Anspruch Jesu, Gott zu sein, sowohl für die Einzigartigkeit als auch für die Wahrheit des christlichen Glaubens entscheidend ist, ist es von großer apologetischer Bedeutung, diesen Anspruch auf Göttlichkeit zu begründen. Wie wir gezeigt haben, tat Jesus das in seiner Kommunikation auf unterschiedliche Art und Weise, sowohl direkt als auch indirekt. Denn er beanspruchte, etwas zu sein und zu tun, was nur Gott sein und tun kann – einschließlich des klaren Anspruchs, Jahwe, der große ICH BIN, zu sein, der sich Mose geoffenbart hatte (Joh 8,58). Bei vielen Gelegenheiten verstanden die, zu denen er redete, seinen Anspruch, Gott zu sein (Mt 26,65; Mk 2,10; Joh 8,59; 10,33). So wurde dieser Stützpfeiler christlicher Apologetik durch Christus selbst eingeführt. Denn in einem jüdisch-monotheistischen Kontext (wo die Existenz Gottes vorausgesetzt wird und Wunder möglich sind), behauptete er nicht nur, Gott in Menschengestalt zu sein, sondern er bewies durch zahlreiche übernatürliche

Ereignisse, die seine Behauptungen stützten, dass er tatsächlich Gott war (siehe Kap. 2).

Es wird eingewandt, Jesus habe zum Vater gesagt: „Dass sie dich, den allein wahren Gott [...] erkennen" (Joh 17,3). Dies wird dann so verstanden, dass nicht Christus, sondern nur der Vater Gott ist. Diese Schlussfolgerung ist jedoch nicht zutreffend. Diese Aussage besagt, dass der Vater der allein wahre Gott ist, doch nicht, dass *nur* der Vater Gott ist. Tatsächlich wird genau in diesem Abschnitt der Sohn ebenfalls als Gott bezeichnet, der mit dem Vater ewige Präexistenz und Herrlichkeit geteilt hat (V. 5).

KAPITEL 7

Wie Jesus Prophetie apologetisch einsetzt

Jesus ist sich vollkommen der Tatsache bewusst, dass er die Erfüllung alttestamentlicher Prophetien über den Messias ist. Er sagt tatsächlich fünfmal, dass er die Erfüllung des Alten Testaments ist: „Meint nicht, dass ich gekommen sei, das Gesetz oder die Propheten aufzulösen; ich bin nicht gekommen aufzulösen, sondern zu erfüllen" (Mt 5,17). Nach seiner Auferstehung erklärt er ihnen „von Mose und von allen Propheten anfangend [...] in allen Schriften das, was ihn betraf" (Lk 24,27). Später fügt er hinzu: „Alles [muss] erfüllt werden, was über mich geschrieben steht in dem Gesetz Moses und in den Propheten und Psalmen" (Lk 24,44). Weiter verkündet er den Juden: „Ihr erforscht die Schriften, denn ihr meint, in ihnen ewiges Leben zu haben, und sie sind es, die von mir zeugen" (Joh 5,39). Schließlich sagt Jesus: „Siehe, ich komme – in der Buchrolle steht von mir geschrieben –, um deinen Willen, Gott, zu tun" (Hebr 10,7). Er ist sich offensichtlich dessen bewusst, dass er sowohl die Erfüllung alttestamentlicher Prophetie als auch alttestamentlicher Typologien wie dem Passahlamm ist (siehe 1Kor 5,7, siehe weiter Hebr 7-10).

Jesu Gebrauch von Prophetie als Apologetik

Das Alte Testament weist bei mehreren Anlässen auf den apologetischen Wert von Prophetie hin. 5. Mose 18 bietet einen Test für einen falschen Propheten: „Wenn der Prophet im Namen des HERRN redet, und das Wort geschieht nicht und trifft nicht ein, so ist das das Wort, das nicht der HERR geredet hat" (V. 22). Kurzum: Eine unerfüllte Prophetie ist ein Anzeichen für einen falschen Propheten. In Bezug auf solche sagt Jesus: „Hütet euch ...!" (Mt 7,15; siehe 24,11). Weiter besteht das Merkmal eines wahren Propheten darin, dass er die Zukunft genau voraussagen kann. Der wahre Gott sagt durch Jesaja: „Ich [bin] Gott. Es gibt keinen sonst, keinen Gott gleich mir, der ich von Anfang an den Ausgang verkünde [...]. Ich habe es geredet, ja, ich werde es auch kommen lassen. Ich habe es gebildet, ja, ich führe es auch aus" (Jes 46,9-11). Gott sagt zu Jesaja: „So habe ich es dir schon längst verkündet, ehe es eintraf, habe ich es dich hören lassen, damit du nicht sagst: Mein Götze hat es getan" (Jes 48,5). „Es gibt keinen anderen Gott. Wer prophezeit so wie ich? [...] Wer kann vorhersagen, was in ferner Zukunft kommt oder was kurz bevorsteht?" (Jes 44,6-7; NLB). Kurz gesagt: Nur Gott kann die Zukunft, insbesondere die ferne Zukunft, genau und immer wieder aufs Neue richtig vorhersagen.

Jesus ist sich des apologetischen Wertes von Prophetie bewusst. Nachdem er seinen Jüngern viele Prophezeiungen über die Zukunft gegeben hat, sagt er: „Siehe, ich habe es euch vorhergesagt", was impliziert, dass dies zur Glaubwürdigkeit beitragen wird (Mt 24,25). In Johannes 14,29 sagt er explizit: „Und jetzt habe ich es euch gesagt, ehe es geschieht, damit ihr glaubt, wenn es geschieht."

➲ *Jesu Gebrauch der alttestamentlichen Prophetien über ihn*

Jesus ist sich der Tatsache bewusst, dass er alttestamentliche Prophetien erfüllt, die ihn betreffen; er sagt das bei mehreren Gelegenheiten. Im Wissen über Sacharjas Prophetien eines triumphalen Einzugs in Jerusalem weist er zwei Jünger an, den Esel zu holen, den er brauchen wird, um in die Stadt hineinzureiten (Mt 21,1-3).

> „Dies aber ist geschehen, damit erfüllt würde,
> was durch den Propheten geredet ist, der spricht:
> ‚Sagt der Tochter Zion:
> Siehe, dein König kommt zu dir,
> sanftmütig und auf einer Eselin reitend.'"
>
> Matthäus 21,4-5

Sogar noch ausdrücklicher sagt Jesus über die, die kamen, um ihn zu ergreifen und zu kreuzigen: „Aber dies alles ist geschehen, damit die Schriften der Propheten erfüllt werden" (Mt 26,56).

Natürlich gab es Prophetien über Jesus, derer er sich bewusst war, über die er aber keine Kontrolle hatte. Dazu gehört, aus welchem Stamm er kommen würde (1Mo 49,10); aus wessen Dynastie er stammen würde (2Sam 7,12-16); in welcher Stadt er geboren werden würde (Mi 5,1) und dass er von einer Jungfrau geboren werden würde (Jes 7,14). Doch ob bewusst oder nicht – diese Prophetien haben eine wichtige apologetische Bedeutung im Leben Christi. Tatsächlich waren sie beispiellos und ohne Parallele, denn kein anderer religiöser Führer konnte so viele und weitreichende Prophezeiungen vorweisen, die Hunderte von Jahren im Voraus über ihn gemacht worden waren und die er allesamt erfüllte. Das ist wirklich übernatürlich.

➲ *Die persönlichen Prophetien Jesu über sich selbst und andere*

Zusätzlich zum Wissen, dass er alttestamentliche Prophetien erfüllte, traf Jesus Vorhersagen über sich selbst, von denen manche bereits zu seinen Lebzeiten erfüllt wurden, andere später. Und manche werden sich erst bei seiner Wiederkunft erfüllen.

Prophezeiungen bei Matthäus

Das Matthäusevangelium allein zählt 81 Prophezeiungen, von denen 58 von Jesus gemacht wurden. Professor Barton Payne merkt an: „Das Matthäusevangelium enthält mehr Prophezeiungen als jedes andere Buch des Neuen Testaments, nämlich 81. Innerhalb der gesamten Schrift wird diese Zahl tatsächlich nur von den großen Prophetien von Jesaja und Jeremia im AT übertroffen." Das sind immerhin „26 Prozent des [Matthäusevangeliums]. Wahrhaftig ein hoher Wert für eine historische Überlieferung."[86] Unter den 58 Prophezeiungen Jesu, die Matthäus aufzeichnete, sind folgende:

1. Gottes Wort wird für immer fortbestehen. (5,18)

2. Manche Nichtgläubige werden beim Jüngsten Gericht protestieren. (7,19-23)

3. Abraham, Isaak und andere werden beim Jüngsten Gericht bereits im Königreich sein. (8,11)

4. Es wird der Tag kommen, an dem Christus weggenommen sein wird. (9,15)

5. Beim Jüngsten Gericht wird es Abstufungen in der Bestrafung geben. (10,15)

6. Die Apostel werden verfolgt werden. (10,17-23)

7. Jesus wird wieder mit den Aposteln zusammentreffen, bevor ihr Predigtdienst endet. (10,23)

8. Jesus wird in den Himmel aufsteigen. (10,32-33)

9. Jesus wird sterben und drei Tage später wiederauferstehen. (12,40)

10. Es wird in der Endzeit eine Auferstehung der Gläubigen geben. (12,41)

11. In der Endzeit werden die Geretteten von den Verlorenen getrennt werden. (13,30)

12. Das Königreich des Himmels wird großes Wachstum erleben. (13,31-32)

13. Die Gemeinde, die Christus bauen wird, wird niemals zerstört werden. (16,18)

14. Christus wird in Herrlichkeit mit seinen Engeln wiederkommen, seine Nachfolger werden Lohn bekommen. (16,27)

15. Die zwölf Apostel werden mit Christus über die Stämme Israels herrschen. (19,28)

16. Jakobus und Johannes werden um Christi willen leiden müssen. (20,23)

17. Christus wird von seinem Volk abgelehnt werden, und die Heiden werden hineinkommen. (21,42-43)

18. Es wird eine Auferstehung geben, und im Himmel wird es keine Ehe geben. (22,30)

19. Jerusalem wird Christus ablehnen und verwüstet werden. (23,34-38)

20. Jerusalem und der Tempel werden zerstört werden. (24,1-2)

21. In der ganzen Welt wird man sich daran erinnern, dass Maria Jesus gesalbt hat. (26,13)

22. Judas, Jesu Verräter, wird verdammt sein. (26,24)

23. Jesu Jünger werden bei seinem Tod fliehen. (26,31)

24. Petrus wird Christus dreimal verleugnen. (26,34)

Prophezeiungen bei Markus

Obwohl Markus ein viel kleineres Buch ist als Matthäus, enthält es 50 Prophezeiungen, die 19 Prozent des gesamten Buches ausmachen. Jesus machte 47 dieser Prophezeiungen, die fast alle mit denen bei Matthäus übereinstimmen.

Prophezeiungen bei Lukas

Lukas' 75 Prophezeiungen machen 22 Prozent des Textes aus. Damit kommt er gleich nach Matthäus' 81 Prophezeiungen.[87] 26 von diesen kommen in den ersten beiden Kapiteln vor und betreffen die Zeit vor Christi Geburt. Der größte Teil des Restes stammt von Christus selbst.

Prophezeiungen bei Johannes

Johannes enthält 45 Prophezeiungen. Das sind 20 Prozent des gesamten Buchtextes, etwas mehr als bei Markus. Wieder werden die meisten Prophezeiungen von Christus gemacht. Da Johannes einen neuen Ansatz liefert, der anders ist als in den synoptischen Evangelien, enthält er ein paar Prophetien, die nicht bei Matthäus, Markus oder Lukas zu finden sind. Dazu gehören:

1. Jesus hat eine andere Gruppe von Schafen, die er zu seiner Herde bringen wird. (10,16)

2. Lazarus wird von den Toten auferweckt werden. (11,4.11.23.40)

3. Diejenigen, die Jesu Worte ablehnen, werden am Jüngsten Tag durch sie verurteilt werden. (12,48)

4. Die Jünger werden größere Werke tun als Jesus. (14,12)

5. Der Heilige Geist wird kommen und die Jünger unterweisen. (14,15-26; 16,5-15)

6. Die Jünger werden einen großen Fischfang machen, wenn sie ihr Netz auf der anderen Seite des Bootes auswerfen. (21,6)

7. Johannes wird bis ins hohe Alter leben. (21,22f.)

Bericht von den Erfüllungen bei Matthäus
Nicht alle Prophetie ist rein vorausschauend. Manche ist typologisch, sie erwartet eine höhere Vollendung in der Zukunft. Matthäus verwendet das griechische Wort *pleroo* (erfüllen), das folgende Bedeutung haben kann: vollständig ausfüllen, erfüllen, vollenden, vollkommen machen, zur Erfüllung bringen. Er wendet es 15-mal auf Christus an (Hervorhebung des Autors):

1. „Dies alles geschah aber, damit *erfüllt* würde, was von dem Herrn geredet ist durch den Propheten, der spricht: ‚Siehe, die Jungfrau wird schwanger sein und einen Sohn gebären, und sie werden seinen Namen Emmanuel nennen', was übersetzt ist: Gott mit uns." (Mt 1,22-23)

2. „Und [Jesus] war dort bis zum Tod des Herodes; damit *erfüllt* würde, was von dem Herrn geredet ist durch den Propheten, der spricht: ‚Aus Ägypten habe ich meinen Sohn gerufen.'" (Mt 2,15)

3. „Da wurde *erfüllt*, was durch den Propheten Jeremia geredet ist, der spricht: ‚Eine Stimme ist in Rama gehört worden, Weinen und viel Wehklagen: Rahel beweint ihre Kinder, und sie wollte sich nicht trösten lassen, weil sie nicht mehr sind.'" (Mt 2,17-18)

4. „Und kam und wohnte in einer Stadt, genannt Nazareth; damit *erfüllt* würde, was durch die Propheten geredet ist: ‚Er wird Nazoräer genannt werden.'" (Mt 2,23)

5. „Damit *erfüllt* würde, was durch den Propheten Jesaja geredet worden ist, der sagt: ‚Land Sebulon und Land Naftali, gegen den See hin, jenseits des Jordan, Galiläa der Nationen: Das Volk, das in Finsternis saß, hat ein großes Licht gesehen.'" (Mt 4,14-16)

6. „Meint nicht, dass ich gekommen sei, das Gesetz oder die Propheten aufzulösen; ich bin nicht gekommen aufzulösen, sondern zu *erfüllen.*" (Mt 5,17)

7. „Damit *erfüllt* würde, was durch den Propheten Jesaja geredet ist, der spricht: ‚Er selbst nahm unsere Schwachheiten und trug unsere Krankheiten.'" (Mt 8,17)

8. „Damit *erfüllt* würde, was durch den Propheten Jesaja geredet ist, der spricht: ‚Siehe, mein Knecht, den ich erwählt habe, mein Geliebter, an dem meine Seele Wohlgefallen gefunden hat; ich werde meinen Geist auf ihn legen, und er wird den Nationen Recht verkünden.'" (Mt 12,17-18)

9. „Und es wird an ihnen die Weissagung Jesajas *erfüllt,* die lautet: ‚Mit Gehör werdet ihr hören und doch nicht verstehen, und sehend werdet ihr sehen und doch nicht wahrnehmen.'" (Mt 13,14)

10. „Damit *erfüllt* würde, was durch den Propheten geredet ist, der spricht: ‚Ich werde meinen Mund öffnen in Gleichnissen; ich werde aussprechen, was von Grundlegung der Welt an verborgen war.'" (Mt 13,35)

11. „Dies aber ist geschehen, damit *erfüllt* würde, was durch den Propheten geredet ist, der spricht: ‚Sagt der Tochter Zion: Siehe, dein König kommt zu dir, sanftmütig und auf einer Eselin reitend, und zwar auf einem Fohlen, dem Jungen eines Lasttiers.'" (Mt 21,4-5)

12. „Wie sollten denn die Schriften *erfüllt* werden, dass es so geschehen muss?" (Mt 26,54)

13. „Aber dies alles ist geschehen, damit die Schriften der Propheten *erfüllt* werden. Da verließen ihn die Jünger alle und flohen." (Mt 26,56)

14. „Da wurde *erfüllt*, was durch den Propheten Jeremia geredet ist, der spricht: ‚Und sie nahmen die dreißig Silberlinge, den Preis des Geschätzten, den man geschätzt hatte seitens der Söhne Israels'" (Mt 27,9).

15. „Nachdem sie ihn nun gekreuzigt hatten, teilten sie seine Kleider unter sich und warfen das Los, damit *erfüllt* würde, was durch den Propheten gesagt ist: ‚Sie haben meine Kleider unter sich geteilt, und das Los über mein Gewand geworfen.'" (Mt 27,35; SLT)

Obwohl diese Verse strenggenommen nicht prophezeiend sind, sind sie doch antizipierend, d. h. vorwegnehmend, so wie das Passahlamm eine Vorwegnahme der zukünftigen Erfüllung seines Typus in Christus war. Wie Paulus sagt: „Denn auch unser Passahlamm, Christus, ist geschlachtet" (1Kor 5,7). In diesem Sinne ist Christus die Erfüllung aller alttestamentlicher Prophetien dieser Art.

Alttestamentliche Texte mit prophetischen Aussagen

Manche alttestamentlichen Texte sind direkte Prophezeiungen, die speziell den kommenden Messias betreffen. Und daher hat ihre Erfüllung eindeutig apologetischen Wert. Wie die oben dargestellten Aussagen zeigen, kennt Jesus nicht nur all diese Prophetien, als Messias ist er sich auch bewusst, dass er sie selbst erfüllt. Die meisten, wenn nicht alle, der nachfolgenden Texte passen in diese Kategorie.

Die Prophezeiung, dass der Messias Folgendes sein wird:

1. *Der Same der Frau:* „Und ich werde Feindschaft setzen zwischen dir und der Frau, zwischen deinem Samen und ihrem Samen; er wird dir den Kopf zermalmen, und du, du wirst ihm die Ferse zermalmen." (1Mo 3,15)

2. *Die Abstammungslinie von Set:* „Und Adam erkannte noch einmal seine Frau, und sie gebar einen Sohn und gab ihm den Namen Set: Denn Gott hat mir einen anderen Nachkommen gesetzt anstelle Abels, weil Kain ihn erschlagen hat." (1Mo 4,25)

3. *Ein Nachfahre Sems:* „Und er sprach: Gepriesen sei der HERR, der Gott Sems; und Kanaan sei sein Knecht!" (1Mo 9,26)

4. *Der Same Abrahams:* „Und ich will segnen, die dich segnen, und wer dir flucht, den werde ich verfluchen; und in dir sollen gesegnet werden alle Geschlechter der Erde!" (1Mo 12,3)

5. *Vom Stamme Juda:* „Nicht weicht das Zepter von Juda noch der Herrscherstab zwischen seinen Füßen weg, bis dass der Schilo kommt, dem gehört der Gehorsam der Völker." (1Mo 49,10)

6. *Vom Hause Davids:* „Wenn deine Tage erfüllt sind und du dich zu deinen Vätern gelegt hast, dann werde ich deinen Nachkommen, der aus deinem Leib kommt, nach dir aufstehen lassen und werde sein Königtum festigen" (2Sam 7,12).

   Und: „Siehe, Tage kommen, spricht der HERR, da werde ich dem David einen gerechten Spross erwecken. Der wird als König regieren und verständig handeln und Recht und Gerechtigkeit im Land üben. [...] Und dies wird sein Name sein, mit dem man ihn nennen wird: ‚Der HERR, unsere Gerechtigkeit.'" (Jer 23,5-6)

7. *Empfangen von einer Jungfrau:* „Darum wird der Herr selbst euch ein Zeichen geben: Siehe, die Jungfrau wird schwanger werden und einen Sohn gebären und wird seinen Namen Immanuel nennen" (Jes 7,14).

8. *Geboren in Bethlehem:* „Und du, Bethlehem Efrata, das du klein unter den Tausendschaften von Juda bist, aus dir wird mir der hervorgehen, der Herrscher über Israel sein soll; und seine Ursprünge sind von der Urzeit, von den Tagen der Ewigkeit her." (Mi 5,1)

9. *Getötet circa 33 n. Chr.:* „70 Wochen sind über dein Volk und über deine heilige Stadt bestimmt, um das Verbrechen zum Abschluss zu bringen und den Sünden ein Ende zu machen und die Schuld zu sühnen und eine ewige Gerechtigkeit einzuführen und Vision und Propheten zu versiegeln und ein Allerheiligstes zu salben. So sollst du denn erkennen und verstehen: Von dem Zeitpunkt an, als das Wort erging, Jerusalem wiederherzustellen und zu bauen [444 v. Chr.], bis zu einem Gesalbten [Messias], einem Fürsten, sind es sieben Wochen. Und 62 Wochen [...]." (Dan 9,24-25)[88]

   Sieben Jahrwochen plus 62 Jahrwochen ergeben 69 Jahrwochen. Dies entspricht 483 Mondjahren mit je 360 Tagen nach dem jüdischen Mondkalender. Würde man für den Zeitraum von 444 v. Chr. bis 33 n. Chr. (477 Jahre) sechs weitere Jahre für die fünf zusätzlichen Tage unserer Jahreszeitrechnung (365 Tage, Sonnenkalender) addieren, ergäbe das genau die 483 Mondjahre (477 + 6). Sogar wenn das späte Datum der Kritiker für Daniel (ca. 165 v. Chr.) wahr wäre, sagte er den Tod des Messias trotzdem knapp 200 Jahre vor dem Ereignis voraus Das ist eine erstaunliche Vorhersage.

10. *Angekündigt durch einen Vorboten:* „Eine Stimme ruft: In der Wüste bahnt den Weg des HERRN! Ebnet in der Steppe eine Straße für unseren Gott!" (Jes 40,3)

11. *Zum König ausgerufen:* „Juble laut, Tochter Zion, jauchze, Tochter Jerusalem! Siehe, dein König kommt zu dir: Gerecht und siegreich ist er, demütig und auf einem

Esel reitend, und zwar auf einem Fohlen, einem Jungen der Eselin." (Sach 9,9)

12. *Er musste für unsere Sünden leiden und sterben:* „Jedoch unsere Leiden – er hat sie getragen, und unsere Schmerzen – er hat sie auf sich geladen. Wir aber, wir hielten ihn für bestraft, von Gott geschlagen und niedergebeugt. Doch er war durchbohrt um unserer Vergehen willen, zerschlagen um unserer Sünden willen. Die Strafe lag auf ihm zu unserm Frieden, und durch seine Striemen ist uns Heilung geworden. [...] aber der HERR ließ ihn treffen unser aller Schuld. [...] wie das Lamm, das zur Schlachtung geführt wird [...]. Wegen des Vergehens seines Volkes hat ihn Strafe getroffen. Und man gab ihm bei Gottlosen sein Grab, aber bei einem Reichen ist er gewesen in seinem Tod [...]. Doch dem HERRN gefiel es, ihn zu zerschlagen. Er hat ihn leiden lassen. [...] Er aber hat die Sünde vieler getragen und für die Verbrecher Fürbitte getan." (Jes 53,4-10.12)

13. *In seiner Seite durchbohrt:* „Sie werden auf mich blicken, den sie durchbohrt haben, und werden über ihn wehklagen, wie man über den einzigen Sohn wehklagt, und werden bitter über ihn weinen, wie man bitter über den Erstgeborenen weint." (Sach 12,10)

14. *Von den Toten auferweckt:* „Denn meine Seele wirst du dem Scheol nicht lassen, wirst nicht zugeben, dass dein Frommer die Grube sehe. Du wirst mir kundtun den Weg des Lebens." (Ps 16,10-11; vgl. Apg 2,30-32)

    „Wenn er sein Leben als Schuldopfer eingesetzt hat, wird er Nachkommen sehen, er wird seine Tage verlängern" (Jes 53,10). „Fürsten tun sich zusammen gegen den HERRN und seinen Gesalbten. [...] Habe doch ich meinen König geweiht auf Zion, meinem heiligen Berg! [...] Er [der HERR] hat zu mir gesprochen: ‚Mein Sohn bist du, ich habe dich heute gezeugt.'" (Ps 2,2.6-7; vgl. Apg 13,33-35)

Fazit

Der Gebrauch von tatsächlich vorausschauender Prophetie durch Jesus und seine Jünger im Neuen Testament fällt aus mehreren Gründen aus dem Bereich von vernünftiger menschlicher Machbarkeit heraus. Erstens sind diese Prophezeiungen im Unterschied zu den vagen Prognosen von Nostradamus spezifisch und verifizierbar. Zweitens handelt es sich dabei im Gegensatz zu den meisten hellseherischen Vorhersagen um eine Vielzahl von spezifischen und langfristigen Prophezeiungen – die Hunderte von Jahren im Voraus gemacht wurden. Es ist eine ganz andere Kategorie als jegliche menschliche Prognose. Nehmen wir beispielsweise die hellseherischen Vorhersagen, die 1994 über das nächste Jahr gemacht wurden und die zu 92 Prozent falsch waren! Zu den missglückten Vorhersagen zählen folgende:

1. Alle drei Nachrichtensprecher würden ausgetauscht werden.

2. Die Königin von England würde abdanken.

3. Kathie Lee Gifford würde Jay Leno ersetzen.

4. Cindy Crawford würde Drillinge bekommen.

5. Hillary Clinton würde ein Schuldgeständnis wegen Ladendiebstahls ablegen.

6. Charles Manson würde sich einer geschlechtsangleichenden OP unterziehen.

7. Whitney Houston würde Mike Tyson heiraten.

8. Eine afrikanische Pflanze würde AIDS heilen.
9. Vulkanaktivität würde eine Landbrücke nach Kuba hervorbringen.
10. Madonna würde Boy George heiraten.
11. Der Sears Tower in Chicago würde sich neigen wie der schiefe Turm von Pisa.
12. Eine nationale Lotterie würde die Steuern um die Hälfte senken.
13. Ein Teenager würde in South Carolina eine Atombombe bauen und zünden.
14. Madonna würde einen Scheich heiraten und Hausfrau werden.
15. Wissenschaftler würden ein Auto bauen, das mit Leitungswasser betrieben wird.

Verglichen mit solchen falschen Prophezeiungen stehen die Vorhersagen über Christi erstes Kommen jenseits des Bereichs menschlicher Prognosen: Es gibt eine große Anzahl davon, sie sind spezifisch, langfristig und hochgenau.

KAPITEL 8

Wie Jesus Argumente für die Existenz Gottes apologetisch einsetzt

Jesus lebte und lehrte in einer jüdischen, theistischen Kultur. Daher setzten seine Zuhörer bereits die Existenz Gottes voraus. In diesem Kontext bestand für ihn keine Notwendigkeit einer rationalen Verteidigung der theistischen Weltsicht. Es wäre jedoch interessant zu fragen, was Jesus zu Menschen mit einer nicht-theistischen Weltsicht gesagt hätte. Drei Quellen, aus denen wir relativ gut Schlussfolgerungen ziehen können, sind: (1) das Alte Testament, in dem Jesus gründlich ausgebildet war (Lk 2,52; vgl. 2Tim 3,14-15) und von dem er behauptete, sein Leben und seine Lehre seien dessen Erfüllung; (2) das Neue Testament, das als das inspirierte Werk der Jünger Jesu (Joh 14,26; 16,13) folglich Christi Gedanken widerspiegelt; und (3) Implikationen der Lehren Jesu, die auf einen nichttheistischen Kontext angewendet werden können. Wenn wir uns diese Quellen anschauen, finden wir eine aussagekräftige Antwort im Hinblick darauf, wie Jesus möglicherweise apologetisch auf Infragestellungen einer theistischen Weltsicht geantwortet hätte.

Die alttestamentliche Antwort auf Antitheismus

Der Hauptgegner des Monotheismus im Alten Testament war der Polytheismus, obgleich es ein paar Verweise auf Atheismus gibt (wie Psalm 14,1). Als Grundlage für Jesu Lehre liefern diese alttestamentlichen Auseinandersetzungen mit nichttheistischen Glaubensüberzeugungen eine Grundlage dafür, um zu verstehen, was Jesus auf diese gegnerischen Weltsichten erwidert hätte.

Jesus war gründlich im Alten Testament unterwiesen. Das zeigt sich sowohl in den zahlreichen Gelegenheiten, in denen er daraus in seinen eigenen Lehren zitiert, als auch in seiner Beteuerung: „Meint nicht, dass ich gekommen sei, das Gesetz oder die Propheten aufzulösen; ich bin nicht gekommen aufzulösen, sondern zu erfüllen“ (Mt 5,17). Ebenso bekräftigt einer seiner Apostel: „Denn das dem Gesetz Unmögliche, weil es durch das Fleisch kraftlos war, tat Gott, indem er seinen eigenen Sohn in Gestalt des Fleisches der Sünde [...] sandte [...], damit die Rechtsforderung des Gesetzes erfüllt wird in uns“ (Röm 8,3-4).

Angesichts der Abhängigkeit Jesu vom alttestamentlichen Gesetz und seiner Erfüllung ist es angemessen anzunehmen, dass er auf nichttheistische Weltansichten genauso reagiert hätte wie die Verfasser der alttestamentlichen Heiligen Schrift. Diese enthält viele Angriffe auf den Götzendienst – die Anbetung von Dingen, die von Menschen geschaffen wurden, anstelle der Anbetung des Schöpfers des Universums. Dies impliziert, dass Heiden – obwohl sie die Heilige Schrift nicht besaßen – den Schöpfer aus der Tatsache der Schöpfung hätten erkennen sollen.

➲ *Das kosmologische Argument für Gott*

Dieses wird manchmal als Argument der Ersten Ursache bezeichnet. Wir wissen intuitiv, dass jedes Ereignis eine Ursache hat. Sogar der Skeptiker David Hume leugnete das nie: „Ich habe nie eine so absurde Behauptung aufgestellt, dass irgendetwas ohne eine Ursache auftreten könnte.“[89] Wenn aber jedes Ereignis eine Ursache haben muss und das Universum einen Anfang hatte, dann folgt daraus logisch, dass es eine Ursache des ersten Ereignisses bzw. der ersten Ereignisse gab. Und genau hier beginnt es in der Tat: „Im Anfang schuf Gott den Himmel und die Erde“ (1Mo 1,1). Und es ist wenig überraschend, dass es in der Bibel ungefähr 300 Verse gibt, die sich auf den *Anfang* der Dinge und des Lebens beziehen.[90]

➲ *Das anthropologische Argument für Gott*

In der Infragestellung des Polytheismus durch die Propheten im Alten Testament ist ein implizites anthropologisches Argument für Gott enthalten – ein Argument vom Menschen zu Gott. Der Psalmist sagt beispielsweise: „Der das Ohr gestaltet hat, sollte der nicht hören? Der das Auge gebildet hat, sollte der nicht sehen?" Das impliziert, dass jede Wirkung nicht nur eine Ursache hat, sondern dass sie dieser Ursache auch ähnlich ist. Er schreibt weiter: „Er, der Erkenntnis lehrt den Menschen" (Ps 94,9-10). Kurzum, Menschen können hören, sehen und denken. Da die Ursache der Wirkung ähnlich sein muss, muss es eine Ursache geben (Gott), die hören, sehen und denken kann.[91]

➲ *Das Argument für Gott aufgrund des Bedürfnisses nach Anbetung*

Jesaja beschreibt in eindringlicher Ironie, wie dumm es ist, einen Götzen anzubeten. Über den Götzenbildner schreibt er:

> „Er geht, um sich Zedern zu fällen [...].
> Er nimmt davon und wärmt sich.
> Teils heizt er und bäckt Brot,
> teils verarbeitet er es zu einem Gott
> und wirft sich davor nieder,
> macht ein Götzenbild daraus und beugt sich vor ihm.
> Die Hälfte davon verbrennt er im Feuer.
> Auch wärmt er sich [...].
> Und den Rest davon macht er zu einem Gott,
> zu seinem Götterbild.
> Er beugt sich vor ihm und wirft sich nieder."
>
> Jesaja 44,14-17

In dieser ausdrucksstarken Bildsprache über die Sinnlosigkeit von Götzendienst ist ein indirektes Argument für Gott enthalten:

1. Jeder muss etwas anbeten.

2. Es ist sinnlos, etwas von Menschen Geschaffenes anzubeten.

3. Daher gibt es wirklich einen nicht geschaffenen Schöpfer, der angebetet werden sollte.

Es ist interessant, dass gerade in diesem Kontext der Entlarvung von Götzendienst der wahre Gott sich selbst als Schöpfer offenbart. Jesaja schreibt: „So spricht der HERR, [...] der dich vom Mutterleib an gebildet hat: Ich, der HERR, bin es, der alles wirkt, der den Himmel ausspannte, ich allein, der die Erde ausbreitete" (Jes 44,24). Und dann wird auch denen, die diese Botschaft ablehnen, gesagt: „Weh dem, der mit seinem Bildner rechtet [...]!", und dieser wiederum sagt: „Ich, ich habe die Erde gemacht und den Menschen auf ihr geschaffen. Ich war es, *meine* Hände haben den Himmel ausgespannt, und all seinem Heer habe ich Befehl gegeben" (Jes 45,9.12). Nur ein Schöpfer – nicht ein anderes Geschöpf – kann die tiefsten Sehnsüchte eines Geschöpfs erfüllen.

➲ ***Das teleologische Argument für Gott***

Der Psalmist ruft: „Der Himmel erzählt die Herrlichkeit Gottes, und das Himmelsgewölbe verkündet seiner Hände Werk" (Ps 19,2). In Psalm 8 steht:

> „Wenn ich anschaue deinen Himmel,
> deiner Finger Werk,
> den Mond und die Sterne,
> die du bereitet hast:
> Was ist der Mensch, dass du sein gedenkst,
> und des Menschen Sohn,
> dass du dich um ihn kümmerst?
> Denn du hast ihn wenig geringer gemacht als Engel,
> mit Herrlichkeit und Pracht krönst du ihn.
> Du machst ihn zum Herrscher über
> die Werke deiner Hände;
> alles hast du unter seine Füße gestellt."
>
> Psalm 8,4-7

Selbst der berühmte Agnostiker Immanuel Kant konnte nicht anders, als an Gott zu glauben. Er schreibt: „Zwei Dinge erfüllen das Gemüt mit immer neuer und zunehmender Bewunderung und Ehrfurcht, je öfter und anhaltender sich das Nachdenken damit beschäftigt: Der bestirnte Himmel über mir und das moralische Gesetz in mir."[92] Woran liegt das? Weil jedes Design einen Designer hat und der Himmel erstaunliche Indizien dafür aufweist, dass er entworfen wurde. Dies wird das teleologische Argument genannt – durch die Natur zu zeigen, dass es einen Gott geben muss.

➲ *Das moralische Argument für Gott*

Das Alte Testament bietet bereits Ansätze des moralischen Arguments für Gott. Dieses besagt: Da es ein objektives Moralgesetz gibt, muss es auch einen objektiven Moralgesetzgeber geben. Dass es ein Moralgesetz gibt, dem alle Menschen unterworfen sind – sogar die, die keine Form besonderer Offenbarung haben –, geht aus Gottes Urteil über die heidnischen Nationen deutlich hervor.

3. Mose 18 ist ein treffendes Beispiel dafür. Gott formuliert seine moralische Missbilligung der Kanaaniter mit sehr starken Worten. Nachdem er Sodomie, Brutalität und andere Formen von Unmoral verurteilt hat, sagt Gott zu Israel: „Macht euch nicht unrein durch all dieses! Denn durch all dieses haben die Nationen sich unrein gemacht, die ich vor euch vertreibe. Und das Land wurde unrein gemacht, und ich suchte seine Schuld an ihm heim, und das Land spie seine Bewohner aus" (3Mo 18,24-25). Dieses Moralgesetz war so stark in die Herzen der Heiden geschrieben, dass es keine Entschuldigung für ihre Unmoral gab und Gott ihre Vertreibung befahl!

➲ *Das existenzielle Argument für Gott*

Der Instinkt für Gott ist so tief verwurzelt, dass das Alte Testament Atheisten als Toren bezeichnet. David sagt: „Der Tor spricht in seinem Herzen: ‚Es ist kein Gott!'" (Ps 14,1). Sein Sohn Salomo, der weiseste Mensch, der je lebte, beobachtet, dass ein Leben ohne Gott bedeutungslos ist: „Nichtigkeit der Nichtigkeiten! – spricht der Prediger; Nichtigkeit der Nichtigkeiten, alles ist Nichtigkeit!" (Pred 1,2). Das Argument für Gott, das hier angedeutet wird, kann folgendermaßen ausgedrückt werden:

1. Was immer Menschen unbedingt brauchen, existiert auch wirklich.

2. Menschen brauchen Gott unbedingt.

3. Also existiert Gott wirklich.

Das bedeutet natürlich nicht, dass alles, was wir uns wünschen, tatsächlich existiert – sondern nur das, was wir unbedingt brauchen. Wir wünschen uns vielleicht einen Topf voll Gold am Ende des Regenbogens, aber Nahrung und Wasser brauchen wir tatsächlich. Es wäre absurd zu denken, dass es nirgendwo Wasser gäbe, nur weil manche verdursten – wenn wir tatsächlich unbedingt Wasser zum Leben brauchen. In gleicher Weise ist es absurd zu sagen, es gäbe keine Nahrung, weil manche verhungern – wo wir doch tatsächlich unbedingt Nahrung brauchen. Die ganze Natur ist darauf ausgerichtet, Vakuum auszufüllen. Wenn es also im menschlichen Herzen ein riesiges Gottes-Vakuum gibt, dann muss es tatsächlich einen Gott geben, der es füllen kann, obwohl manche sterben, ohne ihn zu kennen.

Salomo war einer der weisesten und vermögendsten Menschen, die je gelebt haben, und er probierte alles aus, was unter der Sonne existiert, um dieses Vakuum im menschlichen Herzen zu befriedigen. Er kam zu dem Schluss: „Alles ist Nichtigkeit und ein Haschen nach Wind“ (Pred 1,14). Ohne Gott ist das Leben sinnlos. Also ist es durchaus vernünftig, davon auszugehen, dass Jesus, dessen Leben und Dienst vom Alten Testament durchdrungen waren, die Absurdität und Bedeutungslosigkeit eines Lebens ohne Gott herausgestellt hätte.

Interessanterweise haben selbst nichttheistische Philosophen diese These unabsichtlich bestätigt. Der atheistische Philosoph Bertrand Russell schreibt bezugnehmend auf die Dr.-Faustus-Geschichte:

> „Dass der Mensch ein Ergebnis von Ursachen ist, die den Zweck, den sie erzielen würden, nicht vorhersehen konnten; dass sein Ursprung, sein Werden, seine Hoffnungen

und Ängste, sein Lieben und sein Glauben nichts anderes sind als das Ergebnis einer zufälligen Anordnung von Atomen; dass keine Leidenschaft und kein Heldentum, keine Intensität des Denkens und Fühlens das individuelle Leben vor dem Grab bewahren kann; dass all die Bemühungen von Äonen, all die Hingabe, all die Inspiration, alle Mittagshelle des menschlichen Genius dem Untergang im Tod des Sonnensystems geweiht sind; und dass der ganze Tempel menschlicher Errungenschaften unvermeidlich in den Ruinen und Trümmern des Universums begraben werden soll."[93]

Russell spricht hier die unweigerliche Konsequenz des Atheismus aus: Trotz der Tatsache, dass die Existenz der Menschheit letzten Endes sinnlos ist, müssen die Menschen dennoch mutig diese Tatsache akzeptieren und mit dieser Realität leben, die sie während ihres kurzen Aufenthalts hier auf der Erde ständig begleitet.

Nicht nur ist das Leben ohne Gott sinnlos. Unsere ganze Existenz hat keine Bedeutung; die Menschheit existiert als ein weiteres belangloses Objekt in einem riesigen, dunklen Universum, das auf die Auslöschung zusteuert. Der verstorbene atheistische Astronom Carl Sagan schreibt:

„Wegen der Reflektion des Sonnenlichts, [...] scheint die Erde auf einem Lichtstrahl zu thronen, so als ob diese kleine Welt irgendeine besondere Bedeutung hätte. Aber es ist nur zufällige Geometrie und Physik [...]. Unsere Anmaßung, unsere eingebildete Wichtigkeit, die wahnwitzige Vorstellung, dass wir irgendeine privilegierte Stellung im Universum einnehmen – all das wird infrage gestellt von diesem blassen blauen Punkt im All. Unser Planet ist ein einsamer Punkt in der großen, allumfassenden kosmischen Finsternis. In unserer Unbedeutendheit, in all dieser endlosen Weite gibt es keinen Hinweis darauf, dass von irgendwoher Hilfe kommen wird, um uns vor uns selbst zu retten."[94]

Sagan, ein Nichtgläubiger, schloss richtig: Wenn unsere Existenz das Ergebnis eines kosmischen Zufalls ist, dann existieren die Erde und die Menschheit einfach als winziger, unbedeutender Punkt in diesem gigantischen Universum. Jegliche Vorstellung davon, dass unsere Existenz irgendeine Bedeutung hat, sei eine Illusion, die wir selbst erschaffen hätten. Daher solle jede Hoffnung darauf, einen endgültigen Sinn und Bedeutung zu entdecken, aufgegeben werden.

Die neutestamentliche Antwort auf Antitheismus

Jesus erkannte das Alte Testament als das inspirierte Wort Gottes an (Mt 5,17; Joh 10,35). Also übernahm er mit Sicherheit dessen Betrachtungsweise in Bezug auf die Gründe, an Gott zu glauben. Weiter deutet das Neue Testament – das von Jesu Jüngern geschrieben wurde – zusätzliche Argumente an, die Jesus in der Verteidigung der Existenz Gottes unterstützt hätte. Auch wenn der Apostel Paulus kein Jünger Jesu zu dessen Lebzeiten auf der Erde war, war er trotzdem ein Schüler seiner Lehre. So zitiert er mehrmals direkt die Worte Jesu (Apg 20,35; 1Kor 11,23-26; 1Tim 5,18). Außerdem empfing er direkte Anweisungen von Jesus, als dieser ihm auf der Straße nach Damaskus erschien, wie auch von Hananias, den Christus beauftragt hatte, ihm Anweisungen zu geben (Apg 9,3-16). Weiter empfing Paulus direkte Offenbarungen von Christus und wurde von ihm drei Jahre lang in Arabien unterwiesen (Gal 1,12.17; 2,2). Somit sind auch die paulinischen Briefe eine zuverlässige Quelle dafür, was Jesus lehrte.

➔ ***Das kosmologische Argument für Gott***

In Apostelgeschichte 17 wendet sich Paulus an zwei Gruppen von Nichtgläubigen: an Epikureer (Atheisten) und Stoiker (Pantheisten). Letztere glauben, dass Gott in allem ist, d. h. für sie ist alles, was existiert, Gott. Erstere glauben, dass es überhaupt keinen Gott gibt. Für beide hat er dieselbe Botschaft: Es gibt einen Gott, der alles geschaffen hat. Um seinen Standpunkt zu belegen, beruft Paulus sich auf die Tatsache, dass es eine Quelle des Lebens und des Odems aller Dinge geben muss (Apg 17,25). Weiter muss – da wir vernunftbegabte Wesen sind – unsere Ursache (d. h. unser Schöpfer) vernunftbegabt sein (Apg 17,29), denn die Ursache muss Ähnlichkeit mit den Wirkungen haben, die sie hervorbringt. Das gilt aus dem einfachen Grund, weil eine Ursache nichts hervorbringen kann, was sie nicht selbst besitzt. Doch Gott „selbst [gibt] allen Leben und Odem und alles" (Apg 17,25).

Römer 1,19-20 enthält Ansätze des kosmologischen Arguments für Gott. Paulus schreibt: „Weil das von Gott Erkennbare unter ihnen offenbar ist, denn Gott hat es ihnen offenbart. Denn sein unsichtbares Wesen, sowohl seine ewige Kraft als auch seine Göttlichkeit, wird seit Erschaffung der Welt in dem Gemachten wahrgenommen und geschaut, damit sie ohne Entschuldigung seien." Kurzum, es ist offensichtlich, dass es einen Schöpfer gibt, weil es eine Schöpfung gibt, die ihn so deutlich zeigt, dass sogar die Heiden „ohne Entschuldigung" sind. Gewiss würde Jesus einer solchen Logik zustimmen und im Umgang mit denen, die einen theistischen Gott ablehnen, darauf verweisen.

Weiter wusste Jesus wie der Verfasser des Hebräerbriefs: „Jedes Haus wird von jemand erbaut; der aber alles erbaut hat, ist Gott" (Hebr 3,4). Was ist das anderes als ein minikosmologisches Argument? Wie eben angemerkt wusste Jesus, dass die Welt einen *Anfang* hatte und dass sie eine *Schöpfung* war. Doch durch dieselbe Logik, dass jedes Haus einen Erbauer hat, war damit für Jesus klar, dass die Welt einen Schöpfer hat.

➲ *Das teleologische Argument für Gott*

Im Einklang mit dem Alten Testament teilt das Neue Testament die Auffassung, dass Heiden wissen können, dass es einen Gott gibt, indem sie die Gestaltung in der Natur betrachten. Paulus sagt den Heiden in Lystra, dass Gott „sich doch nicht unbezeugt gelassen hat, indem er Gutes tat und euch vom Himmel Regen und fruchtbare Zeiten gab und eure Herzen mit Speise und Fröhlichkeit erfüllte" (Apg 14,17). Mit anderen Worten: Es muss einen Gott geben, der diese wunderbare Welt gestaltet hat, um für all unsere Bedürfnisse zu sorgen.

➔ *Das moralische Argument für Gott*

In Römer 2 spricht der Apostel Paulus außerdem vom Moralgesetz, das in die Herzen aller Menschen geschrieben ist (V. 15). Dieses Gesetz ist so eindeutig, dass die, die es nicht beachten, zugrunde gehen werden (V. 12). Wenn es aber ein objektives Moralgesetz gibt, das alle Menschen „von Natur" aus kennen (V. 14), dann muss es auch einen objektiven Moralgesetzgeber geben. Daher ist es vernünftig, daraus zu schließen, dass Gott – der Moralgesetzgeber – existiert.

➔ *Das Argument aus einer existenziellen Notwendigkeit heraus*

Das Neue Testament spricht außerdem davon, dass es vergeblich ist, Glück in irgendetwas anderem zu suchen als in Gott selbst. Paulus warnt davor, auf Reichtümer zu vertrauen, wobei er anmerkt: „Eine Wurzel alles Bösen ist die Geldliebe" (1Tim 6,10). Weiter heißt es: „Wir haben nichts in die Welt hereingebracht, so dass wir auch nichts hinausbringen können" (V. 7). Nichts wird uns wirklich Zufriedenheit geben außer Gott. „Die Gottseligkeit mit Genügsamkeit aber ist ein großer Gewinn" (V. 6), doch ohne Gott ist alles Verlust. Dies ist eine gekürzte Version dessen, was Salomo in Prediger 1–2 lehrt und was Jesus in Matthäus 6 und Lukas 12 sagt (wird im weiteren Verlauf des Kapitels behandelt).

Auswirkungen von Jesu Lehre auf eine Apologetik für nichttheistische Religionen

Wie zuvor angemerkt, hatte Jesus keine direkte Gelegenheit, auf nichttheistische religiöse Glaubensüberzeugungen zu reagieren. Aber basierend auf seiner Reaktion auf andere Formen von Unglauben können wir schließen, wie er möglicherweise auf solche Standpunkte reagiert hätte.

➔ *Auswirkung auf das kosmologische Argument für Gott*

Jesus hält an den grundlegenden Elementen des Arguments der Ersten Ursache fest. Er spielt häufig auf den Schöpfungsbericht in 1. Mose an (Mt 19,4-8; Mk 13,19; Lk 11,50). Als Jesus im Hinblick auf Ehescheidung befragt wird, entwickelt er seine

Position, indem er auf den Schöpfungsbericht in 1. Mose 1 zurückgreift: „Er aber antwortete und sprach: Habt ihr nicht gelesen, dass der, welcher sie schuf, sie von Anfang an als Mann und Frau schuf und sprach: ‚Darum wird ein Mensch Vater und Mutter verlassen und seiner Frau anhängen, und es werden die zwei ein Fleisch sein' – so dass sie nicht mehr zwei sind, sondern ein Fleisch? Was nun Gott zusammengefügt hat, soll der Mensch nicht scheiden" (Mt 19,4-6). Jesus verweist auf den Schöpfungsbericht in 1. Mose, um den Ehebund zu verteidigen. Er glaubt und lehrt, dass der Schöpfungsbericht von 1. Mose tatsächlich wahr ist, und deshalb baut er seine Eheprinzipien darauf auf.

In Markus 13,19 erklärt Jesus, was am Ende des Zeitalters geschehen wird: „Denn jene Tage werden eine Bedrängnis sein, wie sie von Anfang der Schöpfung, die Gott geschaffen hat, bis jetzt nicht gewesen ist und nicht sein wird." Jesus stimmt damit implizit dem kosmologischen Argument zu, dass, wenn die Welt einen Anfang hatte, sie auch einen Anfänger haben muss. In diesem Vers macht er geltend, dass Gott jener Anfänger ist – derjenige, der die Welt geschaffen hat.

➲ *Auswirkung auf ein teleologisches Argument für Gott*

Jesus deutet die teleologische Perspektive an, als er über Sorgen spricht – indem er auf die Schöpfungsordnung und die Fürsorge des Schöpfers für seine Schöpfung hinweist.

> „Deshalb sage ich euch: Seid nicht besorgt für euer Leben, was ihr essen und was ihr trinken sollt, noch für euren Leib, was ihr anziehen sollt! Ist nicht das Leben mehr als die Speise und der Leib mehr als die Kleidung? Seht hin auf die Vögel des Himmels, dass sie weder säen noch ernten noch in Scheunen sammeln, und euer himmlischer Vater ernährt sie doch. Seid ihr nicht viel wertvoller als sie? Wer aber unter euch kann mit Sorgen seiner Lebenslänge eine Elle zusetzen?
>
> Und warum seid ihr um Kleidung besorgt? Betrachtet die Lilien des Feldes, wie sie wachsen; sie mühen sich nicht,

> auch spinnen sie nicht. Ich sage euch aber, dass selbst nicht Salomo in all seiner Herrlichkeit bekleidet war wie eine von diesen. Wenn aber Gott das Gras des Feldes, das heute steht und morgen in den Ofen geworfen wird, so kleidet, wird er das nicht viel mehr euch tun, ihr Kleingläubigen?"
>
> Matthäus 6,25-30

In seiner Lehre gegen die Sorge weist Jesus auf die Schöpfung hin. Er hebt Gottes Fürsorge für seine Schöpfung hervor, die sich in der von ihm gestalteten Ordnung in der Ernährung der Vögel und in seiner künstlerischen Sorgfalt bei der Farbgebung der Lilien zeigt. Jesus verwendet so die Gestaltung der Schöpfung als Beweis für einen göttlichen Schöpfer.

➲ *Auswirkung auf ein moralisches Argument für Gott*

Jesus glaubt, dass Gottes Moralgesetz nicht nur für Gläubige, sondern auch für Nichtgläubige verbindlich ist. Er fasst das Gesetz des Mose in zwei Teilen zusammen: Erstens: „Du sollst den Herrn, deinen Gott, lieben mit deinem ganzen Herzen und mit deiner ganzen Seele und mit deinem ganzen Verstand." Zweitens: „Du sollst deinen Nächsten lieben wie dich selbst" (Mt 22,37.39). Er verdeutlicht unsere moralische Pflicht in der goldenen Regel: „Alles nun, was ihr wollt, dass euch die Menschen tun sollen, das tut ihr ihnen auch! Denn darin besteht das Gesetz und die Propheten" (Mt 7,12).

Das ist etwas, was auch Nichtgläubige anerkennen, wie wir in der Aussage von Konfuzius sehen: „Füge nie anderen zu, was du nicht willst, dass man es dir tue."[95] Jesus wendet außerdem das Moralgesetz in einem größeren Rahmen an: „Wenn nun ihr, die ihr böse seid, euren Kindern gute Gaben zu geben wisst, wie viel mehr wird euer Vater, der in den Himmeln ist, Gutes geben denen, die ihn bitten!" (Mt 7,11). Das macht deutlich, dass sogar bösartige Menschen wissen, was „gut" ist.

Wenn es ein Moralgesetz gibt, von dem alle Menschen – sowohl gute als auch bösartige – wissen, dass es wahr ist, dann muss es auch einen Moralgesetzgeber geben. Folglich stimmt Jesus dem moralischen Argument für Gott implizit zu.

➲ *Auswirkung auf ein existenzielles Argument für Gott*

In diesem Fall müssen wir nicht raten, was Jesus glaubt, da er diese Herangehensweise in einigen seiner Gleichnisse und Aussprüche verwendet. Er betont, dass ein Leben ohne Gott und ohne das ewige Leben bedeutungslos ist: „Der Mensch lebt nicht nur von Brot" (Mt 4,4; NeÜ). Er bekräftigt nachdrücklich: „Auch wenn jemand Überfluss hat, besteht sein Leben nicht aus seiner Habe" (Lk 12,15). Jesu Halbbruder Jakobus fragt: „Was ist denn euer Leben? Es ist nur ein Dampf, der kurze Zeit sichtbar ist und dann verschwindet" (Jak 4,14; NeÜ).

Wenn Gott nicht existiert, wenn wir einfach nur ein Zufall der Natur sind, dann gibt es kein letztes Ziel unserer Existenz. Jeder Mensch lebt für einen kurzen Zeitraum und steht dann vor der Auslöschung. Ferner zeigt uns die wissenschaftliche Erkenntnis, dass das Universum irgendwann keine Energie mehr haben wird, einen Zustand finaler Entropie erreichen und dann aufhören wird zu existieren. Diese Tatsache zwingt uns dazu, uns den Fragen zu stellen: Welchen Unterschied wird es einst machen, dass Menschen oder das Universum jemals existiert haben? Welche Hoffnung können wir angesichts dieser düsteren Zukunft haben? Das Einzige, was gewiss ist, ist der Tod – der Untergang der Menschheit und des Universums. Schließlich wird jeder Mensch zu dem Schluss kommen müssen, dass unsere Existenz letzten Endes bedeutungslos ist.

Jesus spricht häufig darüber, dass es vergeblich ist, Sinn in materiellen Reichtümern zu suchen. Zum Beispiel hier: „Sammelt euch nicht Schätze auf der Erde, wo Motte und Fraß zerstören und wo Diebe durchgraben und stehlen; sammelt euch aber Schätze im Himmel, wo weder Motte noch Fraß zerstören und wo Diebe nicht durchgraben noch stehlen! Denn wo dein Schatz ist, da wird auch dein Herz sein" (Mt 6,19-21). Jesus versteht voll und ganz, dass materielle Reichtümer zeitweiliges Glück bringen können. Doch sie können keine endgültige Freude und keinen Sinn im Leben geben.

In Matthäus 16,26 sagt Jesus: „Denn was wird es einem Menschen nützen, wenn er die ganze Welt gewönne, aber sein Leben einbüßte? Oder was wird ein Mensch als Lösegeld geben für sein Leben?" Er lehrt, dass auch der größte materielle Gewinn nicht vergleichbar mit ewigem Leben bei Gott ist. Er weiß, dass der eigentliche Sinn des Lebens nicht ohne eine ewige Beziehung zum Schöpfer gefunden werden kann.

In Lukas 12,16-21 erzählt Jesus folgendes Gleichnis:

> „Das Land eines reichen Menschen trug viel ein. Und er überlegte bei sich selbst und sprach: Was soll ich tun? Denn ich habe nicht, wohin ich meine Früchte einsammeln soll. Und er sprach: Dies will ich tun: Ich will meine Scheunen niederreißen und größere bauen und will dahin all mein Korn und meine Güter einsammeln; und ich will zu meiner Seele sagen: Seele, du hast viele Güter liegen auf viele Jahre. Ruhe aus, iss, trink, sei fröhlich! Gott aber sprach zu ihm: Du Tor! In dieser Nacht wird man deine Seele von dir fordern. Was du aber bereitet hast, für wen wird es sein? So ist, der für sich Schätze sammelt und nicht reich ist im Blick auf Gott."

In diesem Gleichnis warnt Jesus davor, sich übermäßig auf materiellen Besitz zu konzentrieren oder sein Leben über materiellen Besitz zu definieren. Letzten Endes werden wir alle irdischen Besitztümer zurücklassen müssen. Wenn dieser habgierige Mann vor Gott und der Ewigkeit steht, wird er leere Hände haben.

Im Gespräch mit einem Atheisten würde Jesus möglicherweise die Lektion dieses Gleichnisses wiedergeben und fragen: „Was ist letztlich der Gewinn, wenn man Wohlstand erlangt, wissenschaftliche Entdeckungen macht oder den Fortbestand der Menschheit sichert? Alles, was in diesem Leben gewonnen wird, wird mit dem Tod der Menschheit und dem Ende des Universums verloren sein." Ich glaube, Jesus würde den Atheisten dazu drängen, sich die eigentliche Konsequenz seiner Weltsicht klarzumachen. Wenn es keinen Gott gibt, dann ist unsere Existenz letzten Endes ohne Sinn, ohne Bedeutung oder Hoffnung. Das Dilemma der Menschheit besteht darin, dass wir nicht in einer Welt leben können, in der unsere Existenz bedeutungslos ist. Das macht es für den Atheisten unmöglich, die Implikationen seiner Weltsicht konsequent auszuleben.

Fazit

Sowohl durch die Lehren des Alten Testaments, die sich Jesus zu eigen machte, als auch durch die neutestamentliche Lehre der Jünger Christi, die die Ansichten ihres Herrn widerspiegelten, können wir Argumente rekonstruieren, die Jesus bei der Verteidigung des Theismus gegen den Antitheismus verwendet oder gutgeheißen hätte. Dazu hat uns Jesus einige klare Aussagen im Hinblick darauf hinterlassen, wie er mit solchen Diskussionen umgehen würde. Während wir diesen Schlussfolgerungen nachgegangen sind, haben wir herausgefunden, dass Jesus ein rationaler Theist war, der sich auf die kosmologischen, teleologischen und moralischen Argumente für Gottes Existenz berufen hätte. Er hätte auch dem Argument der existenziellen Notwendigkeit Gottes zugestimmt.

KAPITEL 9

Die angeblich antiapologetischen Aussagen Jesu

Jesus verwendet fundierte Argumente und Beweise aus Prophetie, Wundern und seiner Auferstehung, um seine Behauptung zu bekräftigen, der heilige Sohn Gottes zu sein. Es gab jedoch auch Momente, in denen Jesus sich weigerte, seine Ansprüche zu verteidigen (Mt 12,38-40; Lk 16,19-31). Manchmal schien er diejenigen zurechtzuweisen, die nach Beweisen und Gründen für den Glauben suchten (Joh 20,24-29).

Einige glauben, es bestünde keine Notwendigkeit von Apologetik, da Evangelisation die Verkündigung des Wortes und das Einwirken des Heiligen Geistes auf den Nichtgläubigen umfasst. Diese Position ist generell als Fideismus bekannt. Kenneth Boa schreibt: „Fideismus ist ein apologetischer Ansatz, der argumentiert, dass die Wahrheiten des Glaubens nicht rational gerechtfertigt werden können und sollten. Oder von einer anderen Seite betrachtet behaupten Fideisten, dass Wahrheiten des Christentums nur durch Glauben allein richtig verstanden werden."[96] Anhänger dieser Position glauben, dass Gründe und Beweise für Nichtgläubige nicht überzeugend sind oder nicht für den Glauben an Gott gelten. Man müsse einfach nur glauben.

Warb Jesus für einen solchen fideistischen Ansatz? Wollte er, dass Leute ihm einfach ohne Beweise glauben? Wenn nicht, warum weigerte er sich dann mehrmals, Beweise vorzulegen, und schien manchmal sogar diejenigen zu tadeln, die nach Gründen für den Glauben suchten? In diesem Kapitel werden einige Abschnitte genauer betrachtet, um auf diese Fragen zu antworten. Nach den Evangelien werden wir einige Abschnitte aus den

Briefen eingehend betrachten, die gegen eine apologetische Herangehensweise zu sprechen scheinen.

Matthäus 12,38-40

In Matthäus 12,38-40 fordern die Pharisäer und Gesetzeslehrer Jesus auf, ein „Zeichen" zu tun. Jesus weist sie zurecht: „Ein böses und ehebrecherisches Geschlecht begehrt ein Zeichen, und kein Zeichen wird ihm gegeben werden als nur das Zeichen Jonas, des Propheten" (V. 39).

Manche meinen, Jesus weise die Pharisäer zurecht, weil er nicht wolle, dass sie aufgrund von Zeichen an ihn glauben. Stattdessen sollen sie allein aus Glauben zu ihm kommen. Sie meinen, Jesus bezeichne diese Führer als „böses und ehebrecherisches Geschlecht", weil sie sich weigern, allein aus Glauben zu Christus zu kommen. Die *Herzen* derjenigen, die nach Beweisen suchen, entsprechen nicht dem, was Christus in seinen Nachfolgern sucht; ein wahrer Gläubiger wird keine Zeichen oder Beweise verlangen, sondern allein dem Wort Christi vertrauen.

Um Jesu Antwort zu verstehen, muss man den Kontext dieser Auseinandersetzung untersuchen. Erstens berichtet Matthäus, dass Christus bereits zahlreiche Wunder bewirkt hat (Mt 4,23-25; 8,1-17.28-34; 9,1-7.18-26; 11,20). Tatsächlich ereignet sich diese Konfrontation, kurz nachdem Jesus die verdorrte Hand eines Mannes geheilt (12,9-13) und dann einen Mann von einer dämonischen Besessenheit erlöst hat (12,22-23). Jesus hat außerdem schon zwei Jahre lang Gottes Wort gelehrt und verkündigt. Diese Führer reagieren also weder auf Gottes Wort, das durch Christi Lehren gegeben wird, noch auf die zahlreichen Wunder, die er bereits als Bestätigung seiner Botschaft gewirkt hat. Trotz allem, was Jesus getan hat, fordern die jüdischen Führer weiter ein Zeichen. Da er die Härte ihrer Herzen kennt und weiß, dass sie nicht mit ehrlichem Vorsatz fragen, weist Jesus sie zurecht und bezeichnet sie als „ein böses und ehebrecherisches Geschlecht" (12,39).

Jesus verdeutlicht hier ein biblisches Prinzip: Zeichen werden nicht auf Verlangen oder für diejenigen gewirkt, die sich weigern zu glauben. Diejenigen, deren Herzen gegenüber Gottes

Wort und der ihnen gegebenen Offenbarung verhärtet sind, werden nicht glauben, selbst wenn sie Zeugen eines Wunders werden. Leon Morris sagt:

> „Dadurch, dass sie ihn auf die Probe stellten (Mk 8,11), ist offensichtlich, dass sie nicht erwarteten, dass er mit irgendetwas aufwarten würde, das sie zufriedenstellen würde. Jesus lehnte es konsequent ab, die Art von Wunder zu wirken, die sie forderten. Seine Wunder waren immer darauf ausgerichtet, eine Not zu stillen, die die empfanden, für die das Wunder gewirkt wurde. Jesus war kein Zirkusartist, der den Wunderdurst von Leuten befriedigte, denen es nicht ernst war mit geistlichen Dingen. Von Anfang an weigert er sich, von Gott zu verlangen, solche Wunder zu wirken (Mt 4,5-7).“[97]

Jesus kennt den Zustand der Herzen seiner Zuhörer. Er weiß, dass nichts ihre Skepsis zufriedenstellen wird. Sie haben weder auf Gottes Wort noch auf die Zeichen reagiert, die Jesus bereits getan hat. Jesus weigert sich, ein Zeichen zu liefern, außer dem des Jona. Dieses Zeichen zeigt, dass er wie Jona von Gott gesandt worden ist und dass Gottes Gericht denen bevorsteht, die es ablehnen, auf die Botschaft zu reagieren, die von Gottes Prophet überbracht wird. D. A. Carson sagt: „Jesu ‚Zeichen‘ entspricht nicht der Forderung der Juden nach einem besonderen Beweis. Doch es ist das einzige, das er geben wird. Für seine eigenen Nachfolger wird seine Autorität in seinem Tod und seiner Auferstehung begründet liegen. Was diejenigen angeht, die nicht glauben – sie werden sich nur als noch niederträchtiger erweisen als die Einwohner von Ninive.“[98]

Jesus kennt unsere Herzen. Zwar versucht er nicht länger, diejenigen zu überzeugen, die verhärtete Herzen haben, aber er legt denen, deren Herzen für Gott und für die Wahrheit offen sind, Beweise vor. Er tadelt nicht die Forderung nach Beweisen, sondern die Verdorbenheit des Herzens, die hinter der Frage steckt.

Lukas 16,19-31

Den nächsten Abschnitt finden wir in Lukas 16. Jesus erzählt die Geschichte eines reichen Mannes und eines Bettlers namens Lazarus. Der reiche Mann, der in der Hölle leidet, fleht Abraham an, Lazarus von den Toten zurückzuschicken, um seine Brüder vor dem Schicksal zu warnen, das ihnen droht. „Abraham aber spricht: Sie haben Mose und die Propheten. Mögen sie die hören! Er aber sprach: Nein, Vater Abraham, sondern wenn jemand von den Toten zu ihnen geht, so werden sie Buße tun. Er sprach aber zu ihm: Wenn sie Mose und die Propheten nicht hören, so werden sie auch nicht überzeugt werden, wenn jemand aus den Toten aufersteht" (V. 29-31).

Aus diesem Text haben manche geschlossen, dass sowohl Zeichen als auch apologetische Beweise nicht wirksam darin sind, irgendjemanden zum Glauben zu bringen; Gottes Wort ist alles, was in der Evangelisation gebraucht wird. Weder Zeichen noch apologetische Beweise sind nötig, um einen Menschen zur Rettung zu führen; Nichtgläubige werden allein durch Gottes Wort und den Heiligen Geist angerührt werden.

Um Jesu Antwort zu verstehen, müssen wir den gesamten Abschnitt eingehend betrachten. Die Geschichte beginnt mit einer Beschreibung des reichen Mannes: „Es war aber ein reicher Mann, und er kleidete sich in Purpur und feine Leinwand und lebte alle Tage fröhlich und in Prunk" (V. 19). Er trägt seinen Reichtum zur Schau, indem er sich in ein teures Obergewand aus Purpur und ein Untergewand aus feinem Leinen kleidet. William Hendriksen beschreibt den Status dieses Mannes so: „Er war nicht nur reich. Er gehörte zu jener Klasse von Menschen, die man oft als stinkreich bezeichnet, und das nicht ohne Grund. Die Tatsache, dass er Tag für Tag in funkelnder Pracht lebt, kennzeichnet ihn als einen Angeber, einen herumstolzierenden Pfau. Er wollte, dass jeder wusste, dass er reich war. Er war verliebt … in sich selbst."[99]

Während er extravagant lebt, ignoriert der reiche Mann die Bedürfnisse von Lazarus, der voller Schmerzen und Hunger vor seinem Tor liegt. Lazarus sehnt sich danach, „sich mit den Abfällen vom Tisch des Reichen zu sättigen" (V. 21). Der reiche Mann geht täglich an Lazarus vorbei und ist sich dessen Not durchaus bewusst. Aber obwohl er offensichtlich über die Mittel verfügt, um Lazarus zu helfen, ignoriert er kalt dessen Leiden.

Lazarus stirbt und kommt in Abrahams Schoß, während der reiche Mann stirbt und in der Hölle Qualen leidet. Aus der Hölle fleht er Abraham an, Lazarus zu schicken, um seine Brüder zu warnen. Er glaubt, dass seine Brüder auf jemanden hören würden, der von den Toten auferstanden ist, und dass sie seine Warnung beachten würden. Doch Abraham erwidert: „Wenn sie Mose und die Propheten nicht hören, so werden sie auch nicht überzeugt werden, wenn jemand aus den Toten aufersteht" (V. 31)

Nur ein Herz, das für Gott offen ist, wird auf Gottes Botschaft hören. Kein Zeichen der Welt kann ein Herz verändern, das nicht bereit ist, sich von Gottes Geist und Offenbarung infrage stellen zu lassen. Darrell Bock sagt:

> „Die, deren Herzen verhärtet sind, werden niemals anerkennen, dass sie es nötig haben, sich von Gott verändern zu lassen. Sie werden nicht auf die Beweise reagieren, die Gott in Jerusalem mit dem leerem Grab hinterlässt. Sogar der große Stammvater Abraham bezeugt diese grundlegende Wahrheit über die Sünde. Und so endet das Gleichnis damit, dass es die Zuhörer auffordert, nicht nur Jesus zu glauben, sondern auch dem großen Stammvater Israels, dem Hüter der Verheißung. Nicht zuzustimmen bedeutet, das gesamte Zeugnis von Gottes Dienern abzulehnen, das bis zum Stammvater Abraham zurückreicht. Nicht zuzustimmen bedeutet, die Heilsgeschichte selbst infrage zu stellen."[100]

Wunder bestätigen Gottes Botschaft und seine Boten nur für diejenigen, deren Herzen offen und auf der Suche nach der Wahrheit sind. Die, deren Herzen verhärtet sind, werden nicht auf Gottes Wort reagieren. Stattdessen werden sie versuchen, jegliche Wunder, die sie miterleben, unglaubwürdig zu machen oder wegzuerklären. Der reiche Mann in unserem Gleichnis reagiert nicht auf Gottes geoffenbartes Wort. Denn das Gesetz Moses und die Propheten lehren, dass man Gott ehren soll, indem man menschliches Leben wertschätzt und sich um die Armen kümmert (z. B. 3Mo 19,10; 25,25-46; 5Mo 15,4; Jes 25,4; Am 2,6-7; Sach 7,10-11). Dieser reiche Mann sah jeden Tag die Not von Lazarus. Doch seine Herzenshärte Gott gegenüber zeigt sich darin, dass er gleichgültig daran vorbeiging.

In Matthäus 25,31-46 verkündigt Jesus das Gericht, das sich am Ende des Zeitalters ereignen wird. Dort wird er die Gerechten von den Ungerechten – die Schafe von den Ziegenböcken – trennen. Als Schafe werden diejenigen bezeichnet, die Gottes Wort gehorchen, was sich darin zeigt, dass sie sich um die Armen, Kranken und Gefangenen kümmern. Die Ziegenböcke werden durch ihre Herzenshärte und ihren Ungehorsam gegenüber Gottes Anordnungen definiert. Wie der reiche Mann kümmerten sie sich nicht um die Armen, Kranken und Gefangenen.

Während der gesamten Geschichte hat Gott große Wunder gewirkt, und dennoch kommen viele noch immer nicht zum Glauben. 2. Mose berichtet von den großen Wundern, die Gott wirkte. Dennoch haben viele den Worten Moses nicht geglaubt und dem Herrn nicht vertraut. In der Folge durfte eine ganze Generation – mit Ausnahme von Josua und Kaleb – nicht ins Gelobte Land einziehen. Als Jesus Lazarus von den Toten auferweckte, entschieden sich immer noch viele, nicht an ihn zu glauben. Tatsächlich waren die Feinde Christi sogar nur noch entschlossener, ihn umzubringen (Joh 11,38-50). Selbst die Auferstehung Christi bewirkte bei denen, deren Herzen verhärtet waren, keine Buße und keinen Glauben. Wunder bestätigen den Glauben derjenigen, die ehrlich und mit offenem Herzen nach Gott suchen. Aber diejenigen, deren Herzen verhärtet sind, werden nicht auf Gottes Werke reagieren. Das ist die Lektion, die durch dieses Gleichnis offenbart wird.

Lukas 23,8-12

In diesem Textabschnitt kommt Herodes, um Jesus zu verhören, der bei Pilatus vor Gericht steht. Herodes wartet ungeduldig darauf, Jesus zu sehen, und hofft, „irgendein Zeichen durch ihn geschehen zu sehen“ (V. 8). Doch Jesus wirkt keine Wunder und schweigt sogar, während Herodes ihn mit vielen Fragen löchert.

Aus den vorangegangenen Abschnitten in Lukas können wir eine Vorstellung von Herodes' Charakter gewinnen. In Lukas 3,19-20 wird uns Herodes vorgestellt, der Ehebruch begangen hat. Trotz der Predigt von Johannes dem Täufer tut er keine Buße, sondern steckt Johannes stattdessen ins Gefängnis. Später wird Herodes auf das Wirken Jesu aufmerksam. Er hört Gerüchte, dass Johannes der Täufer möglicherweise von den Toten auferweckt worden sei. Da er für die Enthauptung von Johannes dem Täufer verantwortlich war, will Herodes Jesus sehen (Lk 9,7-9). Zu diesem Zeitpunkt ist der Wunsch, ihn zu sehen, noch reine Neugierde, doch später versucht er, Jesus zu töten (Lk 13,31).

Als Herodes Jesus schließlich trifft, hofft er, Jesus werde ein Wunder wirken, um ihn zu unterhalten. Doch es ist offensichtlich, dass Herodes' Herz bereits verhärtet für Gottes Botschaft ist und nicht darauf reagiert – insbesondere durch die Predigt von Johannes dem Täufer. Schließlich zeigt sich der Zustand seines Herzens, als er sich seinen Soldaten anschließt und Jesus verspottet.

Wunder bestätigen Gottes Botschaft und seinen Boten. Aber ein Prinzip während des gesamtem Dienstes Jesu besteht darin, dass er keine Wunder für diejenigen wirkt, deren Herzen gegenüber Gottes Botschaft verhärtet sind (Lk 11,14-20). Herodes will mit einem Wunder unterhalten werden, aber Jesus ist nicht in der Unterhaltungsbranche tätig.

Johannes 20,24-29

In diesem Abschnitt haben zehn der Apostel den auferstandenen Herrn bereits gesehen, aber Thomas war nicht unter ihnen. Daher bleibt er skeptisch. Als er die Neuigkeiten von den anderen Jüngern hört, erwidert er: „Wenn ich nicht in seinen Händen das Mal der Nägel sehe und meine Finger in das Mal der Nägel lege und lege meine Hand in seine Seite, so werde ich nicht glauben“ (V. 25). Eine Woche später sind die Apostel in einem Raum versammelt, und Jesus erscheint ihnen. Jesus spricht Thomas' Unglauben an und sagt: „„Reiche deinen Finger her und sieh meine

Hände, und reiche deine Hand her und lege sie in meine Seite, und sei nicht ungläubig, sondern gläubig!' Thomas antwortet: ‚Mein Herr und mein Gott!'" (V. 27-28). Johannes beginnt sein Evangelium mit „Im Anfang war das Wort, und das Wort war bei Gott, und das Wort war Gott" und gipfelt in Thomas' Bekenntnis, dass Jesus „mein Herr und mein Gott" ist (Joh 1,1; 20,28).

Jesu Antwort an Thomas lautet: „Weil du mich gesehen hast, hast du geglaubt. Glückselig sind, die nicht gesehen und doch geglaubt haben!" (Joh 20,29). Viele verstehen seine Antwort an Thomas als eine Rüge und schließen daraus, dass der wahre Glaube, den Christus sich von seinen Nachfolgern wünscht, ein Glaube sei, der nicht auf Beweisen basiert. Aber dies ist keine Rüge, sondern vielmehr eine Bestätigung von Thomas' Glaubensbekenntnis. D. A. Carson sagt: „Es ist besser, den ersten Teil von Jesu Antwort als Feststellung (und insofern als eine Bestätigung von Thomas' Glauben) zu verstehen – eine, die den Weg bereitet für die Seligpreisung, die folgt: Selig sind die, die nicht gesehen und doch geglaubt haben."[101]

Jesus weigert sich, den hartherzigen Pharisäern Beweise vorzulegen (Mt 12,38-39). Doch er antwortet auf Thomas' Bitte, weil dieser offen für Gott ist und nach der Wahrheit sucht. Als er Jesus dann sieht und glaubt, erkennt Jesus Thomas' Glaubensbekenntnis an. Dann weist er auf eine Zeit in der Zukunft hin, in der er zu seinem Vater im Himmel aufgefahren sein wird und die Menschen nicht mehr den Vorteil haben werden, den die Jünger hatten – nämlich greifbare Beweise seiner Gegenwart zu sehen. Jesus beendet diese Begegnung nicht, indem er Thomas zurechtweist, sondern indem er Segen über all die Gläubigen ausspricht, die ihm ohne direkte physische Beweise nachfolgen werden, indem sie sich auf die Worte und das Zeugnis der Apostel verlassen.

Römer 8,16

Neben der Fehlinterpretation von Jesu Worten durch Gegner von Apologetik werden einige Dinge, die seine Jünger sagten, von manchen Fideisten missverstanden. Dies wird ebenfalls verwendet, um zu behaupten, die Bibel sei gegen Apologetik.

Römer 8,16 sagt: „Der Geist selbst bezeugt zusammen mit unserem Geist, dass wir Kinder Gottes sind." Manche interpretieren die Bedeutung dieses Verses so, dass nur das Wirken des Heiligen Geistes einen Menschen retten könne. Apologetik habe keine Bedeutung dabei, einen Nichtgläubigen zu Christus zu führen, weil Rettung einzig und allein das Ergebnis davon sei, dass der Heilige Geist die Seele eines Menschen bewegt, während dieser das Evangelium kennenlernt.

Um diesen Vers zu verstehen, müssen wir uns den Kontext anschauen. Kapitel 8 beginnt mit einer Zusicherung an Gläubige: „Also gibt es jetzt keine Verdammnis für die, die in Christus Jesus sind" (V. 1). Sie stehen nicht länger unter Gottes Gericht. Nachdem er verkündigt hat, dass Gläubige vor Gott gerechtfertigt sind, betont Paulus dann das Innewohnen und Wirken des Heiligen Geistes.

Erstens schenkt der Heilige Geist einem Menschen neues Leben und befreit ihn vom Gesetz der Sünde und des Todes (V. 2). Dann erklärt Paulus, wie das geschieht. Dieser Sieg kann nicht durch das Gesetz erlangt werden, wegen der Schwäche des Fleisches. Stattdessen erfüllt Gott selbst das Gesetz durch seinen Sohn (V. 3-4).

Zweitens beschreibt Paulus den Unterschied zwischen der sündigen menschlichen Natur und der Natur eines Menschen, in dem Gottes Geist wohnt (V. 5-8). Der sündige Sinn fokussiert sich auf die Begierden des Fleisches, er ist Gott gegenüber feindselig und ungehorsam. Im Gegensatz dazu konzentriert sich ein vom Geist erfüllter Mensch auf das, was Gott will, er bekommt Leben und Frieden und lebt im Gehorsam gegenüber Gott.

Drittens befähigt der Heilige Geist den Gläubigen dazu, ein geheiligtes Leben zu führen, was vor der Rettung durch Christus nicht möglich war (V. 9-14). Gläubige müssen nicht länger nach der sündigen Natur leben; stattdessen befähigt der Geist sie dazu, ein Leben zu führen, das Gott gefällt.

Viertens bestätigt der Heilige Geist den Gläubigen ihren Status als Kinder Gottes und Miterben mit Christus (V. 15-17). Christen haben nicht nur die Zusicherung aus Gottes Wort, sondern der Heilige Geist bestätigt ebenfalls in ihrem Geist, dass sie Gottes Kinder sind. In Vers 17 geht es um die Gewissheit des gegenwärtigen und zukünftigen Status des Gläubigen. Jemand, der zum Glauben kommt, wird von der Sünde befreit, zu einem neuen Leben befähigt und seines zukünftigen Erbes versichert.

Diese Textpassage verneint nicht die Notwendigkeit von Apologetik. Nichtgläubigen muss eine Darstellung des Evangeliums gegeben werden, die überzeugende Beweise für die Wahrheit der christlichen Botschaft enthält. Durch diese Beweise kann der Heilige Geist an ihrem Herzen oder Willen arbeiten, sodass sie Christus in ihrem Leben aufnehmen. Wenn sie erst einmal ihr Vertrauen auf Christus gesetzt haben, gilt: „Der Geist selbst bezeugt zusammen mit unserem Geist", dass wir in Christus sind und unser zukünftiges Erbe gewiss ist (V. 16). Hinweise darauf, dass man gerettet ist, sind ein Leben im Gehorsam gegenüber Christus (Joh 14,15; Röm 8,9) und das innere Zeugnis des Heiligen Geistes, der in unserem Leben durch unsere guten Werke Frucht bringt (Jak 2,14-26).

1. Korinther 1,20-21

In 1. Korinther 1,21 heißt es: „Denn weil in der Weisheit Gottes die Welt durch die Weisheit Gott nicht erkannte, hat es Gott wohlgefallen, durch die Torheit der Predigt die Glaubenden zu retten." Manche interpretieren die Bedeutung dieser Textpassage so, dass Evangelisation nur die direkte Predigt des Evangeliums und die Erneuerung durch den Heiligen Geist ohne den Gebrauch von Verstand oder Beweisen umfasst. Sie beharren darauf, dass die menschliche Weisheit oder der menschliche Verstand, die von der Apologetik benutzt werden, Nichtgläubige nicht zu einer rettenden Gotteserkenntnis bringen können. Stattdessen sollten Christen einfach das Evangelium predigen und den Heiligen Geist an den Herzen von Nichtgläubigen wirken lassen.

Eine gründliche Untersuchung dieser Textpassage in ihrem Kontext stützt jedoch eine solche antiapologetische Interpretation nicht. Dieser Abschnitt lehrt weder, dass gefallene Menschen

Argumente für Gott nicht begreifen können, noch dass sie unfähig sind, Wahrheit über Gott zu verstehen. Römer 1,19-20 zufolge können Nichtgläubige, die die geschaffene Ordnung betrachten, deutlich sehen, dass Gott existiert, und sie können einige seiner unsichtbaren Eigenschaften erkennen. Paulus sagt sogar, dass aus diesem Grund diejenigen, die das Evangelium nicht gehört haben, ohne Entschuldigung sind.

Aber 1. Korinther 1,21 beschäftigt sich nicht mit der Existenz Gottes oder mit Beweisen für Christus. Vielmehr fokussiert die Stelle Gottes Rettungsplan – das Kreuz Christi –, das nicht allein durch den menschlichen Verstand erkannt werden kann, sondern von Gott selbst durch göttliche Offenbarung enthüllt werden muss. Gefallene Menschen denken gemäß weltlicher Weisheit, die das Selbst, den Stolz und das Ego herausstellt. Das Evangelium ist eine Botschaft, die im Widerspruch zu diesen Werten und der Weisheit der Welt steht; es verkündigt Demut und Selbstaufopferung, die der Sohn Gottes am Kreuz vorgelebt hat. Da die Weisheit dieser Welt Gottes Weisheit entgegengesetzt ist, können gefallene Menschen mit all ihrem Intellekt Gottes Rettungsplan nicht von sich aus erkennen. Für sie ist die Botschaft vom Kreuz Torheit. Die Vorstellung, dass Gott in Demut als Diener kommt, um am Kreuz für die Menschheit zu sterben, ist weltlichem Denken völlig fremd. Es ist nicht so, dass die Botschaft nicht zu verstehen wäre, sondern dass sie im Gegensatz zum Denken eines sündigen Menschen steht.

Paulus' Aussage sollte auch nicht als Anlass für Antiintellektualismus verstanden werden. In diesem Textabschnitt kritisiert er weltliche Weisheit – ein gängiges Thema in seinen und anderen Briefen (Jak 3,13-18; 1Jo 2,15-17). Paulus und andere inspirierte Verfasser ermahnen die Gläubigen, sich kritisch gegen weltliche Weisheit zu stellen und stattdessen nach göttlicher Weisheit zu streben (Spr 1; Röm 12,1-2; 1Kor 2,6-16; Jak 1,5). Christliche Apologetik steht für Wahrheit, sie hält an Gottes Wort fest, und anstelle weltlicher Weisheit erhebt sie Christus im Streben nach göttlicher Weisheit.

Aber der christliche Apologet muss die Aufgabe und Funktion der Apologetik richtig verstehen. Craig Blomberg sagt:

„Überzeugende Argumente für den Glauben müssen immer formuliert werden. Doch nur das überführende Wirken des Geistes wird diese jemals dazu nutzen, um Menschen zu Christus zu bringen."[102] Indem Apologetik die Irrtümer weltlicher Weisheit aufdeckt und überzeugende Argumente für die Wahrheit des Christentums liefert, kann sie einen Menschen dazu bringen, den Irrtum seiner Glaubensüberzeugungen zu erkennen und die Beweise für das Christentum zu sehen. Aber dieser Mensch kann den christlichen Glauben immer noch wegen seines Stolzes ablehnen. Erst wenn der Heilige Geist durch diese Argumente und Beweise wirkt, wird das Herz eines Menschen dazu bewegt, Christus anzunehmen. Wenn der Gläubige dann im Glauben wächst, erneuert der Heilige Geist durch Gottes Wort „die Art und Weise, wie [er] denkt" – von weltlichem Denken hin zu Christi Sinn (Röm 12,1-2; NeÜ).

1. Korinther 2,2-5

Paulus sagt: „Denn ich nahm mir vor, nichts anderes unter euch zu wissen als nur Jesus Christus, und ihn als gekreuzigt. Und ich war bei euch in Schwachheit und mit Furcht und in vielem Zittern; und meine Rede und meine Predigt bestand nicht in überredenden Worten der Weisheit, sondern in Erweisung des Geistes und der Kraft, damit euer Glaube nicht auf Menschenweisheit, sondern auf Gottes Kraft beruhe."

Diese Textpassage wird von manchen so ausgelegt, als lehre sie, dass es lediglich der Darstellung des Evangeliums bedürfe. Der Rückgriff auf Verstand und Beweise sei gleichbedeutend damit, sich auf „Menschenweisheit" zu verlassen. Weil Paulus sagt: „Ich nahm mir vor, nichts anderes [...] zu wissen als nur Jesus Christus, und ihn als gekreuzigt", glauben sie, der Christ sollte sich ausschließlich auf das Evangelium und auf Gottes Wort konzentrieren.

Manche denken, dass Paulus dies nach seiner Erfahrung mit den Philosophen in Athen schrieb (Apg 17,16-34). Sie nehmen an, dass Paulus seine Erfahrung dort für einen Misserfolg hielt, und dass er daher seine Strategie änderte oder zu einer früheren Vorgehensweise zurückkehrte, bei der er nur das Evangelium des gekreuzigten Christus predigte.[103] Begründete Argumente und Beweise seien eher ein Hindernis und gehörten nicht zur Evangelisation.

Es gibt verschiedene Gründe, warum dieser Abschnitt nicht als Lehre gegen die Apologetik verstanden werden sollte. Paulus' Erfahrung in Athen war kein Misserfolg. Mehrere Leute wurden zu Nachfolgern Christi. Unter ihnen war auch Dionysius, eine Schlüsselperson, der Mitglied des Areopag war (V. 34) und von dem die Kirchentradition lehrt, dass er der erste Bischof von Athen wurde.[104] Wenn Paulus sagt: „Ich nahm mir vor, nichts anderes [...] zu wissen" (1Kor 2,2), dann meinte er damit nicht, dass er alles andere Wissen beiseitelässt, um sich nur auf die Botschaft des Evangeliums zu konzentrieren.[105]

Dann erinnert Paulus die Korinther daran, dass er kein redegewandter Prediger ist, sodass seine Botschaft nicht mit der Eloquenz oder den überredenden Worten daherkommt, die das Kennzeichen der sophistischen Philosophen sind. Stattdessen konzentriert sich seine Botschaft auf Christus als den einzigen Weg zum ewigen Leben. Dass ein Nichtgläubiger zum Glauben kommt, wird durch die Kraft des Heiligen Geistes bewirkt. Es kann nicht auf das Wirken von Menschen zurückgeführt werden.

Die Tatsache, dass Paulus seine Botschaft auf das Kreuz fokussiert, bedeutet jedoch nicht, dass er keine Apologetik betrieb. In Philipper 1,16 sagt Paulus, dass er zur „Verteidigung des Evangeliums" eingesetzt ist. Und in 1. Korinther 15 entfaltet er eine apologetische Botschaft für die Auferstehung Christi. Er vermittelt seine Argumente auf gut durchdachte Art und Weise, indem er Beweise aus der Prophetie der Heiligen Schrift anführt und eine Liste von Zeugen benennt, darunter einige ausdrücklich namentlich. Außerdem verteidigt Paulus seinen Dienst in apologetischer Weise, als er vor König Agrippa steht (Apg 26). Dabei verweist er auf Beweise aus dem Alten Testament und auf seine eigene Erfahrung. Außerdem beruft er sich auf Zeugen und Tatsachen, die Agrippa kennt.

Daher lautet die angemessene Auslegung von 1. Korinther 2,2-5 nicht, dass Paulus gegen den Gebrauch von Apologetik lehrt, sondern dass sein Fokus auf der Botschaft des Evangeliums liegt.

Er verlässt sich nicht auf eloquente Rede, sondern vielmehr auf den Heiligen Geist, um Menschen zu Christus zu bringen. Paulus' Verwendung von durchdachten Argumenten und Beweisen in seinen Aussagen zeigt, dass Apologetik eine Schlüsselkomponente seiner Botschaft an eine ungläubige Welt ist.

1. Korinther 2,14

In 1. Korinther 2,14 heißt es: „Ein natürlicher Mensch aber nimmt nicht an, was des Geistes Gottes ist, denn es ist ihm eine Torheit, und er kann es nicht erkennen, weil es geistlich beurteilt wird." Manche interpretieren diese Textpassage fälschlicherweise als Lehre, dass nur ein besonderes Wirken des Heiligen Geistes Nichtgläubige dazu befähige, Wahrheit über Gott wahrzunehmen; allein der Heilige Geist sei an der Erlösung beteiligt. Apologetik helfe einem Nichtgläubigen wenig, weil er geistliche Wahrheiten gar nicht verstehen könne.

Paulus' Thema in 1. Korinther 2,6-16 ist, dass sich weltliche Weisheit der Erkenntnis Gottes widersetzt, während eine Weisheit, die mit biblischer Lehre übereinstimmt, nützlich ist. Er entfaltet diesen Punkt, indem er Gläubige und Nichtgläubige gegenüberstellt, wie er es auch im vorigen Kapitel getan hat (1,18-25).

Paulus beginnt 1. Korinther 2,6-10 mit der Feststellung, dass Gottes Weisheit von Gläubigen angenommen, von Nichtgläubigen jedoch abgelehnt wird. Das führt er dann näher aus, indem er Gläubige, die den Geist haben, Nichtgläubigen gegenüberstellt, die den Geist nicht haben (V. 10-16). Dabei verwendet er einen Syllogismus, um seinen Standpunkt zu untermauern.

> „Denn der Geist erforscht alles, auch die Tiefen Gottes. Denn wer von den Menschen weiß, was im Menschen ist, als nur der Geist des Menschen, der in ihm ist? So hat auch niemand erkannt, was in Gott ist, als nur der Geist Gottes. Wir aber haben nicht den Geist der Welt empfangen, sondern den Geist, der aus Gott ist, damit wir die Dinge kennen, die uns von Gott geschenkt sind."
>
> 1. Korinther 2,10-12

Paulus' erste Prämisse ist, dass nur der Geist eines Menschen die Gedanken eines anderes Menschen kennen kann, daher kann auch nur der Heilige Geist die Gedanken Gottes kennen. Die zweite Prämisse ist, dass Christen den Geist Gottes haben. Die logische Schlussfolgerung ist, dass Christen jene Gedanken Gottes verstehen können, die er zu offenbaren beschließt (V. 13).

Dann in Vers 14 stellt Paulus drei Beschreibungen von Menschen ohne den Heiligen Geist vor (das griechische Wort, das hier verwendet wird, ist *psychikos)*. Erstens: „Ein natürlicher Mensch aber nimmt nicht an, was des Geistes Gottes ist." Der Begriff *annehmen* entspricht dem griechischen Wort *dechomai*, welches bedeutet: annehmen, empfangen, Worte aufnehmen, d. h. hören, verstehen.[106] Jemand, der *annimmt*, empfängt ein Wort bewusst und bereitwillig.[107] In diesem Fall nimmt jemand die Wahrheiten von Gott mit einer positiven Einstellung an.[108]

Menschen ohne den Geist Gottes nehmen geistliche Wahrheiten von Gott deshalb nicht an oder akzeptieren sie nicht, weil sie diese ablehnen – nicht, weil sie die Wahrheiten nicht wahrnehmen oder verstehen können. Gordon Fee schreibt: „Das bedeutet nicht, dass *psychikos*-Menschen unfähig sind, Dinge des Geistes zu verstehen, sondern dass sie, weil sie ‚natürliche Menschen' sind (also ohne die Hilfe des Geistes), die Dinge des Geistes ablehnen."[109]

Zweitens betrachten Menschen ohne den Geist die Dinge des Geistes als Torheit (siehe 1Kor 1,18-24), sprich, sie erscheinen ihnen dumm. Gottes Lehren laufen dem Denken und den Werten eines nicht geretteten Menschen zuwider.

Drittens sagt Paulus, dass die nicht gerettete Personen geistliche Wahrheiten von Gott nicht begrüßen. Er sagt nicht, dass Nichtgläubige unfähig sind, geistliche Wahrheiten zu begreifen. Sie *nehmen* Wahrheit *wahr*, aber sie sind nicht bereit, sie zu *anzuerkennen* (Röm 1,20). Tatsächlich können viele Nichtchristen biblische Texte meisterhaft exegetisieren. Was Paulus in 1. Korinther 2,14 meint, ist, dass diejenigen ohne den Geist Gottes kein vollständiges Verständnis des Textes erlangen können.

Das Wort *erkennen (ginosko)* besitzt verschiedene Nuancen. Die, auf welche sich Paulus aller Wahrscheinlichkeit nach bezieht, ist das vollständige Wissen, das durch Erfahrung gewonnen wird.[110] Blomberg schreibt: „Das ‚Erkennen', das diese Nichtchristen nicht besitzen, ist das, was die Bibel konsequent als die vollständigste Art des Erkennens betrachtet: eine Bereitschaft, nach dem Wort Gottes zu handeln und ihm zu gehorchen."[111] Nichtgläubige erkennen deshalb nicht vollständig, weil Gottes Wahrheit nicht nur studiert, sondern auch befolgt und angewendet werden soll (siehe Mt 7,24-27; Jak 1,22). Nichtgläubigen fehlt diese Erkenntnis Gottes durch Erfahrung, weil sie seine Vergebung nicht angenommen und seine verwandelnde Kraft nicht erlebt haben. Auch hier besteht das Problem nicht in der Unfähigkeit des Verstandes, das Evangelium zu verstehen oder grundlegende Wahrheiten Gottes zu erkennen. Das Problem, das Nichtgläubige davon abhält, zu Christus zu kommen, ist der Wille; sie entscheiden sich, Gottes Wahrheit abzulehnen. Gott kann christliche Apologetik gebrauchen, um intellektuelle Hindernisse zu beseitigen und Menschen mit der Notwendigkeit zu konfrontieren, ihr Leben Christus anzuvertrauen. Aber dann muss der Heilige Geist etwas in ihrem Herzen bewegen.

Epheser 2,1

In Epheser 2 beschreibt Paulus den Zustand eines Menschen, bevor er das verwandelnde und erneuernde Werk Christi erlebt: „Auch ihr wart tot durch eure Verfehlungen und Sünden" (V. 1; ZB). Das Wort *tot* in dieser Textpassage bezieht sich auf den geistlichen Zustand eines Menschen, bevor Christus sein neues Leben schenkt. Ein nicht geretteter Mensch ist geistlich tot. Das bedeutet, dass er ohne geistliches Leben und daher getrennt von Gott ist.[112]

Es gibt einige Theologen, die die Auswirkungen der Sünde auf das Denken des gefallenen Menschen überzeichnen. Sie legen die Bedeutung dieses Verses so aus, dass die Sünde unser logisches Denkvermögen so beeinträchtigt habe, dass wir unfähig seien, geistliche Wahrheit zu verstehen, und damit unfähig, überhaupt auf Gott zu reagieren. Wenn das jedoch der Fall wäre, dann wäre es vergeblich, durchdachte Argumente zu verwenden (wie Apologeten das tun). Denn gefallene Menschen besäßen dann weder die Fähigkeit, Wahrheit zu verstehen, noch wären sie in der Lage, positiv auf die Beweise zu reagieren, die man vorbringt.

Zwar bedeutet das Wort *tot* hier, dass nicht gerettete Menschen von Gott getrennt sind. Es bedeutet jedoch nicht, dass das Ebenbild Gottes in ihnen vollständig ausgelöscht wurde, sodass sie geistliche Wahrheit nicht mehr verstehen können. Geistlich tote Menschen sind noch immer in der Lage, geistliche Wahrheit zu begreifen und darauf zu antworten. In Römer 1,20 heißt es: „Denn sein unsichtbares Wesen, sowohl seine ewige Kraft als auch seine Göttlichkeit, wird seit Erschaffung der Welt in dem Gemachten *wahrgenommen* und geschaut, damit sie ohne Entschuldigung seien" (Hervorhebung des Autors). Gott ist gerecht in seinem Gericht über alle Menschen, denn sogar gefallene Menschen haben Gedanken ihr logisches Denkvermögen Gedanken verloren, und sie können Aspekte von Gottes Charakter und von seiner Wahrheit aufgrund der geschaffenen Ordnung erkennen. Nichtgläubige können Wahrheit über Gott kennen und sich trotzdem weigern, diese Wahrheit anzuerkennen und darauf zu reagieren. Sogar nach dem Sündenfall im Garten Eden konnten Adam und Eva immer noch mit Gott kommunizieren, ihn hören und ihm antworten (1Mo 3,9-10).

Diese Texte weisen darauf hin, dass das Ebenbild Gottes in Menschen durch die Sünde entstellt, aber nicht völlig zerstört ist – es ist beschädigt, aber nicht ausgelöscht, entstellt, aber nicht vernichtet. Die Anlagen im Menschen, die Teil von Gottes Ebenbild sind, sind nicht zerstört; sie sind jedoch nicht in der Lage, allein Rettung zu erlangen oder zu initiieren.[113] Da gefallene Menschen über die Fähigkeit verfügen, logisch zu denken und Wahrheit zu erkennen, ist Apologetik berechtigt und notwendig, um die Fragen und Hindernisse zu klären, die ein nicht geretteter Mensch möglicherweise anführt. Durch eine klare Darstellung der Gründe und Beweise wird ein Mensch möglicherweise schließlich anfangen zu verstehen, dass das Christentum wahr ist.

Hebräer 11,6

In Hebräer 11,6 heißt es: „Ohne Glauben aber ist es unmöglich, ihm wohlzugefallen; denn wer Gott naht, muss glauben, dass er ist und denen, die ihn suchen, ein Belohner sein wird.“ Manche verstehen diesen Vers so, als sei der Glaube an Gott eine reine Vertrauenssache, die nicht auf Beweise baue, sondern im Grunde genommen ein Willensakt sei. Sie behaupten, ihre Schlussfolgerung werde außerdem von Vers 1 gestützt: „Der Glaube aber ist eine Wirklichkeit dessen, was man hofft, ein Überführtsein von Dingen, die man nicht sieht.“

Um diese Textpassage richtig zu verstehen, müssen wir uns das vorangegangene Kapitel anschauen. Dort ermahnt der Verfasser des Hebräerbriefs seine Leser dazu, am Glauben festzuhalten. Sie leiden unter Verfolgung und Entbehrungen, einschließlich der Konfiszierung von Eigentum und sogar Haft (Hebr 10,34). Aber wegen der Zukunftshoffnung auf eine ewige Belohnung sind sie fähig, in Schwierigkeiten nicht aufzugeben (V. 34-35). Die Gläubigen sehen keine greifbaren Beweise dieser Zukunftshoffnung, aber sie können basierend auf Gottes Charakter einen unerschütterlichen Glauben haben.

Woher wissen sie, dass Gott treu zu seinem Wort steht und dass man ihm vertrauen kann? Der Verfasser weist auf die Berichte über Gottes Treue gegenüber den Gläubigen in der Vergangenheit als Beweismaterial hin, auf das sie ihren Glauben bauen können. Die Verse 26-30 erinnern die Leser außerdem daran, dass Gott diejenigen richtet, die bewusst sündigen und seinem Wort nicht gehorchen.

Auf Grundlage der Geschichte von Gottes Taten können Gläubige dem Herrn weiter Vertrauen schenken, ihm gehorchen und sich auf ihn verlassen, obwohl sie jetzt möglicherweise keine greifbaren Ergebnisse haben oder die verheißenen zukünftigen Segnungen noch nicht sehen. Hebräer 11 ist eine Erinnerung an die vielen Männer und Frauen aus alttestamentlichen Zeiten, die treu waren, obwohl sie sich nur auf Gottes Verheißung stützen konnten, ohne irgendwelche sichtbaren Beweise zu haben, dass die Verheißungen, die ihnen gegeben wurden, erfüllt werden würden. F. F. Bruce sagt:

„Die Verheißungen beziehen sich auf einen Zustand der Zukunft; aber die Menschen handelten so, als wäre dieser Zustand bereits eingetreten, so überzeugt waren sie davon, dass Gott das erfüllen könnte und würde, was er verheißen hatte. Ihr Glaube bestand einfach darin, Gott beim Wort zu nehmen und ihr Leben dementsprechend zu führen; Dinge, die, soweit es ihre Erfahrung betraf, noch in der Zukunft lagen, waren daher dem Glauben bereits gegenwärtig. Dinge, die äußerlich nicht sichtbar waren, waren für das innere Auge bereits sichtbar."[114]

Der Glaube, der hier beschrieben wird, ist die Hoffnung von Gottes Volk im Blick auf die zukünftige Erfüllung seiner Verheißungen, obwohl es die Erfüllung dieser Verheißungen noch nicht konkret sehen konnte. Diese Gläubigen wussten, dass sie Gott vertrauen konnten, weil sie die Beweise seiner bisherigen Treue zu seinem Wort kannten. Der Verfasser des Hebräerbriefs zählt Beispiele von Menschen auf, wo sich ein solcher Glaube an die Zukunftsverheißungen Gottes gezeigt hat. Abel brachte ein besseres Opfer dar als Kain. Henoch wurde wegen seines Glaubens in den Himmel entrückt. Noah baute seine Arche vor der Flut, obwohl er noch keinen Regen gesehen hatte (11,4-5.7).

Der Glaube, von dem in Vers 6 die Rede ist, bezieht sich auf das Vertrauen in die unsichtbare geistliche Weltordnung und die Verheißungen Gottes, die noch nicht erfüllt worden sind. Der Glaube an diese geistliche Ordnung beginnt mit dem Glauben an die Existenz Gottes – nicht ein Glaube, dass irgendein Gott existiert, sondern der Glaube, dass der Gott der Treue existiert, der in der Heiligen Schrift offenbart wird. Diejenigen, die diesen Glauben haben, können sich Gott mit Zuversicht nähern, in dem Wissen, dass er die treu belohnt, die ihn aufrichtig suchen. Im Zusammenhang wird deutlich: Man kann Gott nicht ohne Glauben gefallen – ohne einen Glauben an seine Treue und die Bereitschaft zur Geduld, während man die verheißene Belohnung erwartet.[115]

Außerdem baut der Glaube, der in diesem Textabschnitt beschrieben wird, auf die bisherigen Berichte über Gott auf, der sich immer als treu erwiesen hat und der auch weiterhin in Treue zu seinen Verheißungen handeln wird. Gott freut sich nicht über blindes Vertrauen ohne Beweise, sondern über einen Glauben, der auf Beweise aus der Geschichte baut, die den Gläubigen Zuversicht geben, geduldig auf die Erfüllung von Gottes Zukunftsverheißungen zu warten. Hebräer 11,6 spricht sich nicht gegen Apologetik aus, sondern lehrt, dass Glaube an Christus Vertrauenssache ist: Er basiert auf Beweisen, die bestätigen, dass er der Sohn Gottes ist.

Fazit

Diese Textabschnitte lehren uns, dass Jesus und seine Jünger nicht nur verstanden, *wie* man Apologetik verwendet, sondern auch, *wann*. In gleicher Weise muss der Apologet heute verstehen, wie und wann man in Gesprächen mit Nichtgläubigen Beweise am besten einsetzt. Beweise allein bringen niemanden zum Glauben. Wenn derjenige ein verhärtetes Herz hat und nicht willens ist, Beweise zu bewerten, widersetzt er sich dem Heiligen Geist und wird nicht zu überzeugen sein (Apg 7,51). Jesus sagte, dass er die Juden zu seiner Herde bringen wollte, doch „ihr habt nicht gewollt" (Mt 23,37). Apologetik kann den Nichtgläubigen zu einer intellektuellen Zustimmung bewegen, aber nur der Heilige Geist kann ihn davon überzeugen, sein Herz und seinen Willen zu verändern.

Es kommt ein Punkt in diesem Prozess, wo der christliche Apologet auf das Herzensproblem der nichtgläubigen Person eingehen muss. Wenn die Person nicht willig ist, über die Beweise nachzudenken, sollte der Gläubige andere Gründe für ihren Unglauben in Erwägung ziehen. Vielleicht liegt es an schlechten persönlichen Erfahrungen mit Christen, an Fragen des Lebensstils oder am Stolz.

Es kommt ein Zeitpunkt, an dem der Christ sich entscheiden muss, Jesu Warnung zu folgen: „Gebt nicht das Heilige den Hunden; werft auch nicht eure Perlen vor die Schweine, damit sie diese nicht etwa mit ihren Füßen zertreten" (Mt 7,6). Wie

Salomo sagte: „Antworte dem Toren nicht nach seiner Narrheit, damit nicht auch du ihm gleich wirst!“ (Spr 26,4). Wenn die Fragen oder die Einstellung eines Nichtgläubigen zeigen, dass er oder sie nur nach Ausreden sucht, um sich den Fragen nicht stellen zu müssen, statt dass er oder sie ehrlich nach Antworten sucht, dann sollte der Apologet darauf aufmerksam machen und die Diskussion beenden. Das Problem sind dann aber nicht die Beweise, sondern die Herzenshärte des Nichtgläubigen. Dann ist es an der Zeit, das Thema zu wechseln und die eigene Zeit und Energie für andere Menschen zu sparen, während man betet, dass Gottes Geist weiter am Herz dieser Person arbeitet.

KAPITEL 10

Das Leben Jesu als Apologetik

Jesus *nutzte* nicht nur Apologetik, sein ganzes Leben *war* Apologetik. Als seine Gegner ihm vorwerfen: „Jetzt erkennen wir, dass du einen Dämon hast“ (Joh 8,52), ist seine Position klar und treffend: „Wer von euch überführt mich einer Sünde?“ (V. 46). Kurz gesagt, die Beweise aus Jesu untadeligem Leben zeigen, dass sein Zeugnis wahr ist.

Jesus brachte zahlreiche Zeugen für die Wahrheit seiner Lehre vor. Dazu gehörte das Zeugnis des Alten Testaments, das Zeugnis Abrahams, Moses und seines himmlischen Vaters (siehe Kap. 1); seine Wunder (Kap. 2); seine Auferstehung (Kap. 3); und die Erfüllung von Prophetien durch ihn (Kap. 7). Doch sein stärkstes und das am meisten vernachlässigte Zeugnis ist das Zeugnis seines sündlosen Lebens.

Jesus war völlig menschlich

Als Hintergrund, um den apologetischen Wert von Jesu unübertrefflichem Charakter zu verstehen, müssen wir uns daran erinnern, dass er völlig menschlich war. Er hatte eine menschliche Mutter, ein menschliches, pränatales Leben, eine menschliche Kindheit, ein menschliches Erwachsenenalter, menschliche Verwandte, menschliche Freunde, menschliche Gefühle und er erlitt einen menschlichen Tod.

➲ *Die menschliche Mutter Jesu*

Seine Mutter Maria war ein Mensch mit menschlicher Abstammung (Lk 3,23-38) und einer menschlichen Cousine namens Elisabeth (Lk 1,36). Maria durchlief eine normale, neunmonatige menschliche Schwangerschaft (Lk 1,36; 2,5-7) und hatte eine menschliche Entbindung, als sie „einen Sohn gebar" (Mt 1,25; LUT). Sie hatte außerdem ganz normale menschliche Sorgen (Lk 2,44-45.48) und sie bekam noch andere menschliche Kinder (Mk 6,3). Maria besuchte normale menschlich-gesellschaftliche Ereignisse wie eine Hochzeit (Joh 2,1) und religiöse Ereignisse wie die Beschneidung und Weihe ihres Kindes (Lk 2,22-23).

➲ *Das menschliche pränatale Leben Jesu*

Jesu menschliches Leben begann mit einer befruchteten Eizelle, er wuchs heran zu einem Embryo und durchlief die gesamte menschliche Embryonalentwicklung, die ein normaler menschlicher Fötus durchmacht. Nach dem modernen wissenschaftlichen Verständnis begann Jesu Herzmuskel 21 Tage nach der Empfängnis zu pulsieren. Seine erste Hirnstromwelle trat 42 Tage nach der Empfängnis auf, und ab dem dritten Monat konnte er organischen Schmerz empfinden und sogar am Daumen lutschen. Ein paar Monate später träumte er und schwamm im Mutterleib herum, genau wie andere menschliche Babys auch.

➲ *Die menschliche Kindheit Jesu*

Wie andere jüdische Kinder wurde Jesus am achten Tag beschnitten und im Tempel geweiht, als er 40 Tage alt war (Lk 2,21-24). Er aß, trank und trainierte, während er wie andere Kinder körperlich heranwuchs. Und er nahm außerdem an Verständnis zu (V. 52). Jesus gehorchte auch seinen Eltern, so wie jedes andere menschliche Kind es tun sollte (V. 51). Obgleich es zweifelhafte apokryphe Geschichten von Kindheitswundern gibt, wurden diese erst im 2. und 3. Jahrhundert aufgezeichnet; Jesu erstes Wunder geschah als Erwachsener, als er Wasser in Wein verwandelte (Joh 2,1-11).

➲ *Das menschliche Erwachsenendasein Jesu*

Jesus hatte außerdem ein völlig menschliches Erwachsenendasein. Wie jeder andere auch wurde er hungrig (Mt 4,2), durstig (Joh 4,7; 19,28) und auch körperlich müde (Joh 4,6). Er ging zu gesellschaftlichen Ereignissen (Lk 7,34.36; Joh 2,2), wie es normale Menschen tun. Der Teufel versuchte, ihn zum Sündigen zu verleiten, wie er es auch bei anderen Menschen macht (Mt 4,1; Hebr 4,15). Manchmal wurde Jesus auch der Menschenmengen überdrüssig und musste sich zurückziehen, um sich auszuruhen (Mk 6,31). Er war so menschlich, dass er auch über den Tod eines Freundes weinte (Joh 11,35).

➲ *Die menschlichen Verwandten Jesu*

Aus den Berichten geht hervor, dass Jesus Geschwister hatte. Als er in der Synagoge seiner Heimatstadt lehrte, sagten die Leute: „Ist dieser nicht der Zimmermann, der Sohn der Maria und ein Bruder des Jakobus und Joses und Judas und Simon? Und sind nicht seine Schwestern hier bei uns?" (Mk 6,3). „Auch seine Brüder glaubten nicht an ihn" vor seiner Auferstehung (Joh 7,5). Und einmal „gingen sie [seine Angehörigen] los, um ihn zu greifen; denn sie sagten: Er ist von Sinnen" (Mk 3,21). Nach seiner Auferstehung wurde Jesus von seinem Halbbruder Jakobus gesehen (1Kor 15,6-7), der sich bekehrte und später eine der „Säulen" der Gemeinde wurde (Gal 2,9). Jakobus und Judas, ein weiterer Halbbruder von Jesus, schrieben jeweils einen Brief (Jak 1,1; Jud 1).

➲ *Die menschlichen Freunde Jesu*

„Jesus aber liebte die Marta und ihre Schwester und den Lazarus" (Joh 11,5), in deren Haus er sich viele Male aufhielt. Seine besondere Freundschaft wird durch Marias Worte ausgedrückt: „Herr, siehe, der, den du lieb hast, ist krank!" (Joh 11,3), ebenso wie durch seine Tränen wegen Lazarus, als dieser gestorben war (Joh 11,35).

➲ *Die menschlichen Gefühle Jesu*

Jesus erlebte das ganze Spektrum menschlicher Gefühle. Als Jesus sah, dass Maria über den Tod ihres Bruders weinte, „ergrimmte er im Geist und wurde erschüttert" (Joh 11,33). Er ärgerte sich über Heuchelei und rief aus: „Wehe euch, Schriftgelehrte und Pharisäer, Heuchler!" (Mt 23,29). Er weinte über Jerusalem und klagte: „Jerusalem, Jerusalem, die da tötet die

Propheten […]! Wie oft habe ich deine Kinder versammeln wollen, wie eine Henne ihre Küken versammelt unter ihre Flügel, und ihr habt nicht gewollt!" (Mt 23,37). Er quälte sich im Garten Gethsemane, und „sein Schweiß [wurde] wie große Blutstropfen" (Lk 22,44), dabei betete er unter „starkem Geschrei und Tränen" (Hebr 5,7). Am Kreuz fühlte sich Jesus von seinem Vater verlassen und schrie: „Mein Gott, mein Gott, warum hast du mich verlassen?" (Mt 27,46).

➲ *Jesu menschlicher Tod*

Anders als die Söhne Adams (Röm 5,12) war Jesus nicht wesenhaft sterblich, starb aber dennoch einen menschlichen Tod. Und er litt, bevor er starb (1Petr 3,18), als „ein Mann der Schmerzen und mit Leiden vertraut" (Jes 53,3). Er wurde „getötet nach dem Fleisch" (1Petr 3,18), „damit er […] für jeden den Tod schmeckte" (Hebr 2,9).

Jesus war also, zusammenfassend gesagt, ebenso menschlich wie jeder andere Mensch auch, nur ohne Sünde (Hebr 4,15). Doch vor dem Sündenfall war Adam auch sündlos (1Mo 1,36-2,25), obwohl er völlig menschlich war, und im Himmel werden wir alle sündlos sein (Offb 21,4).

Entgegen den frühen Häresien, die als Doketimus und Apollinarismus bezeichnet wurden und die seine Menschlichkeit vollständig leugneten (Erstere) bzw. sie verminderten (Letztere), war Jesus zu 100 Prozent Mensch. Sogar die frühen christlichen Glaubensbekenntnisse bestätigen Jesu Menschlichkeit. Das Apostolische Glaubensbekenntnis (2. Jahrhundert n. Chr.) erklärt: Er war „empfangen vom Heiligen Geist, geboren von der Jungfrau Maria, gelitten unter Pontius Pilates, gekreuzigt, gestorben und begraben" – all das bringt seine wahre Menschlichkeit zum Ausdruck. Das Nizäische Glaubensbekenntnis (325 n. Chr.) bestätigt: Jesus „hat Fleisch angenommen durch den Heiligen Geist, von der Jungfrau Maria und ist Mensch geworden." Das Chalzedonische Glaubensbekenntnis (451 n. Chr.) fügt hinzu: „Er ist dem Vater wesensgleich nach der Gottheit und derselbe uns wesensgleich nach der Menschheit […]. [Und] aus der Jungfrau und Gottesgebärerin Maria der Menschheit nach geboren."

Jesus war völlig sündlos

Das Wissen darum, dass Christus in jeder Hinsicht vollständig und vollkommen menschlich war, macht seine Sündlosigkeit umso erstaunlicher. Sein untadeliger Charakter wird von seinen Zeitgenossen bestätigt – von Freund und Feind.

➲ *Bestätigungen von Jesu Sündlosigkeit und seines tadellosen Charakters*

Die Apostel Christi bestätigten seine Sündlosigkeit. Der Verfasser des Hebräerbriefs, der die zwölf Apostel kannte (Hebr 2,3-4), schreibt, dass wir in Christus einen Hohenpriester haben, „der in allem in gleicher Weise wie wir versucht worden ist, doch ohne Sünde" (Hebr 4,15). Petrus, ein Leiter unter den zwölf Aposteln, spricht von Christus als einem Lamm „ohne Fehler und ohne Flecken [...]. [D]er keine Sünde getan hat, auch ist kein Trug in seinem Mund gefunden worden [...]. Denn es hat auch Christus einmal für Sünden gelitten, der Gerechte für die Ungerechten" (1Petr 1,19; 2,22; 3,18). Johannes, der Jünger, den Jesus liebte, sagt, dass dieser gerecht und rein ist (1Jo 2,29; 3,3). Der Apostel Paulus erklärt: „Den [Jesus], der Sünde nicht kannte, hat er für uns zur Sünde gemacht" (2Kor 5,21).

Jesus fordert seine Feinde heraus: „Wer von euch überführt mich einer Sünde?" (Joh 8,46), aber sie können keinen Fehler in seinem Charakter finden. Judas, sein Verräter, gesteht: „Ich habe gesündigt, denn ich habe schuldloses Blut überliefert" (Mt 27,4). Der Statthalter Pilatus, der bei Jesu Gerichtsverhandlung den Vorsitz hat, verkündet: „Ich bin schuldlos an dem Blut dieses Gerechten" (Mt 27,24). Und Pilatus' Frau rät ihm: „Habe du nichts zu schaffen mit jenem Gerechten!" (Mt 27,19).

Ein Zenturio, der dabei half, Jesus zu kreuzigen, ruft aus: „Wirklich, dieser Mensch war gerecht" (Lk 23,47; siehe auch Mt 27,54). Der Räuber am Kreuz ist so beeindruckt von Jesus, dass er bittet: „Jesus, gedenke meiner, wenn du in dein Reich kommst!" (Lk 23,42). Sogar die Herodianer, die Gegner Jesu sind, geben zu: „Lehrer, wir wissen, dass du wahrhaftig bist und den Weg Gottes in Wahrheit lehrst und dich um niemand kümmerst, denn du siehst nicht auf die Person der Menschen" (Mt 22,16).

➲ *Das Zeugnis der falschen Ankläger Jesu*

Während seines irdischen Dienstes wurden viele falsche Anschuldigungen gegen Jesus erhoben. Die Pharisäer griffen seinen Charakter an: „Dieser treibt die Dämonen nicht anders aus als durch den Beelzebul, den Obersten der Dämonen" (Mt 12,24). Doch dies ist ein indirektes Eingeständnis der übernatürlichen Macht Jesu. Ihr Angriff ist eine Reaktion darauf, dass er einen dämonisch besessenen, stummen und blinden Mann geheilt hat.

Als Jesus von Judas verraten und dann vor den Sanhedrin gebracht wird, bezeugen sogar die falschen Zeugen indirekt Jesu tadellosen Charakter. Das Beste, was ihnen einfällt, ist wohl kaum etwas Negatives; sie wiederholen Jesu Prophetie, er „werde diesen Tempel, der mit Händen gemacht ist, abbrechen, und in drei Tagen [...] einen anderen aufbauen, der nicht mit Händen gemacht ist" (Mk 14,58). Der jüdische Hohepriester formuliert die Anklage: „Ihr habt die Lästerung [dass er behauptet, der Christus zu sein, der Sohn Gottes] gehört. Was meint ihr? Sie [der Sanhedrin] verurteilten ihn aber alle, dass er des Todes schuldig sei" (Mk 14,64). Aber Jesus hat bereits durch seine Wunder bewiesen und wird durch seine Auferstehung bestätigen, dass er der Sohn Gottes ist – genau der, der er zu sein behauptet. Das stellt wohl kaum einen Charakterfehler dar.

Die jüdischen Anführer behaupten bei Jesu Gerichtsverhandlung: „Diesen haben wir befunden als einen, der unsere Nation verführt und sie davon abbringt, dem Kaiser Steuer zu geben, indem er sagt, dass er selbst Christus, ein König, sei" (Lk 23,2). Doch Jesus hat die Regierung wohl kaum unterwandert, als er den Leuten sagte: „Gebt denn dem Kaiser, was des Kaisers ist, und Gott, was Gottes ist" (Mt 22,21). Außerdem zahlte er sehr wohl Steuern (Mt 17,24-27). Und er ordnet sich friedlich der Autorität Roms unter, die ihn zu Unrecht kreuzigt. Schließlich verspotten ihn am Kreuz die Vorübergehenden: „Ha! Der du den Tempel abbrichst und in drei Tagen aufbaust, rette dich selbst, und steige herab vom Kreuz!" (Mk 15,29-30). Doch das ist ein indirektes Zeugnis für seinen Anspruch auf Göttlichkeit sowie ein Beweis derselben, denn es spielt auf seinen Tod und seine Auferstehung an (Joh 2,19-21).

Also bezeugen sogar die falschen Ankläger Jesu tadellosen Charakter. Niemand stellt sich erfolgreich der Herausforderung, ihn einer Sünde anzuklagen (Joh 8,46). Darüber hinaus widerspricht das, was wir von Feinden Christi außerhalb des Neuen Testaments wissen, nicht dem, was wir von seinen direkten Zeitgenossen wissen.

➲ *Das Zeugnis außerbiblischer Quellen über den Charakter Christi*

Es gibt zahlreiche frühe nichtchristliche Quellen mit Bezügen zu Jesus und seinen Jüngern. Sie geben uns einen Blick aus der Ferne darauf, was Nichtchristen dieser Zeit über Jesu Charakter und Lehre dachten.

Tacitus – Der römische Historiker aus dem 1. Jahrhundert schreibt über die Bezeichnung „Christen“:

> „Dieser Name stammt von Christus, der unter Tiberius vom Prokurator Pontius Pilatus hingerichtet worden war. Dieser verderbliche Aberglaube war für den Augenblick unterdrückt worden, trat aber später wieder hervor und verbreitete sich nicht nur in Judäa, wo er aufgekommen war, sondern auch in Rom, wo alle Gräuel und Abscheulichkeiten der ganzen Welt zusammenströmen und geübt werden.“[116]

Der Vorwurf eines „verderblichen Aberglaubens“ ist verständlich, da Jesus als „König der Juden“ angekündigt wurde, was irrtümlicherweise als Gefahr für den römischen König wahrgenommen werden konnte. Aber der Vorwurf, das Christentum sei „verderblicher Aberglaube“, ist wohl kaum moralisch verwerflich. Tatsächlich könnte es ein indirekter Hinweis auf Jesu Auferstehung sein, was eine Bestätigung dafür wäre, dass er der sündlose Sohn Gottes ist.

Sueton – Als römischer Historiker und Leiter der Kanzlei des Kaisers Hadrian erwähnt Sueton (70–122 n. Chr.) Christus zweimal. Erstens: „Die Juden vertrieb er aus Rom, weil sie, von Chrestos aufgehetzt, fortwährend Unruhe stifteten.“[117] Zweitens: „Mit

Todesstrafen wurde gegen Christen vorgegangen, eine Sekte, die sich einem neuen, gemeingefährlichen Aberglauben ergeben hatte."[118] Das sagt uns wenig bis gar nichts direkt über Jesu Charakter, vielmehr darüber, wie Rom mit Infragestellungen seiner Autorität umging. Aber Sueton bestätigt immerhin die Existenz von Jesus Christus.

Josephus – Flavius Josephus (ca. 37/38–100 n. Chr.) war ein jüdischer Historiker, der unter der Schirmherrschaft des römischen Kaisers Vespasian arbeitete. Josephus' *Jüdische Altertümer* (ca. 90–95 n. Chr.) enthält zwei Textpassagen von Interesse. Die erste bezieht sich auf Jakobus, „den Bruder des Christus genannten Jesus".[119] Das sagt uns nichts direkt über Christi Charakter, aber ein zweiter Verweis ist expliziter:

„Zu dieser Zeit lebte Jesus, ein weiser Mensch, wenn man ihn einen Menschen nennen darf. Unerhörte Taten tat er nämlich [...]. Er war der Christus. [...] Er erschien ihnen nämlich am dritten Tage wieder lebend, was neben zehntausend anderen wunderbaren Dingen, die göttlichen Propheten gesagt hatten."[120]

Die Echtheit der letzteren Textpassage ist von vielen infrage gestellt worden, die bezweifeln, dass Josephus, ein Jude, gesagt hätte, Jesus sei der jüdische Messias, der von den Toten auferstand. In der Tat behauptet Origenes, Josephus habe nicht geglaubt, dass Jesus der Messias sei.[121] Trotz dieser Bedenken gibt es verschiedene Gründe dafür, den anderen Teil des Textes (abgesehen von „Er war der Christus") als echt zu akzeptieren.[122] Schließlich enthält eine arabische Version des Textes wahrscheinlich die grundlegenden Elemente aus Josephus' Originalfassung ohne die zweifelhaften Teile. Sie liest sich folgendermaßen:

> „Zu jener Zeit gab es einen weisen Mann namens Jesus. Sein Verhalten war gut und [er] war bekannt dafür, tugendhaft zu sein. Und viele Leute unter den Juden und den anderen Nationen wurden seine Jünger. Pilatus verurteilte ihn dazu, gekreuzigt zu werden und zu sterben. Aber jene, die seine Jünger geworden waren, gaben seine Jüngerschaft nicht auf. Sie berichteten, dass er ihnen drei Tage nach seiner Kreuzigung erschienen war und dass er

> lebendig war; demnach war er vielleicht der Messias, von dem die Propheten Wunder berichtet haben."[123]

Was die Würdigung von Jesu Charakter hier so bedeutend macht, ist, dass sie aus einer zeitgenössischen jüdischen (d. h. gegnerischen) Quelle aus dem 1. Jahrhundert stammt. Sogar ohne die Teile des Textes, die bestätigen, dass Jesus tatsächlich von den Toten auferstand – von denen vermutet wird, sie seinen christliche Einfügungen –, ist dieser Text ein wichtiger Zeuge für das Leben, den Tod und den Einfluss Jesu.

Plinius der Jüngere – Plinius der Jüngere war ein römischer Schriftsteller und Verwaltungsbeamter. In einem Brief an Kaiser Trajan (ca. 112) beschreibt Plinius die Gottesdienstpraxis früher Christen:

> „Sie versicherten jedoch, ihre ganze Schuld oder ihr ganzer Irrtum habe darin bestanden, dass sie sich an einem bestimmten Tage vor Sonnenaufgang zu versammeln pflegten, Christus als ihrem Gott einen Wechselgesang zu singen und sich durch Eid nicht etwa zu irgendwelchen Verbrechen zu verpflichten, sondern keinen Diebstahl, Raubüberfall oder Ehebruch zu begehen, ein gegebenes Wort nicht zu brechen, eine angemahnte Schuld nicht abzuleugnen. Hernach seien sie auseinandergegangen und dann wieder zusammengekommen, um Speise zu sich zu nehmen, jedoch gewöhnliche, harmlose Speise."[124]

Dieser Text erhebt keine moralische Anklage gegen Christus oder gar gegen seine frühen Nachfolger. Im Gegenteil, er deutet an, dass ihr Verhalten vorbildlich war.

Kaiser Trajan – Trajan gibt die folgenden Richtlinien für die Bestrafung von Christen: „Nachspionieren soll man ihnen nicht; werden sie angezeigt und überführt, sind sie zu bestrafen, so jedoch, dass, wer leugnet, Christ zu sein und das durch die Tat, das heißt, durch Anrufung unsrer Götter beweist, wenn er auch für die Vergangenheit verdächtig bleibt, aufgrund seiner Reue Verzeihung erhält."[125]

Auch hier geht es nicht direkt um Christus, sondern vielmehr um seine Nachfolger. Die Anschuldigungen gegen sie waren jedoch nicht moralischer Art, sondern es handelte sich um politische und antipolytheistische Vorwürfe. Von einem monotheistischen Standpunkt aus betrachtet stellte es jedoch eine moralische Tugend dar, keine Götzen anzubeten.

Der Talmud – Der relevanteste Text aus dem Talmud ist folgender:

> „Am Vorabend des Pesachfestes henkte man Jesus. Vierzig Tage vorher hatte der Herold ausgerufen: Er wird zur Steinigung hinausgeführt, weil er Zauberei betrieben und Israel verführt und abtrünnig gemacht hat; wer etwas zu seiner Verteidigung zu sagen hat, komme und bringe es vor. Da aber nichts zu seiner Verteidigung vorgebracht wurde, so henkte man ihn am Vorabend des Pesachfestes."[126]

Hier lauten die Anklagepunkte gegen Christus: Zauberei und die Verführung Israels zum Glaubensabfall. Keins von beidem stellt an sich einen moralischen Makel dar. Beide sind ihrem Wesen nach religiös und in ihrem Kontext leicht zu verstehen. Tatsächlich umfassen sie Christi Anspruch auf Göttlichkeit und seine Bestätigung dieses Anspruchs durch Wunder.

Lukian – Dieser griechische Schriftsteller aus dem 2. Jahrhundert liefert sarkastische Kritiken des Christentums. Zum Beispiel:

> „Die Christianer erweisen nämlich noch heute göttliche Verehrung dem bekannten Magier, der in Palästina gekreuzigt worden, weil er diese neuen Mysterien in die Welt eingeführt hatte. [...] Die armen Leute haben sich nämlich beredet, mit Leib und Seele unsterblich zu sein und in alle Ewigkeit zu leben; daher kommt es auch, dass sie den Tod verachten, und viele von ihnen sich demselben sogar freiwillig hingeben. Sodann hat ihnen ihr vornehmster Gesetzgeber die Meinung beigebracht, dass sie

> alle untereinander Brüder wären, sobald sie übergegangen, das heißt, die griechischen Götter verleugnet und sich zur Anbetung jenes gekreuzigten Sophisten bekannt hätten und nach dessen Vorschriften lebten. Daher verachten sie alle äußern Güter ohne Unterschied und besitzen sie gemeinschaftlich."[127]

Im Grunde findet sich hier nichts Direktes, was gegen Jesu moralischen Charakter spricht. Tatsächlich werden sogar seine Jünger für ihre Überzeugung und Selbstaufopferung gelobt, dafür, dass sie den Gesetzen Christi gemäß leben und sich materielle Güter versagen. Das ist gewiss kein moralischer Fehler ihrerseits oder ihres Anführers, Jesus Christus.

Mara bar Serapion – Er war ein Syrer, der irgendwann nach 72 n. Chr. einen Brief an seinen Sohn Serapion schrieb und fragte: „Welchen Vorteil hatten die Juden davon, ihren weisen König hinzurichten? Bald darauf hatte ihr Königreich ein Ende."[128] Der Verweis auf Jesus ist positiv – er wird als „weiser König" bezeichnet. Es wird außerdem angemerkt, Gott habe die Juden dafür gerichtet, dass sie Christus aus dem Weg geräumt hatten, was impliziert, dass er gut und unschuldig war.

Kurzum, in allen außerbiblischen Quellen sehen wir zwei Dinge: Erstens gibt es keine nachgewiesenen moralischen Vorwürfe gegen seinen Charakter. Zweitens gibt es viele Bestätigungen und Implikationen dafür, dass Jesus moralisch vorbildlich war.

Das Zeugnis von Christus selbst

Die einzigen authentischen zeitgenössischen Quellen, die wir im Hinblick darauf haben, was Jesus sagte und tat, sind die 27 Bücher des Neuen Testaments – insbesondere die vier Evangelien. Diese äußern sich einstimmig im Hinblick auf seinen untadeligen Charakter, der in mehrfacher Hinsicht deutlich erkennbar ist. Außerdem existiert kein direkter Zeuge, der aus erster Hand das Gegenteil bezeugt.

➲ *Jesus lehrte und lebte die höchste Ethik der Bergpredigt (Mt 5–7)*

Jesus verkörpert moralische Perfektion, die er in der Bergpredigt verkündigt und nach der er selbst lebt. Sogar Mahatma Gandhi, der berühmte Hindu, war zutiefst beeindruckt vom Leben Jesu und besonders von seiner Bergpredigt. Dort, wie auch an anderen Stellen, formuliert Jesus viele von den großen moralischen Prinzipien der Menschheit.

Die goldene Regel – Jesus sagt: „Alles nun, was ihr wollt, dass euch die Menschen tun sollen, das tut ihr ihnen auch!" (Mt 7,12). Er versteht dies als Zusammenfassung der Zehn Gebote, die er ebenso wie das gesamte Alte Testament bestätigt (Mt 5,17). Sogar außerhalb des Christentums stellt die goldene Regel ein weithin anerkanntes moralisches Prinzip dar. Wie bereits erwähnt formuliert Konfuzius eine negative Variante davon: „Füge nie anderen zu, was du nicht willst, dass man es dir tue."[129] Das Judentum akzeptiert sie ebenfalls und auch viele andere Religionen erkennen sie im Wesentlichen an.[130] Es besteht fast völlige Einigkeit über die Gültigkeit dieses moralischen Prinzips Jesu.

Richte andere nicht – Jesus sagt: „Richtet nicht, damit ihr nicht gerichtet werdet! Denn mit welchem Gericht ihr richtet, werdet ihr gerichtet werden" (Mt 7,1-2). Umfragen zeigen, dass dies inzwischen der in Amerika am weitesten verbreitete Bibelvers ist, auch wenn er nicht immer in seinem ursprünglichen Kontext verstanden wird. Eine Sache ist universal: Wenige Menschen wollen von anderen gerichtet werden, besonders dann nicht, wenn das Urteil unfair ist. Jesus sagt hier nicht, dass wir niemals die Überzeugungen und Handlungen anderer beurteilen sollen. Er wirbt auch nicht für eine neue Toleranz, nach der alle Ideen und Überzeugungen gleichermaßen gültig und wahr sind und niemand die Überzeugungen eines anderen kritisieren soll. Jesus beurteilt die Taten und Überzeugungen anderer durchaus (z. B. Mt 6,5.16; 11,20-24). Was Jesus hier meint, ist, dass wir nicht falsch oder heuchlerisch urteilen sollen (Mt 7,3-5).

Liebe deine Feinde – Obwohl Jesus dieses Prinzip aus dem Alten Testament übernimmt, praktizieren viele Juden zu seiner

Zeit (Mt 5,43-47), wie auch viele Muslime und andere Menschen heute, dieses wertvolle moralische Prinzip offensichtlich nicht. Im Gegenteil, der Koran ermahnt die Muslime: „Ihr, die ihr glaubt, nehmt euch nicht die Juden und die Christen zu Freund und Beistand! Das sind sie untereinander. Wer unter euch sich sie zu Freund und Beistand nimmt, gehört zu ihnen" (Sure 5,51[131]). Tatsächlich fordert der Koran Muslime dazu auf, Nichtmuslime zu bekämpfen, indem er erklärt: „Die glauben, kämpfen auf Gottes Weg. Die aber ungläubig sind, kämpfen für Taghut (den Götzen). So bekämpft die Freunde des Satans" (Sure 4,76).

Übe keine Vergeltung – In seiner berühmten Bergpredigt verkündet Jesus: „Ihr habt gehört, dass gesagt ist: Auge um Auge und Zahn um Zahn. Ich aber sage euch: Widersteht nicht dem Bösen, sondern wenn jemand dich auf deine rechte Backe schlagen wird, dem biete auch die andere dar" (Mt 5,38-39). Das ist ein vorbildliches moralisches Prinzip, welches weithin bewundert, aber selten praktiziert wird. Dennoch verkündet und praktiziert Jesus es (vgl. Jes 50,6).

Sei kein Heuchler – Jesus verbringt viel Zeit damit, Heuchler zu ermahnen (z. B. Mt 23). Er fordert auf: „Heuchler, zieh zuerst den Balken aus deinem Auge! Und dann wirst du klar sehen, um den Splitter aus deines Bruders Auge zu ziehen" (Mt 7,5). Tatsache ist, dass eigentlich niemand einen Heuchler mag. Daher geben die meisten Leute zumindest ein Lippenbekenntnis zu diesem Standard ab, der von Jesus gesetzt wird.

Hege weder Lust noch Hass in deinem Herzen – Mit diesem Prinzip hebt Jesus die allgemein bekannten moralischen Prinzipien auf ein anderes Niveau. Die meisten Menschen haben nicht gemordet, wohl aber in ihrem Herzen schon andere gehasst. Nicht jeder hat Ehebruch begangen, aber wer unter uns hat noch nicht begehrt? Indem er das Verständnis so erweitert, dass bei den allgemein bekannten Moralgesetzen sogar die Absichten und Motive mit eingeschlossen sind (Mt 5,22.28), hebt Jesus Moral auf ein viel höheres Niveau.

Sei barmherzig – Alle Seligpreisungen sind Teil von Jesu Ethik, aber „Glückselig die Barmherzigen" (Mt 5,7) ist ein Segen für eine Gruppe von Menschen, mit einem hohen und anspruchsvollen Maßstab. Jeder, der einmal versucht hat, einem Feind oder einer unwürdigen Person gegenüber barmherzig zu sein, weiß, dass das nicht einfach ist. Tatsächlich lehrt die populäre Atheistin Ayn Rand genau das Gegenteil: „Einem Menschen zu helfen, der keine Tugenden besitzt, ihm nur zu helfen wegen seines Leids, seiner Schwäche, einfach seine Not als Forderung gelten zu lassen – bedeutet, eine Null-Hypothek auf die eigenen Werte zu akzeptieren."[132] Jesus lehnt diesen erbarmungslosen Maßstab ab. Er legt die Messlatte auf die höchste Stufe, als er von seinen Nachfolgern verlangt, barmherzig zu sein.

Halte dein Wort – Es ist leicht, Versprechen zu brechen, besonders wenn es bequemer ist. Als Jesus sagte: „Euer Ja sei ein Ja und euer Nein ein Nein!" (Mt 5,37; NeÜ), war er sich der Tatsache wohl bewusst, dass die Thora den lobt, der „sein Versprechen nicht ändert, auch wenn es ihm Nachteile bringt" (Ps 15,4; NeÜ). Unser Wort auch dann zu halten, wenn es uns Schaden bringt, ist nicht leicht. Aber wir alle bewundern diese Eigenschaft bei anderen und mögen es nicht, wenn sie ihr Wort uns gegenüber brechen. Und wieder ist die Ironie in Jesu nobler Ethik, dass wir sie gleichzeitig bewundernswert und doch menschlich unerreichbar finden – das ist ein guter Hinweis auf ihren göttlichen Ursprung.

Hilf den Armen – Abgesehen von Ayn Rand und ihren atheistischen Anhängern glauben die meisten Menschen, dass wir eine moralische Verpflichtung haben, den Armen zu helfen. Die Bibel enthält Hunderte von Versen zu diesem Thema, und Jesus macht es zum Bestandteil seiner moralischen Agenda (z. B. Mt 6,3-4). Interessanterweise stimmen sowohl Liberale als auch Konservative darin überein, dass wir eine moralische Verpflichtung haben, den Armen zu helfen; sie sind sich jedoch nicht einig, wie das geschehen soll.

Vergib anderen – Vergebung steht ganz oben auf Jesu moralischer Agenda. Er bezieht sie sogar in sein Mustergebet ein: „Vergib uns unsere [moralische] Schuld, wie auch wir vergeben haben jenen, die an uns schuldig geworden sind" (Mt 6,12; ZÜ). Und auch die vom Geist geleiteten Nachfolger Christi (Joh 14,26; 16,13) lehren: „Wie auch der Herr euch vergeben hat, so auch ihr!“ (Kol 3,13). Jesus praktiziert das gewiss im höchstmöglichen Maß, als er seinen Feinden vergibt, während sie ihn kreuzigen: „Vater, vergib ihnen! Denn sie wissen nicht, was sie tun“ (Lk 23,34).

➲ *Das einzigartige Vorbild Jesu*

Jesus legt nicht nur den höchsten moralischen Maßstab fest. Er entspricht diesem Maßstab auch wie kein anderer. Unter allen religiösen Führern, die die Welt gekannt hat, ist Jesu Leben einzigartig.

Demut – Jesus lehrt nicht nur viele großartige Moralgesetze. Er lebt sie auch als Vorbild in einer Weise, die von niemand anderem übertroffen wird, der jemals gelebt hat. Obwohl er Gott in Menschengestalt ist (Joh 1,1.14; 1Tim 3,16), ist Jesus ein Vorbild in Demut. Der Apostel Paulus schreibt:

> „Habt diese Gesinnung in euch, die auch in Christus Jesus war, der in Gestalt Gottes war und es nicht für einen Raub hielt, Gott gleich zu sein. Aber er machte sich selbst zu nichts und nahm Knechtsgestalt an, indem er den Menschen gleich geworden ist, und der Gestalt nach wie ein Mensch befunden, erniedrigte er sich selbst und wurde gehorsam bis zum Tod, ja, zum Tod am Kreuz.“
>
> Philipper 2,5-8

Niemand kam je von einer höheren Position und stieg tiefer herab als Jesus! Seine ungeheure Demut ist deutlich erkennbar, als er, der höchste Gott und König des Universums, die Rolle eines Dieners übernimmt und seinen Jüngern die Füße wäscht (Joh 13,1-16).

Unschuldiges Leiden – Jesus predigte nicht nur Liebe und Vergebung sogar gegenüber den eigenen Feinden, er praktizierte dies auch. Obwohl er im Voraus weiß, wer ihn verraten wird (Mt 10,4; Joh 17,12), wählt er Judas als Jünger aus und macht ihn sogar zum Schatzmeister der Gruppe. Als später der Mob kommt, um ihn zu verhaften, und Petrus bei dem Versuch, ihn zu verteidigen, unüberlegt mit dem Schwert das Ohr eines Mannes abschlägt, weist Jesus Petrus zurecht und heilt barmherzig das Ohr des Mannes (Lk 22,47-51). Als Jesus bei seiner Gerichtsverhandlung zu Unrecht angeklagt wird, verteidigt er sich nie selbst (Mt 27,12-14). Wie Jesaja vorhergesagt hat: Er war „wie ein Schaf, das stumm ist vor seinen Scherern; und er tat seinen Mund nicht auf" (Jes 53,7). Einer aus Jesu engstem Kreis ist so beeindruckt von seinem unschuldigen Leiden, dass er schreibt: „Denn was für ein Ruhm ist es, wenn ihr als solche ausharrt, die sündigen und dafür geschlagen werden? Wenn ihr aber ausharrt, indem ihr Gutes tut und leidet, das ist Gnade bei Gott. Denn hierzu seid ihr berufen worden; denn auch Christus hat für euch gelitten und euch ein Beispiel hinterlassen, damit ihr seinen Fußspuren nachfolgt" (1Petr 2,20-21).

Für seine Feinde sterben – Jesus sagt: „Denn auch der Sohn des Menschen ist nicht gekommen, um bedient zu werden, sondern um zu dienen und sein Leben zu geben als Lösegeld für viele" (Mk 10,45) und „Ich lasse mein Leben für die Schafe" (Joh 10,15). Sein Jünger Johannes verkündet: „Denn so hat Gott die Welt geliebt, dass er seinen eingeborenen Sohn gab" (Joh 3,16) und „Und er ist die Sühnung für unsere Sünden, nicht allein aber für die unseren, sondern auch für die ganze Welt. [...] denn alles, was in der Welt ist [...] ist nicht vom Vater, sondern ist von der Welt" (1Jo 2,2.16). Paulus führt diesen Gedanken weiter aus: „Denn Christus ist [...] für Gottlose gestorben. Denn kaum wird jemand für einen Gerechten sterben [...]. Gott aber erweist seine Liebe zu uns darin, dass Christus, als wir noch Sünder waren, für uns gestorben ist" (Röm 5,6-8). Jesus sagt: „Größere Liebe hat niemand als die, dass er sein Leben hingibt für seine Freunde" (Joh 15,13). Doch Jesus opferte sein Leben für seine Feinde – hat die Welt je ein größeres Beispiel der Liebe gesehen?

Wertschätzung kleiner Kinder – Jesus war sehr streng, als er die Kaufleute und Geldwechsler aus dem Tempel herausjagte (Joh 2,15-16). Er war sehr energisch, wenn er religiöse Heuchler hart zurechtwies (Mt 23). Und doch kann er so sanft sein, dass kleine Kinder ihn lieben. Die Menschen „brachten Kinder zu ihm, damit er sie anrührte". Als seine Jünger ihn dafür tadeln, erwidert er: „Lasst die Kinder zu mir kommen! Wehrt ihnen nicht! Denn solchen gehört das Reich Gottes" (Mk 10,13-14). Und er erinnert die Erwachsenen daran: „Wenn ihr nicht umkehrt und werdet wie die Kinder, so werdet ihr keinesfalls in das Reich der Himmel hineinkommen" (Mt 18,3).

Mitgefühl für andere – Jesus liebt die Menschen nicht nur, sondern er wird auch von Mitgefühl für die Menschenmengen ergriffen (Mt 9,36). Wie bereits erwähnt, weinte er über Jerusalem, als er sagte: „Jerusalem, Jerusalem [...]. Wie oft habe ich deine Kinder versammeln wollen, wie eine Henne ihre Küken versammelt unter ihre Flügel, und ihr habt nicht gewollt!" (Mt 23,37). in der Tat offenbart sich am Grab von Lazarus eines der zärtlichsten Bilder vom liebevollen Herzen Jesu, als er über den Tod seines geliebten Freundes weint (Joh 11,35).

Jesu Kritikern antworten

Trotz der unübertroffenen und beispiellosen Bilanz seiner gerechten Taten haben manche versucht, Mängel in Jesu Charakter zu finden. Doch ihre Bemühungen haben sich als vergeblich erwiesen. Der berühmte Agnostiker Bertrand Russell brachte verschiedene Vorwürfe gegen Christus vor.

➔ *Jesus war nicht zutiefst menschenfreundlich*

In seinem bekannten Buch *Warum ich kein Christ bin* argumentiert der Agnostiker Bertrand Russell, dass jeder, der wie Jesus Menschen vor ewiger Strafe warnt, nicht „zutiefst menschenfreundlich"[133] sein könne. Die Sachlage steht hier nicht zur Debatte. Die Evangelienberichte zeigen, dass Jesus Menschen wiederholt vor der Hölle warnte (Mt 5,22.29; 10,28; 18,9). Doch der Schluss, den Russell aus dieser Tatsache zieht, ist wenig überzeugend.

Als Antwort auf den Vorwurf der Inhumanität müssen ein paar wichtige Dinge angesprochen werden. Zunächst einmal wirft Russells Vorwurf die Frage auf, ob es tatsächlich eine Hölle gibt. Dabei setzt er voraus, dass es keine Hölle gibt und es folglich äußerst menschenfeindlich sei, Menschen mit solch einer

Warnung einzuschüchtern. Aber wenn es eine Hölle gibt – und Jesus als Sohn Gottes sollte das wissen –, dann wäre es zutiefst menschenfeindlich, Menschen *nicht* zu warnen, dass sie darauf zusteuern! Schließlich gilt: Wenn jemand ein Feuer in einem Gebäude sieht und die anderen Bewohner nicht warnt, dann handelt derjenige sehr menschenfeindlich. Wie viel größer ist dann also die Notwendigkeit, vor einem ewigen Feuer zu warnen, auf das die zusteuern, die keine Reue zeigen. Weiter ist Russell ein Nichttheist, der nicht an einen Moralgesetzgeber glaubt. Daher könnte man fragen, woher Russell dann sein objektives Moralgesetz nimmt, anhand dessen er Jesus moralisch kritisiert. Ein objektives Moralgesetz impliziert einen objektiven Moralgesetzgeber, den Russell nicht anerkennt.

➲ *Jesus verhielt sich den jüdischen Führern gegenüber rachsüchtig*

Russell erhebt außerdem den Vorwurf, Jesus lasse ein zorniges und rachsüchtiges Gemüt erkennen, wenn er zum Beispiel verkündet: „Wehe euch, ihr blinden Führer! [...] Narren und Blinde! [...] Wehe euch, Schriftgelehrte und Pharisäer, Heuchler! [...] Denn ihr gleicht übertünchten Gräbern, die von außen zwar schön scheinen, inwendig aber voll von Totengebeinen und aller Unreinheit sind“ (Mt 23,16-17.23.27). Aber Zorn gegenüber Sünde ist keine Sünde; er ist ein Akt der Gerechtigkeit. Schließlich folgten die Pharisäer nicht nur selbst einem Pfad der Selbstzerstörung, sie rissen auch noch andere mit sich. Jesus sagt: „Wehe aber euch, Schriftgelehrte und Pharisäer, Heuchler! Denn ihr verschließt das Reich der Himmel vor den Menschen; denn ihr geht nicht hinein, und die, die hineingehen wollen, lasst ihr auch nicht hineingehen“ (Mt 23,13-14). Die Antwort auf Russells Vorwurf lautet also: Wenn die Pharisäer und Geldwechsler sich auf eine Weise verhalten, die den Geboten Gottes entgegengesetzt ist, dann reagiert Christus hier mit heiligem Eifer. Das Ziel seines Eifers besteht darin, die falschen Darstellungen über Gott[134] zu bekämpfen, nicht darin, rachsüchtig zu sein.

➲ *Jesus war lieblos*

Russell argumentiert außerdem, dass jeder, der unnötigerweise Schweine ertränkt, „nicht sehr nett" sein könne. Dabei bezieht er sich darauf, dass Jesus Schweine ins Meer trieb, wo sie umkamen (Mt 8,32). Dieses Argument übt eine besondere Anziehungskraft in einer tierliebenden Kultur aus, in der Menschen für Grausamkeit an Tieren ins Gefängnis kommen.

Diesbezüglich sollte zunächst angemerkt werden, dass nicht Jesus die Schweine ertränkt – die Dämonen tun das. Jesus treibt die Dämonen aus den beiden Männern aus, und die Dämonen fahren in die Schweine. Die daraus folgende Tat der Dämonen, die Schweine zu ertränken, wird von Christus zugelassen, aber nicht bewirkt. Es besteht ein entscheidender Unterschied zwischen dem Zulassen einer potenziell gefährlichen Situation – was Eltern jedes Mal tun, wenn sie ihren Teenagern erlauben, das Familienauto zu benutzen – oder ob man einen Unfall provoziert – was gute Eltern niemals tun würden.

Jesus ist der Herr seiner Schöpfung. Als solcher kann er Leben geben und nehmen, wie er es will (5Mo 32,39; Hi 1,21). Und er hat tatsächlich verfügt, dass alle Tiere einmal sterben werden, und früher oder später tun sie das. So wie Jesus in der vorangehenden Geschichte (Mt 8,23-27) als Herrscher über die unbelebte Schöpfung (das Meer) vorgestellt wird, so ist er auch hier Herr über die belebten Geschöpfe. Es ist erwähnenswert, dass unheilige Tiere wie Schweine im Heiligen Land keinen Platz hatten; sie wurden von den Römern eingeführt. Und hier erlaubt Jesus in angemessener Weise den unreinen Geistern, in unreine Tiere zu fahren.

Schließlich ist Russell besorgter um die Schweine als um die Menschen, die Jesus von den Dämonen befreite. Im Gegensatz dazu ist Jesus besorgter um die Menschen als um die Schweine. Möglicherweise war es sogar so, wie *Ellicott's Commentary* ausführt, dass „der Mann nur auf eine solche Weise [wie den Dämonen zu erlauben, die Schweine zu vernichten] von der unlösbaren Verschmelzung seiner Person mit den unreinen Geistern, in die er verstrickt war, erlöst werden konnte. Erst als er sah, wie die dämonischen Kräfte, die ihn unterdrückt hatten, auf den

Körper anderer Lebewesen übergegangen waren, [...] konnte er seine eigene Befreiung glauben."[135]

Anstatt also Christi Charakter zu schmälern, bestätigt dieser Vorfall, was in den Evangelien durchgehend sichtbar wird: sein Mitleid mit Menschen, die unter böse Mächte versklavt sind. Wenn es notwendig ist, das Opfer einiger Tiere zuzulassen, um die Rettung einiger Menschen zu ermöglichen, dann beweist Jesus hier Mitleid. Er zögert nicht, in Liebe zu denjenigen zu handeln, die nach Gottes Bild geschaffen sind (1Mo 1,27). Wenn wir bereit sind, Tiere für materielle und vergängliche Güter wie Nahrung und Kleidung zu opfern, warum darf sie dann ihr Schöpfer nicht zu unserem ewigen Wohl benutzen?

Zusammenfassend lässt sich sagen, dass Christi Charakter durch Freund und Feind gut bezeugt ist.[136] Tatsächlich gibt Russell das an anderer Stelle sogar zu. Obwohl Christus (nach seinen oben genannten unzulänglichen Argumenten) nicht vollkommen sei, gesteht Russel „ihm einen sehr hohen Grad moralischer Vortrefflichkeit zu". [137] An anderer Stelle sagt er außerdem, dass die Welt „Liebe, christliche Liebe oder Mitgefühl"[138] brauche, was ein großes Kompliment an den Charakter Christi ist. Tatsächlich hat niemand größere Liebe zum Ausdruck gebracht als Christus (Joh 15,13; Röm 5,6-8). So brillant Russell auch ist, zeigt eine sorgfältige Analyse jedoch, dass die Fehler nicht in Christi Charakter, sondern in Russells Argumenten zu suchen sind.

Die apologetischen Konsequenzen des sündlosen Charakters Christi

Die apologetischen Konsequenzen des sündlosen Lebens Jesu sind offensichtlich. Kein anderer Mensch hat das je erreicht; sogar die heiligsten Sterblichen haben Schwächen. Sein sündloser Charakter ordnet Christus in eine Klasse für sich ein und bestätigt seinen Anspruch, Gott zu sein.

➔ *Eine Klasse für sich*

Von den großen religiösen Führern hat keiner je behauptet, sündlos zu sein. Mohammed betete um Vergebung (Sure 47,19);

Buddha ließ seine Familie im Stich und kehrte nie zurück; Mahatma Gandhi beteiligte sich an religiösen Kriegen gegen Südafrikaner.[139] Tatsächlich waren sich die großen christlichen Heiligen ihrer Sündhaftigkeit schmerzlich bewusst. Der Apostel Paulus ruft aus: „Ich elender Mensch! Wer wird mich retten von diesem Leibe des Todes?" (Röm 7,24). Wirklich „alle haben gesündigt und erlangen nicht die Herrlichkeit Gottes" (Röm 3,23) – alle außer einem, und sein Name ist Jesus! Das stellt Christus in eine einzigartige Klasse für sich. Das ist die Apologetik eines perfekten Lebens und hat einen Wert an sich, der Menschen zu ihm zieht.

Horace Bushnell formuliert es folgendermaßen: „Wenn Christus nur ein natürlicher Mensch war, dann war er unter allen Umständen völlig einzigartig in Bezug auf seine Tugend, die wir bei ihm mit Gewissheit entdeckt haben. [...] Jedes Wunder wäre leichter zu glauben, als dass Christus nur ein Mensch war und doch so vollkommen, wie es geschrieben steht." Er fügt eine weitere apologetische Wendung hinzu: „Da er selbst ein Wunder war, wäre es das größte aller Wunder, wenn er keine Wunder gewirkt hätte."[140]

➲ *Bestätigung seines Anspruchs, Gott zu sein*

In den Evangelien gibt es weitere Hinweise darauf, wie sein tadelloses Leben den Anspruch Christi bestätigt, Gott zu sein. Er selbst verwendet die Verbindung zwischen Tugend und Wahrheit. Als die Gegner Christi die von ihm bewirkten Wunder und seinen Anspruch auf Göttlichkeit ablehnen, sagt Jesus: „Wer von euch überführt mich einer Sünde?" (Joh 8,46). Als ein paar der jüdischen Anführer sogar das Wunder Jesu ablehnen, bei dem einem blind geborenen Mann das Augenlicht geschenkt wurde, erheben andere Einspruch und sagen: „Wie kann ein sündiger Mensch solche Zeichen tun?" (Joh 9,16).

Die Verbindung zwischen Tugend und Wahrheit wird bei Gerichtsverfahren häufig verwendet. Zeugen diskreditieren sich, wenn sie bei einer Lüge ertappt werden. Auf der anderen Seite erweisen sich integere Personen als gute Zeugen. Jesus ist zweifellos eine integere Person. Selbst Nichtgläubige „erstaunten [...]

über seine Lehre; denn er lehrte sie wie einer, der Vollmacht hat, und nicht wie ihre Schriftgelehrten" (Mt 7,28-29). Jesus hätte niemals mit solcher Vollmacht sprechen können, wenn sein Leben dem, was er sagte, lautstark widersprochen hätte. Wie bereits angemerkt, sagen sogar Feinde Jesu: „Lehrer, wir wissen, dass du wahrhaftig bist und den Weg Gottes in Wahrheit lehrst und dich um niemand kümmerst, denn du siehst nicht auf die Person der Menschen" (Mt 22,16). Bei so stark bezeugter Tugendhaftigkeit war es schwierig, sich gegen die Schlussfolgerung zu wehren, dass die Wahrheitsansprüche Jesu anerkannt werden sollten.

Fazit

Jesus *nutzte* nicht nur Apologetik, sein ganzes Leben *war* Apologetik. Er überzeugte Menschen nicht nur durch seine Argumente (siehe Kap. 1–8), sondern überzeugte sie auch durch sein Leben. Tatsächlich war das Leben Jesu – seine aufopfernde Liebe – selbst die größte Rechtfertigung für den christlichen Glauben.

Ein solcher Akt von aufopfernder Liebe hat etwas, was Menschen von seiner Echtheit überzeugt. Mitsuo Fuchida war der japanische Pilot, der den berühmten Luftangriff auf Pearl Harbour anführte. Später wurde er Christ, weil nach dem Krieg einige amerikanische Soldaten mit der Botschaft von Jesu Liebe nach Japan gingen. Der japanische Pilot las da zum ersten Mal, wie Jesus seinen Vater für diejenigen um Vergebung bat, die ihn gerade kreuzigten. Da glaubte Fuchida, dass Jesus der Sohn Gottes sein musste, denn kein Mensch könnte seinen Feinden so vergeben. Er verbrachte den Rest seines Lebens damit, anderen von Jesu Liebe zu erzählen.[141]

Zweifelsohne hat Liebe eine große apologetische Kraft. Jesus sagt: „Daran werden alle erkennen, dass ihr meine Jünger seid, wenn ihr Liebe untereinander habt" (Joh 13,35). Liebe und Wahrheit sind zwei großartige Waffen im Ringen um die Seelen von Menschen. Liebe zieht die Menschen an, und Wahrheit erleuchtet sie. Jesus sagt: „Ihr werdet die Wahrheit erkennen, und die Wahrheit wird euch frei machen“ (Joh 8,32). Und Paulus erinnert uns: Wir sollen immer „die Wahrheit reden in Liebe“ (Eph 4,15). Die Verbindung von beidem bringt kraftvolle Apologetik hervor.

Die vielleicht scharfsinnigste Analyse des unvergleichlichen Charakters Christi wurde vor über 100 Jahren von Horace Bushnell in seinem klassischen Werk *The Character of Christ* geschrieben:

> „Nun muss eines von zwei Dingen wahr sein. Er [Christus] war entweder ohne Sünde oder er war es nicht. Wenn er ohne Sünde war, könnte es eine größere, offensichtlichere Ausnahme vom Gesetz normaler menschlicher Entwicklung geben, als dass ein so vollkommenes und makelloses Wesen einmal im Fleische gelebt hat? Wenn er nicht ohne Sünde war, [...] dann haben wir einen Mann vor uns, der eine Religion ohne Buße anstrebt, eine Religion, die nicht menschlich, sondern abgehoben überirdisch ist, mit einem Frömmigkeitsstil, den er nicht in seiner Kindheit erlernt hat und der nie unter Menschen erdacht oder praktiziert wurde; mehr noch, wir haben es mit einem Frömmigkeitsstil zu tun, der völlig ungeeignet für seinen eigenen Charakter als Sünder ist [...]. Könnte es eine größere Diskrepanz zu allem geben, was wir über normale menschliche Entwicklung wissen?“[142]

KAPITEL 11

Jesus und die Rolle des Heiligen Geistes in der Apologetik

Obwohl Jesus der größte Apologet aller Zeiten war (siehe Kap. 1–10), betonte er dennoch, dass kein Mensch ohne den Dienst des Heiligen Geistes zu Gott kommen kann. Auch wenn sich Jesus der Vernunft bediente und Beweise betonte, war er sich dennoch der Tatsache bewusst, dass weder Vernunft noch Erfahrung allein ausreichen, um Glauben hervorzurufen. Als Petrus ihn als „Christus, den Sohn des lebendigen Gottes" bekannte, antwortete Jesus: „Fleisch und Blut haben es dir nicht offenbart" (Mt 16,16-17). Er wusste, dass Beweise allein – so stark sie auch sein mögen – nicht ausreichen, um einen Menschen zum Glauben an Christus zu führen; denn das ist Gottes Werk. Jesus bekräftigte, dass nur der Heilige Geist Menschen von Sünde überführen (Joh 16,8) und sie bekehren kann (Joh 3,3-7.14-18).

Die Rolle des Heiligen Geistes, wenn Menschen zu Christus geführt werden

Jede Person des dreieinigen Gottes spielt eine wichtige Rolle bei der Erlösung. Gott der Vater plant die Erlösung, Gott der Sohn erwirkt sie, und Gott der Heilige Geist überzeugt uns von ihrer Wahrheit. Jesus äußerte sich klar bezüglich der Rolle des Heiligen Geistes, Menschen zu erleuchten und ihnen Gottes Wahrheit zu offenbaren. Seine Jünger nach ihm taten es ebenfalls. In diesem Kontext treten drei wichtige Funktionen des Heiligen Geistes hervor.

➲ *Uns davon zu überzeugen, dass wir einen Retter brauchen*
Niemand kann Christus als Erlöser von der Sünde annehmen, wenn er nicht zuerst davon überzeugt wurde, dass er ein Sünder ist. Und niemand kann von Sünde überzeugt werden, wenn ihn nicht der Heilige Geist überführt. Jesus sagt deutlich: „Und wenn er [der Heilige Geist] gekommen ist, wird er die Welt überführen von Sünde" (Joh 16,8). Ohne diese entscheidende Funktion des Heiligen Geistes würde niemand jemals zu Christus kommen.

➲ *Uns davon zu überzeugen, den Retter anzunehmen*
Außerdem wird niemand jemals von der Wahrheit des christlichen Glaubens überzeugt außer durch den Dienst des Heiligen Geistes. Er überzeugt nicht nur die Gläubigen, dass sie Kinder Gottes sind (Röm 8,16). Der Geist allein überzeugt auch Nichtgläubige von der Wahrheit Gottes. Johannes, ein Jünger Jesu, schreibt: „Wenn wir schon das Zeugnis der Menschen annehmen, das Zeugnis Gottes ist größer" (1Jo 5,9). Jesus sagt: „Niemand kann zu mir kommen, wenn nicht der Vater, der mich gesandt hat, ihn zieht" (Joh 6,44, siehe auch V. 65). Und es ist der Heilige Geist, der mit Menschen ringt, um sie zu Gott zu ziehen.

➲ *Uns zum Erlöser zu bekehren*
Jesus sagt, dass niemand gerettet werden kann, wenn er nicht aus dem Geist geboren wird, denn „was aus dem Fleisch geboren ist, ist Fleisch, und was aus dem Geist geboren ist, ist Geist" (Joh 3,6). Der Apostel Paulus identifiziert den Heiligen Geist als den, der die Wiedergeburt bewirkt, durch die wir vom geistlichen Tod zu geistlichem Leben übergehen. Denn „euch hat er auferweckt, die ihr tot wart in euren Vergehungen und Sünden" (Eph 2,1). Tatsächlich bewirkt der Geist nicht nur die Rettung der Gläubigen, er versiegelt sie außerdem auf den Tag ihrer endgültigen Erlösung hin (Eph 4,30). Niemand ist jemals zu Christus gekommen außer durch das Wirken des Heiligen Geistes; wie Jesus sagt: „Ohne mich könnt ihr nichts tun." (Joh 15,5; ZÜ). Und ohne das Wirken des Heiligen Geistes können wir nichts tun, um uns selbst zu retten. Wenn das so ist, was bedeutet das für die Apologetik?

Der Heilige Geist offenbart die Wahrheit über Christus

Jesus bestätigt, dass das Alte Testament durch die Inspiration von Gottes Geist entstanden ist. Jesus zitiert Psalm 110,1 und fragt:

> „Wie nennt David ihn [den Messias] denn im Geist Herr, indem er sagt:
> ‚Der Herr sprach zu meinem Herrn:
> Setze dich zu meiner Rechten,
> bis ich deine Feinde lege
> unter deine Füße'?"
>
> Matthäus 22,43-44

David sagt von sich selbst: „Der Geist des HERRN hat durch mich geredet, und sein Wort war auf meiner Zunge" (2Sam 23,2). Damit beschreibt er, wie Gott die Quelle der prophetischen Schriften des ganzen Alten Testaments ist: Vom Geist bewegte Autoren brachten gottgehauchte Schriften hervor (2Petr 1,20-21; 2Tim 3,16). Aus diesem Grund bezeichnet Jesus das Alte Testament als das unvergängliche und unfehlbare Wort Gottes (Mt 5,17-18; Joh 10,34-35).

Das, was Jesus im Hinblick auf das Alte Testament bestätigt, verheißt er auch für das Neue Testament. Er teilt seinen Aposteln mit: „Der Beistand aber, der Heilige Geist […], der wird euch alles lehren und euch an alles erinnern, was ich euch gesagt habe" (Joh 14,26). Und: „Wenn aber jener, der Geist der Wahrheit, gekommen ist, wird er euch in die ganze Wahrheit leiten" (Joh 16,13). So ist Heilige Geist also sowohl der, der die Wahrheit offenbart, als auch der, der seine Nachfolger die Wahrheit Gottes lehrt. Und tatsächlich erhoben Jesu Nachfolger Anspruch auf diese Verheißung, als sie das Neue Testament verfassten (siehe 1Kor 14,37; Gal 1,1; 2Petr 3,15-16).

Der Heilige Geist lehrt die Wahrheit über Christus

Der Geist Gottes offenbart der Gemeinde nicht nur die Wahrheit über Gott, er lehrt auch Gottes Wahrheit. Wie oben erwähnt, sagt Jesus: „Der Beistand aber, der Heilige Geist […] *wird euch* alles *lehren*" (Joh 14,26; Hervorhebung des Autors). Dass seine Jünger das verstanden haben, zeigt sich in den Schriften seines geliebten Jüngers Johannes:

> „Und ihr habt die Salbung von dem Heiligen und habt alle das Wissen. […] Die Salbung, die ihr von ihm empfangen habt, bleibt in euch, und ihr habt nicht nötig, dass euch jemand belehre, sondern wie seine Salbung euch über alles belehrt, so ist es auch wahr."
>
> 1. Johannes 2,20.27

Keine geistliche Wahrheit wird jemals verstanden, es sei denn, sie wird durch den Heiligen Geist gelehrt. Das heißt nicht, dass Gott nicht menschliche Mittel gebraucht, um Wahrheit zu vermitteln; das tut er. So „verharrten" die Mitglieder der frühen Gemeinde „in der Lehre der Apostel" (Apg 2,42). Zusammenfassend kann man sagen: Ganz gleich, durch wen oder was man eine Wahrheit über Christus lernt – Gott der Heilige Geist bewirkt die Erkenntnis dieser Wahrheit.

Das Verhältnis von apologetischen Beweisen und dem Heiligen Geist

Obwohl Jesus die Notwendigkeit des Heiligen Geistes bei der Überzeugung und Bekehrung von Menschen bestätigt, sah er keinen Widerspruch zwischen einer starken, vernunftgemäßen, auf Beweisen basierenden Apologetik und der aktiven Rolle des Heiligen Geistes (siehe Kap. 1–10). Dafür gibt es wichtige Gründe.

Erstens: Beweise dafür, dass Christus der Sohn Gottes ist, sind zwar für die Rettung eine notwendige, aber keine ausreichende Voraussetzung. Niemand wird jemals an Gott glauben, wenn er nicht vorher überzeugt ist, dass Gott existiert, denn „sein unsichtbares Wesen, sowohl seine ewige Kraft als auch seine Göttlichkeit, wird seit Erschaffung der Welt in dem Gemachten wahrgenommen und geschaut, damit sie ohne Entschuldigung seien“ (Röm 1,20). Es gibt immer Beweise der allgemeinen Offenbarung, die „wahrgenommen“ werden, bevor jemand an Gott glaubt. Der Hebräerbrief erklärt: „Wer zu Gott kommen will, muss glauben, dass es ihn gibt“ (Hebr 11,6; NeÜ). Also hat jeder, der an den wahren Gott (oder den wahren Christus) glaubt, zuerst irgendeine Art von Beweis dafür, dass er existiert – auch wenn dieser noch so klein ist.

Paulus sagt den Heiden in Lystra, dass Gott „sich doch nicht unbezeugt gelassen hat, indem er Gutes tat und euch vom Himmel Regen und fruchtbare Zeiten gab und eure Herzen mit Speise und Fröhlichkeit erfüllte“ (Apg 14,17). Ebenso setzt niemand jemals sein Vertrauen auf den wahren Christus (der eine historische Persönlichkeit aus dem 1. Jahrhundert war) ohne irgendeine Art von Beweis dafür zu haben, dass dieser existierte – selbst wenn es nur die inneren Beweise der Evangelien sind oder das äußere Zeugnis von jemandem, der vertrauenswürdig ist und die Beweise kennt.

Kurz gesagt: Auch wenn Beweise allein unzureichend sind, um einen Nichtgläubigen zu Christus zu ziehen, sind sie trotzdem ein notwendiger Bestandteil in diesem Prozess. Nur der Heilige Geist kann einen Menschen zu Christus bringen. Aber er gebraucht Beweise als Mittel, um einen Menschen von der Notwendigkeit zu überzeugen, Christus anzunehmen.

Beweise können ein wesentliches Mittel bei der Errettung sein

Selbst wenn Beweise keine Vorbedingung für rettenden Glauben wären, stände es nicht in Widerspruch zu Gottes Art, sie als ein Mittel einzusetzen, um Menschen für Christus zu gewinnen. Zugegeben, Jesus lehrte, dass der Heilige Geist allein die wirksame Ursache unserer Rettung ist. Aber daraus folgt nicht, dass Beweise kein wesentliches Mittel bei der Rettung sein können. Das heißt: Beweise an sich führen nicht zur Rettung, sie können jedoch ein Mittel sein, durch das der Heilige Geist Rettung im Leben eines Menschen bewirkt.

Es würde das offenbarte Wesen von Gott dem Heiligen Geist beleidigen zu sagen, dass er – der das allwissende, vollkommen weise und vernünftigste Wesen im Universum ist – den Verstand übergehen würde, um vernunftbegabte Geschöpfe zu erreichen, die nach seinem Ebenbild geschaffen sind (1Mo 1,27). Tatsächlich ist es unvernünftig, einen rationalen Gott von einem rationalen Prozess zu trennen, durch den er seine rationalen Nachkommen erreichen will (siehe Apg 17,29).

Gott ist souverän. Er kann nach Belieben alle nicht widersprüchlichen Mittel nutzen, um seine reumütigen Geschöpfe zu retten. Manchmal gebraucht Gott seine Güte, um Menschen zur Buße zu führen (Röm 2,4). Und manchmal nutzt er auch Unglück, um seine Ziele zu erreichen (1Mo 50,20). Wenn er also apologetische Beweise als Teil dieses Prozesses verwenden möchte, wer könnte ihm diese Möglichkeit verwehren?

Und wenn Antworten auf die Fragen eines aufrichtig Suchenden ihm oder ihr auf dem Weg zu Christus helfen, dann haben wir allen Anlass zu glauben, dass Gott demjenigen all die Gründe geben wird, die er wirklich braucht, um sich vernünftig entscheiden zu können. Natürlich warf Jesus bei Menschen, die nicht wirklich aufrichtig waren, keine „Perlen vor die Schweine" (Mt 7,6). Und er vollführte auch keine Wunder, um irgendjemandes Neugierde zu befriedigen (Lk 23,8). Doch lieferte er durchaus hinreichende Beweise für jeden ehrlich Suchenden. Viele von ihnen sind gläubig geworden, das ist bezeugt über die Jahrhunderte hinweg. So kamen viele bekannte Gläubige auf diesem Weg zu Christus, unter ihnen Simon Greenleaf, Frank Morrison und C. S. Lewis.[143]

Der Unterschied zwischen Beweis und Überzeugung

Das Wort *Beweis* spricht von objektiver Gewissheit. Das Wort *Überzeugung* bezieht sich auf subjektive Gewissheit. Beweise können durch Vernunft und Beweismaterial erbracht werden, wenn auch in Form von Wahrscheinlichkeitsgraden, die sich zwischen *absoluter Sicherheit* ganz oben über *völliges Überzeugtsein, mit hoher Wahrscheinlichkeit über jeden Zweifel erhaben* und *jeden vernünftigen Zweifel ausschließend* ganz unten bewegen. Apologetik befasst sich mit objektiver Wahrheit, kann aber als solche keine subjektive Gewissheit im Hinblick auf die Wahrheiten des christlichen Glaubens gewährleisten. Gewissheit entsteht nur durch das Zeugnis des Heiligen Geistes in und durch diese Beweise. Diese Unterscheidung hat sich auf verschiedene Arten in den Werken großer christlicher Denker durch die Jahrhunderte gezeigt.

Trotz all der übernatürlichen Beweise, die Jesus für seinen Anspruch wirkte, waren viele Menschen nicht überzeugt. Johannes schreibt: „Obwohl er aber so viele Zeichen vor ihnen getan hatte, glaubten sie nicht an ihn“ (Joh 12,37). Über die Hartherzigen sagt Jesus sogar ausdrücklich: „[Sie] werden auch nicht überzeugt werden, wenn jemand aus den Toten aufersteht“ (Lk 16,31). Lukas berichtet von vielen sicheren Beweisen, die Jesus für seine Auferstehung vorlegte. Dennoch glaubte ihm nicht jeder. Rein objektive Beweise allein reichen nicht aus, um in geistlichen Angelegenheiten Glauben hervorzurufen; man muss sich auch durch den Heiligen Geist überzeugen lassen. Und selbst dann kann es sein, dass der Wille „dem Heiligen Geist [widerstrebt]“ (Apg 7,51).

Der Glaube unserer Väter

Viele der großen Kirchenväter und späteren Lehrer der christlichen Gemeinde haben diesbezüglich eine ähnliche Ansicht vertreten, wie sie Jesus formulierte. Die folgenden Zitate werden unseren Standpunkt über Jesu Sicht vom Verhältnis von Apologetik und der Rolle des Heiligen Geistes stützen.

➲ *Augustinus (354–430)*

Augustinus formuliert es folgendermaßen: „In der Tat glaubt niemand etwas, es sei denn, er hat zuerst gedacht, dass es geglaubt werden sollte.“ Folglich: „Es ist notwendig, dass alles, was zu glauben ist, geglaubt werden sollte, nachdem das Denken vorausgegangen ist.“[144] An anderer Stelle fügt er hinzu: „Denn es ist ausgeschlossen, dass Gott in uns den Vorzug hasse, den er bei der Schöpfung uns vor den Tieren gegeben hat. Ich wiederhole: Es ist ausgeschlossen, dass unser Glaube den Verzicht auf vernunftgemäße Erklärung oder vernunftgemäßes Forschen fordert; denn wir könnten auch nicht glauben, wenn wir nicht vernunftbegabte Seelen hätten."[145] Jedoch wird jemand erst dann vom Heiligen Geist in den Dingen Gottes unterwiesen, wenn er glaubt. Denn „wir haben ja geglaubt, um zu erkennen."[146] „Erst glauben wir, dann verstehen wird."[147] „Es ist die Sünde, die die Seele täuscht"[148], daher können wir nur durch das Wirken des Heiligen Geistes im Glauben die Wahrheiten Gottes empfangen. „Es wird also jener [= Gott] schon geliebt, der noch nicht gekannt, aber doch geglaubt wird."[149] Dieser Glaube wird durch übernatürliche Taten Gottes bestätigt, denn Wunder sind „notwendig gewesen, als die Welt noch nicht zum Glauben übergegangen war, damit sie sich zum Glauben bekehre."[150]

➲ *Thomas von Aquin (1224–1274)*

Aquin glaubt: „In Heiliger Lehre können wir die Philosophie in dreifacher Weise nutzen. [...] Wir können sie nutzen, um die Präambeln des Glaubens zu demonstrieren [...] zum Beispiel, dass Gott existiert, dass Gott einer ist oder ähnliche Aussagen über Gott oder über Geschöpfe, die der Glaube als etwas proponiert[151], das in der Philosophie bewiesen wurde."[152] Er argumentiert: „Die menschliche Vernunft kann sich nun in zweifacher Weise mit ihren Gründen für den Gegenstand des Glaubens zum Willen des Gläubigen verhalten. Erstens kann sie vorhergehen; wie wenn jemand, der nicht den Willen hätte zu glauben oder nicht die Bereitwilligkeit dazu, sich nur durch die Vernunft zur Zustimmung veranlasst sähe; und so vermindert die menschliche Vernunft das Verdienst des Glaubens." Denn „so soll er auch nicht der Glaubenswahrheit zustimmen auf Grund eines Beweises, sondern wegen der göttlichen Autorität." Zweitens „kann die Vernunft dem Glaubensakte oder dem Willen des Glaubenden folgen. Denn hat der Mensch die Bereitwilligkeit, um zu glauben; so denkt er gern über den Glauben nach und ist zufrieden, wenn er einige Gründe dafür, auch in der Natur, finden kann. Und nach dieser Seite hin ist die menschliche Vernunft vielmehr ein Zeichen größeren Verdienstes, als dass sie das Verdienst minderte."[153]

Aquin legt dar, dass der Glaube durch glaubwürdige Beweise gestützt wird, wenn er auch nicht darauf gründet. „Die jedoch ihren Glauben auf diese Wahrheit setzen, ‚für die die menschliche Vernunft keine experimentellen Beweise bietet', glauben nicht töricht, so als ‚folgten sie künstlichen Fabeln.'" Vielmehr „offenbart der Glaube seine eigene Gegenwart ebenso wie die Wahrheit seiner Lehre und Inspiration durch passende Argumente; und um jene Wahrheiten zu bestätigen, die natürliches Wissen übersteigen, gibt er Werken sichtbare Erscheinungsformen, die die Fähigkeit der gesamten Natur übertreffen."[154]

Wahrer Glaube resultiert Aquins Ansicht zufolge aus dem Wirken des Heiligen Geistes. Vernunft kann den Glauben begleiten, aber sie bewirkt keinen Glauben. „Glaube wird insofern als Zustimmung ohne Nachforschung bezeichnet, als die Zustimmung oder das Einverständnis des Glaubens nicht durch eine Untersuchung des Verstandes verursacht wird." Indem er Epheser 2,8-9 kommentiert, macht Aquin geltend, dass Glaube durch Gott hervorgerufen wird: „Freier Wille ist inadäquat für den Glaubensakt, da die Inhalte des Glaubens über der Vernunft stehen. [...] Dass ein Mensch glauben sollte, kann daher nicht von ihm selbst aus geschehen, es sei denn, Gott schenkt es."[155]

Aquin glaubt, dass ein durch Gottes Gnade veranlasster freier Willensakt notwendig war, um Gottes Geschenk zu empfangen. Also kann logisches Denken „die Zustimmung des Glaubens begleiten", aber es verursacht sie nie. Das liegt daran, dass „Glaube Willen [Freiheit] beinhaltet und Vernunft den Willen nicht zwingt."[156] Mit anderen Worten: Ein Mensch ist frei, anderer Meinung zu sein, obwohl es möglicherweise überzeugende Gründe dafür gibt zu glauben.

Man kann durch Vernunft wissen, dass Gott existiert. Aber um *an* Gott zu glauben, benötigt man das innere Zeugnis des Heiligen Geistes. „Wer glaubt, wird genügenderweise angeleitet zum Glauben; denn es leitet ihn dahin die Autorität der durch Wunder bekräftigten göttlichen Lehre und, was mehr ist, der innere Antrieb [instinctus] des Heiligen Geistes."[157] Diese Einwilligung zu glauben, ist jedoch nicht erzwungen, denn es gibt zwei Arten von Ursachen, die einen Menschen zum Glauben bringen: „Die eine leitet von außen her zum Glauben an wie das Wunder oder die überzeugende Rede eines Menschen." Zweitens: „Diese

Ursache aber ist nicht hinreichend; denn viele sehen das nämliche Wunder und hören die gleiche Predigt, glauben aber nicht, während andere glauben. Deshalb ist noch erforderlich, die andere Ursache, die innerlich den Menschen bestimmt, dem Glauben anzuhängen." Folglich „was die Zustimmung betrifft, ist der Glaubensakt in erster Linie von Gott, der innerlich bewegt durch die Gnade." Dieser „Glauben besteht im Willen. Aber dieser Wille des Menschen muss von Gott durch die Gnade vorbereitet werden, damit derselbe über die Natur sich erhebe"[158].

Wie können wir sicher sein, wenn der Halt unseres Glaubens auf vielen (fehlbaren) Zwischenzeugnissen ruht? Aquin antwortet: „All die Vermittler, durch die der Glaube zu uns gelangt, sind über jeden Zweifel erhaben. Wir glauben den Propheten und Aposteln, weil der Herr ihr Zeuge war, indem er Wunder wirkte, wie Markus sagt" [16,20]. Darüber hinaus „glauben wir den Nachfolgern der Apostel und Propheten nur, insofern sie uns jene Dinge sagen, die die Apostel und Propheten in ihren Schriften hinterließen."[159] Die Bibel allein, inspiriert durch den Heiligen Geist, bildet die letzte und unfehlbare Autorität für unseren Glauben.

Entgegen einem weitverbreiteten Irrglauben glaubte Aquin nicht, dass Vernunft für sich allein genommen die Grundlage dafür liefern kann, an Gott zu glauben. Sie kann nur beweisen, *dass* Gott existiert. Doch sie kann einen Nichtgläubigen nicht davon überzeugen, *an* Gott zu glauben, denn „die Ungläubigen glauben nichts Göttliches."[160] Wir können durch eine Willensäußerung an etwas glauben (vorbehaltlos zustimmen), das weder selbstverständlich noch von etwas Selbstverständlichem abgeleitet ist (wobei der Intellekt bewegt wird).

Das bedeutet jedoch nicht, dass Vernunft vor dem Glauben keine Rolle spielt, denn „er würde nicht glauben, wenn er nicht schaute, dass das Nämliche glaubwürdig sei entweder wegen der Evidenz der Wunder und wegen Ähnlichem."[161] Mit anderen Worten: „Der Glaube schließt kein Untersuchen der natürlichen Vernunft ein, was zu einem Beweise dessen führte, was geglaubt wird. Wohl aber schließt er ein Untersuchen dessen ein, wodurch der Mensch zum Glauben angeleitet wird; wie z. B. weil Gott etwas gesagt und durch Wunder bekräftigt hat."[162]

Dämonen sind beispielsweise durch die Beweise davon überzeugt, dass Gott existiert, aber es „ist nicht ihr Wille, der Dämonen dazu bringt, dem zuzustimmen, wovon gesagt wird, dass sie es glauben. Vielmehr sind sie durch die Beweislage der Zeichen gezwungen, die sie davon überzeugen, dass das, was die Gläubigen glauben, wahr ist." Aber „diese Zeichen verursachen nicht die Erscheinung dessen, was geglaubt wird, sodass deswegen über die Dämonen nicht gesagt werden kann, dass sie jene Dinge sehen, die geglaubt werden. Deshalb wird der Glaube doppeldeutig sowohl für Menschen, die glauben, als auch für Dämonen behauptet."[163]

Johannes Calvin (1509–1564)

Johannes Calvins Position wird weithin missverstanden, sogar von manchen seiner vehementesten Anhänger. Sie ist in Wirklichkeit der von Thomas von Aquin sehr ähnlich.[164] Calvin vertrat die Ansicht, dass es objektive Beweise für Gottes Existenz gibt. Er sprach von „dem unsichtbaren und unbegreiflichen Wesen Gottes, in gewissem Maße sichtbar gemacht in seinen Werken" und von „Beweisen der Unsterblichkeit der Seele." Denn „auf jedem seiner [Gottes] Werke ist seine Herrlichkeit eingeprägt in Buchstaben so leuchtend, so deutlich und so glanzvoll, dass niemand, ganz gleich wie trüb und ungebildet, auf Unwissenheit als Entschuldigung plädieren kann."[165] Aus Römer 1,20-21 schlussfolgert Calvin, dass Paulus „hier klar bezeugt, dass Gott dem Verstand aller die Mittel geboten hat, ihn zu kennen, indem er sich selbst so durch seine Werke gezeigt hat, dass sie zwangsläufig sehen müssen, was sie von sich aus nicht zu wissen suchen – dass es irgendeinen Gott gibt." Angesichts der Beweise werden sogar Nichtgläubige „genötigt sein, zu bekennen, dass die Heilige Schrift klare Beweise dafür zeigt, dass sie von Gott gesprochen wurde und folglich himmlische Lehre enthält."[166]

Obwohl also der Rückgriff auf die menschliche Vernunft nicht eindeutig ist, führt er doch zu einer hinreichenden Überzeugung sowohl im Hinblick auf die Existenz Gottes als auch auf die Wahrheit der Heiligen Schrift. Calvin sagt: „Wir empfangen sie [die Heilige Schrift] ehrfurchtsvoll. Gemäß ihrer Würde werden jene Beweise, die nicht stark genug waren, um eine vollständige Überzeugung in unserem Denken zu bewirken und zu fesseln, zu den passendsten Hilfen." Calvin spricht von der „Glaubwürdigkeit der Heiligen Schrift, hinreichend bewiesen, sofern es die natürliche Vernunft zulässt."[167] Er liefert sogar rationale „Beweise"[168] aus verschiedenen Bereichen wie: die Würde, Wahrheit, Einfachheit und Wirksamkeit der Heiligen Schrift. Er ergänzt Beweise aus den Bereichen Wunder, Prophetie, Kirchengeschichte und den Märtyrern.[169]

Calvin glaubte jedoch auch, dass niemand jemals ohne das übernatürliche Wirken des Heiligen Geistes von der Gewissheit der Wahrheiten über Gott, Christus und die Bibel überzeugt werden könne. Er sah darin keinen Widerspruch zu dem, was er über das natürliche Wissen über Gott in allen Menschen sagte. Calvin glaubte, dass die Verderbtheit des menschlichen Willens die Fähigkeit eines Menschen verdunkele, diese natürliche Offenbarung Gottes zu verstehen und darauf zu reagieren. Er schreibt: „Deine Vorstellung von seinem [Gottes] Wesen ist nicht deutlich, es sei denn du erkennst an, dass er der Ursprung und die Grundlage aller Güte ist. Folglich würde sowohl Vertrauen zu ihm und das Verlangen, an ihm festzuhalten, aufkommen, wenn nicht die Verderbtheit des menschlichen Verstandes ihn vom richtigen Verlauf der Nachforschung wegführen würde."[170] Um dieses Problem zu überwinden, ist es notwendig, dass der Heilige Geist größere Gewissheit bringt. Calvin sagt: „Unser Vertrauen auf Doktrin ist nicht etabliert, bis wir zu der vollkommenen Überzeugung gelangt sind, dass Gott ihr Urheber ist. Folglich wird der höchste Beweis der Heiligen Schrift ohne Ausnahme im Charakter dessen gesehen, dessen Wort sie ist." Also „muss unsere Überzeugung von der Wahrheit der Heiligen Schrift von einer höheren Quelle als menschlicher Mutmaßung, menschlichen Ansichten oder Gründen abgeleitet werden; nämlich vom geheimen Zeugnis des Geistes."[171]

Die Heilige Schrift mithilfe der Vernunft zu verteidigen, sei unzureichend. Wie Calvin es formuliert: „Wir mögen zwar das heilige Wort Gottes gegen Leugner bewahren. Doch daraus folgt nicht, dass wir unverzüglich die Gewissheit, die der Glaube erfordert, ihren Herzen einpflanzen werden." Calvin besteht darauf, dass „das Zeugnis des Geistes über die Vernunft erhaben ist. Denn da Gott allein richtig Zeugnis von seinen eigenen Worten ablegen kann, so werden diese Worte in den Herzen von Menschen nicht volle Glaubwürdigkeit erlangen, bis sie durch das nach innen gerichtete Zeugnis des Geistes versiegelt werden." Er fügt hinzu: „Derselbe Geist, der durch den Mund der Propheten sprach, muss daher unsere Herzen durchdringen, um uns davon zu überzeugen, dass sie die Botschaft, die ihnen göttlich anvertraut wurde, treu überliefert haben."[172]

„Es soll daher als festgesetzt festgehalten werden, dass diejenigen, die innerlich durch den Heiligen Geist gelehrt werden, sich implizit mit der Heiligen Schrift einverstanden erklären; dass die Heilige Schrift, die ihre eigenen Beweise mit sich trägt, sich nicht dazu herablässt, Beweise und Argumente vorzulegen, sondern die volle Überzeugung, mit der wir sie empfangen sollten, dem Zeugnis des Geistes verdankt." Daher „glauben wir, von ihm erleuchtet, nicht länger basierend auf unserem eigenen Urteil noch auf dem von anderen, dass die Heilige Schrift von Gott ist; sondern auf eine Weise, die erhaben über menschliches Urteil ist, fühlen wir uns vollkommen sicher [...], dass sie durch menschliche Werkzeuge, aber aus Gottes eigenem Mund zu uns kam."[173]

Also „fragen wir nicht nach Beweisen oder Wahrscheinlichkeiten, auf denen unser Urteil beruht, sondern wir unterwerfen ihm unseren Intellekt und unser Urteil als etwas, das zu transzendent ist, als dass wir es einschätzen könnten." Die Zusicherung, die uns der Geist gibt, „ist eine Überzeugung, die nicht nach Gründen fragt; dergleichen ein Wissen, das mit der höchsten Vernunft übereinstimmt, nämlich das Wissen, in dem der Verstand fester und sicherer ruht als in jeder anderen Vernunft; dergleichen, kurzum, die Überzeugung, die nur Offenbarung vom Himmel hervorrufen kann."[174] Daher „wäre die Heilige Schrift vergeblich durch Argumente gestärkt oder durch die Zustimmung der Kirche gestützt oder durch irgendwelche anderen Hilfen bestätigt, wenn sie nicht von einer höheren und stärkeren Zusicherung begleitet ist, als menschliches Urteil sie zu geben vermag. Bis dieses bessere Fundament gelegt worden wäre, bleibt die Autorität der Heiligen Schrift im Ungewissen."[175]

Dieses richtige Verständnis Calvins wurde von Francis Turretin (17. Jahrhundert), B. B. Warfield (1851–1921), Kenneth Kantzer (1917–2002), John Gerstner (1914–1996) und R. C. Sproul (geb. 1939) weitergeführt. Letzterer erkennt das Thema klar, als er feststellt: „Das Zeugnis wird nicht gegen die Vernunft über diese gestellt als eine Form von Mystizismus und Subjektivismus. Vielmehr geht es über Vernunft hinaus und überschreitet diese."[176] Kurz gesagt, Gott gibt uns subjektive Gewissheit, dass die Bibel das Wort Gottes ist, indem er durch objektive Beweise wirkt – nicht getrennt von ihnen; es ist eine Kombination von Objektivem und Subjektivem, kein Ausschluss der objektiven Beweise durch eine subjektive Erfahrung.

Ebenso glaubte B. B. Warfield, dass die Indizien (Hinweise auf den göttlichen Charakter der Bibel) mit dem Heiligen Geist zusammenwirken, um Menschen von der Wahrheit der Bibel zu überzeugen. Warfield stimmte Calvin zu, dass die Indizien allein nicht in der Lage sind, Menschen zu Christus zu bringen oder sie wenigstens von der vollständigen, göttlichen Autorität der Heiligen Schrift zu überzeugen. Dennoch meinte Warfield, dass der Heilige Geist seine überzeugende Kraft immer durch Indizien ausübe. Er schreibt: „Es ist natürlich leicht zu sagen, dass ein Christ seinen Standpunkt nicht über der Heiligen Schrift, sondern unter der Heiligen Schrift einnehmen muss. Das muss er ganz sicher. Aber dazu muss er gewiss zuerst die Heilige Schrift für sich bestätigt haben, bevor er seinen Standpunkt unter ihr einnehmen kann."[177] Um das zu tun, „steht die Welt der Fakten allen Menschen offen, und alle können durch die Kraft eines erlösten logischen Denkens von Gottes Existenz und der Wahrheit der Heiligen Schrift überzeugt werden."

In seinem Artikel „Apologetics" aus dem Jahr 1908 sagt Warfield: „Obgleich Glaube ein moralischer Akt und ein Geschenk Gottes ist, ist er doch formal eine Überzeugung, die in Vertrauen übergeht; und [...] alle Formen von Überzeugung müssen auf Beweisen als Grundlage ruhen. Und es ist nicht der Glaube, sondern die Vernunft, die das Wesen und die Gültigkeit dieser Grundlage prüft." Also „glauben wir an Christus, weil es vernünftig ist, an ihn zu glauben, und nicht, obwohl es irrational ist."[178]

Natürlich glaubt Warfield ebenso wie Calvin, dass „logisches Denken allein niemanden zum Christen machen kann; aber das liegt nicht daran, dass Glaube nicht die Folge von Beweisen ist, sondern daran, dass eine tote Seele nicht auf Beweise reagieren kann [...]. Das Wirken des Heiligen Geistes, der Glauben schenkt, geschieht nicht jenseits von Beweisen, sondern zusammen mit Beweisen; und zunächst besteht es darin, die Seele auf den Empfang von Beweisen vorzubereiten." Warfield fügt hinzu: „Damit soll nicht behauptet werden, dass Menschen durch Apologetik zu Christen gemacht werden, sondern dass Apologetik dem Christen eine systematische Grundlage liefert, auf der der Glaube des Christen ruhen muss."[179]

Die Beziehung zwischen Vernunft und Beweisen auf der einen und dem Heiligen Geist auf der anderen Seite ist also komplementär. Es ist nicht entweder der Heilige Geist oder Beweise; es ist der Heilige Geist, der in Beweisen und durch Beweise wirkt, um Menschen von der Wahrheit des christlichen Glaubens zu überzeugen. Der Prozess, durch den Menschen erkennen, dass das Christentum wahr ist, besitzt sowohl eine äußerliche (objektive) Dimension als auch eine innere (subjektive) Dimension. Wichtig ist jedoch, dass diese beiden Bereiche nie getrennt werden dürfen, wie so viele christliche Mystiker und Subjektivisten eines inneren Lichtes es fordern.[180]

➲ *Jonathan Edwards (1703–1758)*

Dem großen puritanischen Denker Jonathan Edwards zufolge hat die Vernunft viele Funktionen. Sie kann „die Existenz Gottes, des Offenbarers, beweisen [...]. Vernunft antizipiert, dass es eine Offenbarung geben wird [...]. Vernunft allein kann jede ‚vorgetäuschte' Offenbarung erspüren [...]. Vernunft muss jede Offenbarung auf Echtheit prüfen [...]. Vernunft plädiert für die Zuverlässigkeit der Offenbarung [...]. Die Vernunft, da sie in jeder echten göttlichen Offenbarung Geheimnisvolles antizipiert, verteidigt dies und widerlegt alle Einwände gegen deren Existenz [...]. Obgleich das ‚göttliche und übernatürliche Licht' nicht aus der Vernunft entspringt, ist es die Vernunft, die erkennt, was dieses Licht so hell macht."[181]

Im Gegensatz zu Calvin meinte Edwards, dass Vernunft nicht nur Gottes Existenz beweisen, sondern dies sogar mit Gewissheit tun könne. Denn es sei unmöglich, dass etwas aus dem Nichts entsteht. Und da jetzt etwas existiert, folg daraus laut Edwards zwangsläufig, dass es ein ewiges Wesen (d. h. Gott) geben müsse. Edwards' feste Überzeugung im Hinblick darauf entspringt aus dem Kausalgesetz, das er als offenkundiges Prinzip beschreibt, als ein „Gebot des gesunden Menschenverstandes", als „Verstand der Menschheit" und als „großartiges Prinzip des gesunden Menschenverstandes."[182] In „Gesammelten Schriften" erklärt er, dass „es von allen als selbstverständlich anerkannt wird, dass nichts ohne eine Ursache beginnen kann." Daher „ist es, recht verstanden, eine Wahrheit, die unwiderstehlich Zustimmung finden wird." In diesem Fall, „wenn wir eine Zeit annehmen, in der es nichts gab, wird ein Körper ohne fremdes Zutun nicht selbst anfangen zu sein." Denn zu behaupten, dass etwas ohne Ursache entstehen kann, ist etwas, „was der Verstand verabscheut"[183]

Edwards war sich ebenso sicher, dass menschliche Vernunft zeige, dass Gott gewisse Eigenschaften haben müsse. Er behauptet: „Es ist durch die Heilige Schrift und die Vernunft offensichtlich, dass Gott unendlich, ewig, unveränderlich, unabhängig und herrlich und in sich selbst glückselig ist."[184] Denn das, was notwendig und unabhängig ist, müsse unendlich sein.

Das bedeutet nicht, dass es in Edwards' Apologetik keine Rolle für den Heiligen Geist gab. Er zählt vier Einschränkungen der menschlichen Vernunft auf: „Erstens kann sie das Wissen über Gott für den reuelosen Menschen nicht ‚real' machen. Zweitens kann sie durch Vernunft allein keine übernatürliche, heilbringende Offenbarung hervorbringen oder sie selbst ‚erahnen'. Drittens kann sie, wenn sie doch eine Offenbarung empfängt, danach nicht entscheiden, was jene Offenbarung enthalten kann und was nicht. Viertens kann sie nicht einmal göttliche Offenbarung als göttliche Offenbarung ‚verstehen', obwohl sie möglicherweise ihr Vorhandensein erkennt."[185]

Das schließt die Notwendigkeit einer übernatürlichen Offenbarung durch den Heiligen Geist keinesfalls aus. Wie Edwards sagt: „Wenn es keine göttliche Offenbarung gäbe, dann bin ich überzeugt, dass es keine einzige Lehre von dem gibt, was wir als Naturreligion bezeichnen, die nicht ständig in Ungewissheit, Zweifel, endlose Dispute und schreckliche Verwirrung verwickelt wäre, ungeachtet aller Philosophie und Gelehrsamkeit." Denn tatsächlich „hatten die Philosophen die Grundlage der meisten ihrer Wahrheiten von den alten Römern, Griechen oder Phöniziern oder von dem, was sie hier und dort an Überbleibseln von Offenbarung aufschnappten."[186]

Es ist zwar für die natürliche Vernunft möglich, stichhaltige Argumente für die Existenz Gottes zu konstruieren. Aber Edwards bestreitet, dass irgendein nichtchristlicher Denker das je getan habe. Er fragt, „ob Natur und Vernunft allein uns eine richtige Vorstellung von Gott geben können und hinreichend sind, um der Menschheit ein eindeutiges und gesichertes Wissen zu geben über sein Wesen, die Beziehung, in der wir zu ihm stehen, und sein Interesse an uns". Seine Antwort ist entschieden: „Man weiß von keinem Menschen, der eine [richtige] Vorstellung von Gott hatte, ohne dass man sie ihn gelehrt hatte." Deshalb „ist die Zunahme von Wissen und Lehre in der christlichen Welt auf die Offenbarung zurückzuführen. Die Lehren der Offenbarungsreligion sind die Grundlage für alles praktische Wissen und alle exzellente Erkenntnis." Daher „führt das Wort Gottes die Barbarenvölker auf den Weg, ihren Verstand zu gebrauchen. Es leitet ihren Verstand auf einen Weg der Reflexion und des abstrakten logischen Denkens und befreit sie von Ungewissheit über die ersten Prinzipien, wie zum Beispiel dem Wesen Gottes, der Abhängigkeit aller Dinge von ihm [...]. Solche Prinzipien wie diese sind die Grundlage aller wahren Philosophie, was auch immer stärker sichtbar wird, je höher die Philosophie sich entwickelt."[187]

Edwards erklärt, dass „es eine Sache ist, die Beweisführung für einen Punkt auszuarbeiten, wenn er erst einmal vorgeschlagen ist, und eine ganz andere, den Punkt selbst anzustoßen. Ich kann nicht sagen, ob je irgendein Mensch die Werke der

Schöpfung als Wirkungen betrachtet hätte, wenn man ihm nie gesagt hätte, dass sie eine Ursache haben." In der Tat: „Selbst der größte Denker der Welt, der sich um die Ursachen aller Dinge bemüht, könnte von den Dingen selbst zu den gröbsten Fehlern und Widersprüchen geleitet werden und am Ende feststellen, dass er dringend einen Lehrer braucht."[188] In allem, was wir über diesen wahren Gott aus seiner Offenbarung wissen, ist es möglich, gültige Argumente für seine Existenz zu entwickeln – auf Grundlage von Prämissen, die aus der Natur und mit dem Verstand allein gezogen werden. Besondere Offenbarung ist also im Prinzip nicht logisch notwendig, um die Existenz des wahren Gottes zu beweisen. Aber in der Realität war es historisch notwendig, die spezielle Offenbarung zu haben, bevor das möglich wurde. „Ganz egal, ob wir darüber nachdenken, was der menschliche Verstand hätte tun können oder was er tatsächlich tat", sagt Edwards schlicht, „ohne Offenbarung hätte es kein hinreichendes Wissen über Gott geben können."[189]

Trotz all seiner Hervorhebung rationaler und objektiver Beweise glaubte Edwards nicht, dass allgemeine oder spezielle Offenbarungen hinreichend wären, um sündige Menschen offen für Gottes Wahrheit zu machen. Zusätzlich zur objektiven, besonderen Offenbarung musste es eine subjektive, göttliche Erleuchtung geben. Nur „das göttliche und übernatürliche Licht" könne das Herz eines Menschen öffnen, damit es Gottes Offenbarung annimmt. Ohne diese göttliche Erleuchtung komme niemand jemals dahin, Gottes Offenbarung zu akzeptieren, egal, wie stark die Beweise dafür auch sein mögen. Wir brauchen ein neues Herz, kein neues Gehirn. Das wird durch die Erleuchtung des Heiligen Geistes ermöglicht. Dieses göttliche Licht liefert keine neue Wahrheit oder neue Offenbarungen. Vielmehr schenkt es ein neues Herz, eine neue Haltung der Empfänglichkeit, durch die man in der Lage ist, Gottes Wahrheit anzunehmen.[190]

➲ ***Zusammenfassung der großen Apologeten im Hinblick auf die Rolle des Heiligen Geistes in der Apologetik***

Insgesamt sind sich die meisten klassischen Apologeten einig darin, dass der Heilig Geist mit Bezug auf die Apologetik folgende Funktionen erfüllt:

1. Der Heilige Geist spielt eine notwendige Rolle beim Ursprung der besonderen Offenbarung der Schrift, die der allgemeinen Offenbarung in der Natur überlegen ist.

2. Man braucht den Heiligen Geist, um die geistlichen Implikationen offenbarter Wahrheit zu verstehen.

3. Der Heilige Geist ist notwendig für eine vollständige Gewissheit im Hinblick auf die Wahrheiten des christlichen Glaubens.

4. Der Heilige Geist allein bewegt den Einzelnen dazu, an Gottes rettende Wahrheit zu glauben.

5. Der Heilige Geist wirkt in und durch Beweise, aber nicht getrennt davon.

6. Als Geist eines rationalen Gottes übergeht er niemals den Kopf (die Vernunft), um das Herz zu erreichen.

7. Der Geist Gottes wirkt übernatürliche Beweise (Wunder) zur Bestätigung des christlichen Glaubens.

Es erscheint uns nun so, dass diese Ansicht eher der entspricht, die Jesus vertrat, als die anderen apologetischen Positionen, die wir im folgenden Kapitel noch betrachten werden.

Fazit

Es ist gewiss, dass niemand ohne das gnädige Wirken des Heiligen Geistes gerettet wird, der von Sünde überführt und zum Erlöser bekehrt. Folgendes ist außerdem wahr: Derselbe Geist – ein Teil der allwissenden Dreieinigkeit – weiß, dass Vernunft ein hilfreiches, wenn nicht sogar notwendiges Mittel darstellt, um vernünftige Menschen zu Christus zu führen. In der Tat deuten die Indizien darauf hin (siehe Kap. 1–10), dass dies genau das ist, was Jesu lehrte. Und niemand hat jemals nachgewiesen, dass dies im Widerspruch dazu steht, was Jesus über die notwendige Rolle des Heiligen Geistes bei unserer Erlösung gesagt hat.

Jesus wusste, dass Glaube (der nach Beweisen verlangt) eine wichtige Vorbedingung für Glauben an Christus als Sohn Gottes ist. Es ist unangemessen, von jemandem zu verlangen, an etwas zu glauben, ohne dass er oder sie Beweise für dessen Wahrheit hat. Zum Beispiel betritt kein vernünftiger Mensch einen Aufzug, wenn dieser keinen festen Boden hat. Aber alle Beweise der Welt für die Sicherheit und Intaktheit des Aufzugs zwingen niemand dazu, ihn zu betreten. Dies ist ein Glaubensschritt. Aber es ist ein Glaubensschritt auf der Grundlage von Beweisen, kein Glaubenssprung ohne Beweise. So ist es auch mit dem christlichen Glauben und der Apologetik Jesu.

Apologetische Beweise sind entscheidend für den Glauben, *dass* Christus der Sohn Gottes ist. Aber der Heilige Geist ist unverzichtbar für einen Glauben *an* Christus als den Sohn Gottes. Apologetik kann intellektuelle Zustimmung herbeiführen, aber nur der Heilige Geist kann das Herz verändern.

Jesus gebietet: „Du sollst den Herrn, deinen Gott, lieben [...] mit deinem ganzen Verstand“ ebenso wie „mit deinem ganzen Herzen“ (Mt 22,37). Es ist wahr, dass Gott unser Herz und nicht nur unseren Kopf erreichen will. Aber es ist auch wahr, dass Gott auf dem Weg zum Herzen den Kopf nicht übergehen will. Es geht also nicht um den Heiligen Geist *oder* Apologetik; vielmehr ist es der Heilige Geist, der durch apologetische Argumente und Beweise wirkt, um Menschen zur Wahrheit zu führen. Jesus hat das in seinem Leben und seinen Lehren perfekt veranschaulicht.

KAPITEL 12

Die apologetische Methode Jesu

Jesus hat nie eine formale apologetische Methodik formuliert. Er hat auch nie eine andere systematische Darstellung irgendeiner der großen Lehren des christlichen Glaubens entwickelt. Und doch glaubte er offensichtlich an die Lehren der göttlichen Inspiration des Alten Testaments (Mt 5,17-18; Joh 10,34-35), seines Sühneopfers (Mk 10,45), seiner körperlichen Auferstehung (Mt 12,40; Joh 2,18-21), der Dreieinigkeit (Mt 3,16-17; 28,18-20), seiner leibhaftigen Himmelfahrt (Joh 16,5-7) und seiner Wiederkunft (Mt 24-25). Jesus musste ebenso wenig eine systematische Herangehensweise für Apologetik darlegen, wie er eine systematische Herangehensweise für Ethik erklären musste (Mt 22,36-40). Er argumentierte einfach apologetisch; es war Bestandteil seines Bestrebens, Menschen von der Wahrheit zu überzeugen, die er verkündete. Man kann sagen, dass er eine praktische Apologetik vertrat, aber nie eine theoretische formulierte. Dennoch gibt es implizit eine apologetische Methode in allem, was Jesus sagte und tat. Er nutzte unterschiedliche Wege, um möglichst viele unterschiedliche Menschen zu erreichen.

Hat Jesus also ein apologetisches System formuliert? Die Antwort lautet: explizit *nein*, aber implizit *ja*. Man muss dies jedoch aus den verschiedenen Strategien rekonstruieren, die er verwendete, um Menschen zu erreichen. Was genau das ist, werden wir zum Schluss behandeln. Zunächst werden wir die verschiedenen praktischen Strategien untersuchen, die Jesus anwandte, um Menschen von seiner Botschaft zu überzeugen.

Die praktischen apologetischen Herangehensweisen Jesu

Aus praktischer Sicht war Jesus ein Meister darin, dort zu beginnen, wo die Menschen waren, um sie dann dahin zu bringen, wo er sie haben wollte. Manchmal geschah dies durch Fragen oder auch durch Behauptungen. Dabei handelte es sich immer um eine gründliche Argumentation. Aus den vorherigen Kapiteln ergeben sich mehrere Elemente seiner praktischen Methodik.

➲ *Die sokratische Methode*

Jesus verwendet häufig die sogenannte sokratische Methode. Er stellt Fragen, um seinem Gegenüber die gewünschten Antworten zu entlocken. So machte er es beispielsweise bei dem reichen Jüngling (Lk 18,18-23). An anderer Stelle ist diese Methode so effektiv, dass seine Gegner verstummen und ihm keine weiteren Fragen mehr stellen. Er fordert die Pharisäer, die seine Göttlichkeit nicht akzeptierten, auf, zu erklären, warum David den Messias „Herr" nennt (in Ps 110,1). „Und niemand konnte ihm ein Wort antworten, noch wagte jemand von dem Tag an, ihn weiter zu befragen" (Mt 22,46).

➲ *Die Reduktionsmethode*

Jesus war außerdem geschickt darin, eine gegnerische Meinung bis zur Absurdität zu reduzieren. Matthäus 12,22-28 ist ein gutes Beispiel dafür. Hier behaupten die Pharisäer, er treibe Dämonen durch die Macht des Teufels aus. Jesus beweist ihnen, dass ihre Prämisse zu einem Widerspruch führt: „Jedes Reich, das mit sich selbst entzweit ist, wird verwüstet; und jede Stadt oder jedes Haus, die mit sich selbst entzweit sind, werden nicht bestehen. Und wenn der Satan den Satan austreibt, so ist er mit sich selbst entzweit. Wie wird denn sein Reich bestehen? Und wenn ich durch Beelzebul die Dämonen austreibe, durch wen treiben eure Söhne sie aus?" (V. 25-27). Da ihre Sichtweise logischerweise zu einer absurden Schlussfolgerung führt, ist sie falsch.

➲ *Die A-fortiori-Methode*

Eine von Jesus bevorzugte rationale Methode besteht darin, zu zeigen, dass seine Lehren zwingend aus dem folgen, was seine

Zuhörer bereits für wahr halten. Als Jesus am Sabbat jemanden heilen will – was den Pharisäern zufolge dem Gesetz widerspricht –, fragt er: „Welcher Mensch wird unter euch sein, der ein Schaf hat und, wenn dieses am Sabbat in eine Grube fällt, es nicht ergreift und herauszieht?" Natürlich würden sie es herausziehen. Also fährt Jesus fort: „Wie viel wertvoller ist nun ein Mensch als ein Schaf!" Die Schlussfolgerung ist offensichtlich: „Also ist es erlaubt, am Sabbat Gutes zu tun [und zu heilen]" (Mt 12,11-12).

➲ *Die parabolische Methode*[191]

Eine Geschichte als Demonstration für eine Wahrheit zu verwenden wird als *parabolische Apologetik* bezeichnet. Der große Apologet C. S. Lewis verwendete die Kraft von Geschichten sowohl in seiner Narnia-Reihe als auch in dem Roman *Die große Scheidung*. Die meisten Menschen, die die Narnia-Reihe gelesen haben, sind fasziniert von Aslan, dem Löwen, der starb und von den Toten auferstand. Uns ist ein jüdisches Mädchen bekannt, das Jesus als Messias abgelehnt hatte, bis sie *Der letzte Kampf* aus Lewis' Narnia-Reihe las. Sie war so von Aslan fasziniert, dass sie – als ihr schließlich bewusst wurde, dass er Jesus repräsentierte – ihre kulturellen Barrieren überwand, die sie davon abgehalten hatten, Jesus als ihren Messias anzunehmen, und Christin wurde.

In *Die große Scheidung* erzählt Lewis eine fiktive Geschichte von einer Busfahrt von der Hölle in den Himmel. Die Menschen aus der Hölle fühlen sich im Himmel völlig fehl am Platz, weil die Menschen des Himmels ununterbrochen das tun, was die aus der Hölle hassen – nämlich sich Gottes Willen unterordnen. Daher sind sie im Himmel noch unglücklicher als in der Hölle. Durch diese Geschichte verteidigt Lewis die Lehre von der Hölle und zeigt, warum sie mit Gottes Wesen vereinbar ist und gleichzeitig den freien Willen der Menschen respektiert, die nach Gottes Ebenbild geschaffen sind.

In Fjodor Dostojewskis brillantem Roman *Die Brüder Karamasow* finden wir ein ausgezeichnetes Beispiel der parabolischen Methode. Im Kapitel „Der Großinquisitor" ringen

Dostojewskis Figuren mit dem Problem des Bösen und der Existenz Gottes. Im Laufe ihrer Diskussion stellt Dostojewski ein gut durchdachtes Argument des atheistischen Bruders Ivan vor. Aljoschas Antwort darauf ist ein starkes Argument für die Existenz Gottes. Er erklärt: Wenn Gott nicht existiert, dann gibt es eigentlich keinen absoluten moralischen Maßstab, nach dem wir eine Tat als gut oder schlecht beurteilen können. Wenn es Gott nicht gibt, ist alles erlaubt. Dann gibt es nur noch moralischen Relativismus. Keine Tat, ganz gleich, wie schrecklich sie ist, kann vom atheistischen Standpunkt verurteilt werden. Doch diese Position ist nicht lebbar. So entlarvt Dostojewski durch Aljoscha das Versagen der atheistischen Position.

John Bunyan beschreibt in seinem Roman *Die Pilgerreise* durch eine Allegorie in brillanter Weise den christlichen Glaubensweg. Es bleibt bis heute eines der meistgelesenen Bücher der Moderne. Lange nahm es den zweiten Platz als beliebtestes Buch direkt hinter der Bibel ein. Warum war das so? Weil hier christliche Wahrheit kraftvoll in gleichnishafter Form auf eine Art zum Ausdruck gebracht wird, die sich unauslöschlich dem Denken des Lesers einprägt.

Selbst Geschichten von nichtchristlichen Autoren können zur Verteidigung des Christentums verwendet werden. Die Schriften von Jean Paul Sartre und Albert Camus decken Wahrheit über den Sinn des Lebens aus atheistischer Perspektive auf. Diese großen Schriftsteller entdeckten und vermittelten die Wahrheit, dass das Leben letztlich sinnlos ist, wenn Gott nicht existiert. Wie der Verfasser des Predigerbuches sagt: „Nichtigkeit der Nichtigkeiten! – spricht der Prediger; Nichtigkeit der Nichtigkeiten, alles ist Nichtigkeit!“ (1,2). Solche Schriften von Atheisten können verwendet werden, um die unvermeidliche Schlussfolgerung des Naturalismus aufzuzeigen und um einen Atheisten dann auf die Widersprüchlichkeit seiner eigenen Position hinzuweisen.

Natürlich ist Jesus selbst der Meister in parabolischer Apologetik – er nutzt eine vertraute Geschichte, deren Aussagen von seinen Zuhörern akzeptiert werden, um Wahrheit zu vermitteln. Seine Gleichnisse, die uns so vertraut sind, gehören zu den bedeutendsten Kurzgeschichten der Welt. Sie kennzeichnen seine Apologetik mehr als jede andere Methode, die er anwendet.

Aber was genau ist parabolische Apologetik? Einige ihrer Charakteristika können folgendermaßen kurz beschrieben werden:

1. *Sie ist eine Apologetik, die in Form einer Geschichte formuliert wird.* Jeder liebt eine gute Geschichte, und es ist eine sehr wirksame Art, einen Sachverhalt verständlich zu machen.

2. *Sie ist eine indirekte Form von Apologetik.* Im Gegensatz zum direkten Diskurs, auf den sich Gegner zur Verteidigung ihrer Position vorbereiten, trifft parabolische Apologetik die Menschen unvorbereitet. Sie ertappen sich selbst dabei, dass sie einen Streitpunkt bestätigen, bevor ihnen klar wird, dass der Punkt sie betrifft.

3. *Sie ist eine Apologetik mit einer zwar verborgenen, aber starken Logik.* Es handelt sich um eine Logik im Sinne des A-fortiori-Arguments. Faktisch sagt sie: Wenn ich etwas in Alltagsangelegenheiten des Lebens als wahr akzeptiere, wie viel mehr sollte ich es in geistlichen und ewigen Angelegenheiten akzeptieren? Wie zum Beispiel beim Gleichnis vom verlorenen Schaf – mir wird klar, dass der Hirte die Neunundneunzig für eine kurze Zeit allein lassen muss, um ein verlorenes Tier zu finden und zu retten. Wie viel mehr gilt das für einen Menschen, der für alle Zeiten verloren wäre?

4. *Parabolische Apologetik hilft bei der Selbstentdeckung.* Menschen werden von der Geschichte mitgenommen, bis sie selbst entdecken, worum es geht. Und Selbsterfahrung ist eine wichtige Strategie fürs Lernen. Sie gibt Menschen das Gefühl, diese Wahrheit für sich selbst gefunden zu haben, obwohl es der Geschichtenerzähler war, der sie sorgfältig und unweigerlich zu dieser Schlussfolgerung geführt hat.

5. *Parabolische Apologetik geht sensibel mit Sündhaftigkeit um.* Keiner von uns mag es, wenn er direkt gesagt bekommt, dass er ein Sünder, Heuchler oder dergleichen ist. Aber leicht können wir dies bei anderen Menschen erkennen. Die Sensibilität der parabolischen Apologetik für Sündhaftigkeit besteht also darin, dass sie uns hilft, die Sünde oder den Fehler eines anderen Menschen zu erkennen – der Person in der Geschichte –, bevor uns bewusst wird, dass sie von uns handelt. Als König David Nathans Bericht über einen reichen Mann mit vielen Schafen hört, der einem armen Mann sein einziges Lamm wegnimmt, ist er entrüstet und verkündet das Urteil über den reichen Mann (2Sam 12,1-6). Da sagt der Prophet Nathan zu ihm: „*Du* bist der Mann!" (V. 7). In diesem Moment ist es für David zu spät, seine Sünde zu leugnen, die durch Nathans Gleichnis aufgedeckt wurde: Er hatte Urias Frau Batseba genommen und dann den Tod Urias herbeigeführt. Von Sünde überführt zu werden kann schmerzhaft sein (Ps 51). Aber parabolische Apologetik, die sensibel mit Sündhaftigkeit umgeht, verwendet die indirekte Methode einer Geschichte, um den Punkt anzusprechen. Wenn dies einmal geschehen ist, ist es zu spät, um der A-fortiori-Logik zu entgehen.

Was Jesus im Hinblick auf Apologetik nicht glaubte

Bei einer sorgfältigen Analyse von Jesu Leben und Lehren in den Evangelien ergeben sich mehrere Dinge. Manches davon gibt uns Auskunft darüber, was Jesus im Hinblick auf Apologetik *nicht* glaubte. Anderes wiederum sagt uns, was er tatsächlich glaubte. Lassen Sie uns zunächst erörtern, was Jesus im Hinblick auf Apologetik nicht glaubte.

➲ *Jesus war kein Fideist*

Jesus erwartete nicht von den Menschen, dass sie das, was er sagte, einfach aus gutem Glauben für wahr hielten. Stattdessen lieferte er belastbare Argumente für seine Ansprüche. Jesu Ruf in seine Nachfolge beinhaltete nicht nur überzeugende Lehre, sondern auch eine starke Verteidigung seines Dienstes und seiner Behauptungen. Apologetik bildete einen wesentlichen Bestandteil seines Dienstes; er verwendete die Heilige Schrift, Vernunft, Beweise, Zeugenberichte, Wunder, seine Auferstehung und selbst einen Appell an die existenziellen Bedürfnisse der Menschen, um seine Ansprüche zu bestätigen. Er war eindeutig kein Fideist.

➲ *Jesus war kein reiner Evidentialist*

Jesus glaubte jedoch auch nicht, dass man allein durch apologetische Beweise gerettet werden kann. Er kannte den Unterschied zwischen *„glauben, dass"* – was Beweise erfordert – und *„glauben an"* – was einen Willensakt beschreibt. Er wusste, dass Beweise die Grundlage dafür bilden zu glauben, dass etwas wahr ist. Aber er wusste auch, dass Beweise allein nicht ausreichen, um rettenden Glauben zu bewirken.

Rationale Menschen brauchen Beweise, um zu glauben, dass etwas wahr ist. Jesus lieferte ständig solche Beweise. Aber er wusste auch, dass *„glauben, dass"* nicht ausreicht, um einen Menschen in sein Königreich zu bringen. Der Einzelne muss eine Entscheidung treffen, an ihn zu glauben – es geht um einen Willensakt (Joh 14,1).

Jesus kannte den Unterschied zwischen jemandem, der Rettung nur *bekennt*, und jemandem, der sie wahrhaftig *besitzt*. Aus diesem Grund spricht er so oft über falsche Propheten (Mt 7,15; 24,24) und über Menschen, deren Bekenntnis zu ihm nicht echt ist. Sie sagen: „Herr, Herr! Haben wir nicht durch deinen Namen geweissagt?" (Mt 7,22). Deshalb appelliert er ständig an den Willen der Menschen, an ihn zu glauben, „damit jeder, der an ihn glaubt, ewiges Leben habe [...] Wer an den Sohn glaubt, hat ewiges Leben; wer aber dem Sohn nicht gehorcht, wird das Leben nicht sehen, sondern der Zorn Gottes bleibt auf ihm" (Joh 3,15.36; siehe auch 5,24).[192]

➲ *Jesus war kein reiner Rationalist*

Obwohl Jesus zwar sehr effektiv rationale Argumente verwendete (siehe Kap. 4), war er jedoch kein Rationalist im deduktiven

Sinne, wie durch die moderne Philosophie definiert (wie etwa bei Baruch de Spinoza und René Descartes). Seine Herangehensweise war nicht *a priori* (unabhängig von Erfahrung), sondern *a posteriori* (mit Erfahrung beginnend); er sprach die Sinne der Menschen ebenso an wie ihre Vernunft.

Nach der Auferstehung sagt Jesus zu seinen ungläubigen Jüngern: „Seht meine Hände und meine Füße, dass ich es selbst bin; betastet mich und seht! Denn ein Geist hat nicht Fleisch und Bein, wie ihr seht, dass ich habe" (Lk 24,39). Ebenso spricht Jesus Thomas' Zweifel an: „Reiche deinen Finger her und sieh meine Hände, und reiche deine Hand her und lege sie in meine Seite, und sei nicht ungläubig, sondern gläubig!" (Joh 20,27). Wie Johannes später sagt: „Was von Anfang an war, was wir gehört, was wir mit unseren Augen gesehen, was wir angeschaut und unsere Hände betastet haben [...] ist offenbart worden, und wir haben gesehen und bezeugen" (1Jo 1,1-2).

➲ *Die Apologetik Jesu geschah nicht ohne den Geist*

Wie in Kapitel 11 ausführlich besprochen, war Jesus sich völlig im Klaren darüber, dass kein Mensch ohne das Wirken des Heiligen Geistes errettet werden kann, egal, wie rational und beweiskräftig die Apologetik auch sein mag. Er gebrauchte zwar Vernunft und betonte Beweise. Doch er wusste, dass beides nicht ausreicht, um Glauben hervorzurufen. Jesus bestätigt, dass nur der Heilige Geist Menschen von Sünde überführen und sie bekehren kann. Wie er zu Nikodemus sagt: „Ich versichere dir [...] und sage dir eins: Wenn jemand nicht aus Wasser und Geist geboren wird, kann er nicht in das Reich Gottes kommen. Menschliches Leben wird von Menschen geboren, doch geistliches Leben von Gottes Geist. Wundere dich also nicht, dass ich dir sagte: Ihr müsst von neuem geboren werden" (Joh 3,5-7; NeÜ; siehe auch 16,7-8).

➲ *Jesus war kein Präsuppositionalist*

Es überrascht nicht, dass Jesus kein präsuppositionaler Apologet war.[193] Das hätte Folgendes bedeutet: Er hätte seine Apologetik mit dem dreieinigen Gott begonnen, wie er in der Heiligen

Schrift offenbart ist; davon ausgehend hätte er dann geschlussfolgert. Da die Juden schon Monotheisten waren, bestand zwar keine Notwendigkeit, sie von dem zu überzeugen, was sie ohnehin bereits glaubten. Aber es ist klar, dass Jesus denen, die nicht an die Existenz Gottes glaubten, Beweise für Gott bot – das geht aus dem hervor, was er seine Jünger und andere seiner Nachfolger lehrte (siehe Kap. 8). Außerdem glaubte Jesus nicht, dass nicht gerettete Menschen so durch die Sünde verblendet wären, dass sie die Botschaft nicht verstehen könnten und zuerst erneuert werden müssten, bevor sie glauben konnten.[194] Stattdessen begann er seine Lehren mit der gemeinsamen Basis der allgemeinen Offenbarung. Er fing mit Alltagsdingen an, die die Leute erfahren konnten. Dieser meisterhafte Lehrer lehrte das Unbekannte mittels des Bekannten und wies diejenigen zurecht, die sich nicht der gesunden Vernunft bedienten (vgl. Joh 3,12).

➲ *Jesus war kein rationaler Kohärenztheoretiker*

Jesus glaubte zwar an den Satz vom Widerspruch als Test für falsche Ansichten (siehe Kap. 4). Jedoch setzt seine Apologetik nicht in der dünnen Luft rationalen Denkens an und endet auch nicht dort. Er glaubte nicht wie manche Apologeten[195], dass logische Schlüssigkeit der letzte Test dafür ist, ob eine Weltsicht wahr ist, denn es gibt viele kohärente Überzeugungen, die falsch sind. Die Aussagen von Verschwörern und auch Lügen können beispielsweise in sich stimmig sein, aber sie sind trotzdem nicht richtig, weil die Prämissen falsch sind. Auch manche gegensätzliche Weltanschauung kann in sich stimmig sein mit den eigenen Ausgangspunkten, aber diese Prämissen werden nicht von allen geteilt. Ein schöner Traum kann in sich stimmig sein, und doch ist er nicht in der Realität begründet.

Was Jesus im Hinblick auf Apologetik glaubte

Positiv ausgedrückt gab es viele Dinge, die Jesus tatsächlich glaubte und praktizierte. Sie zeigen seine apologetische Strategie. Alle diese Dinge tragen zu einer apologetischen Gesamtstrategie bei, die wir am Ende nennen und beschreiben werden.

➲ *Jesus glaubte an den Gebrauch der Vernunft*

Jesus war mit allen grundlegenden Gesetzen des rationalen Denkens und den Argumentationsprozessen der Logik vertraut und setzte sie ein. Dazu gehören der Satz der Identität, der Satz vom Widerspruch und der Satz vom ausgeschlossenen Dritten. Er verwendete kategorische, hypothetische und disjunktive Syllogismen. Er wusste, wie man ein Reductio-ad-absurdum-Argument gebraucht und wie man vom Gegner gestellte Zwickmühlen vermeidet. Außerdem nutzte Jesus oft ein A-fortiori-Argument – um zu zeigen, dass seine Zuhörer angesichts dessen, was sie bereits glaubten, seine Lehre sogar noch zwingender akzeptieren sollten (siehe Kap. 4).

➲ *Jesus glaubte an die Verwendung von Beweisen*

Die Apologetik Jesu umfasste Berichte von glaubwürdigen Zeugen. In Johannes 5,31-46 legt Jesus das Zeugnis von verschiedenen Schlüsselzeugen vor, deren Integrität und Autorität unzweifelhaft zuverlässig waren: Johannes der Täufer, Mose, Gott der Vater, das Alte Testament sowie sein eigenes Leben und seine Wunder. Er war kein *Fideist*, der einen blinden Glaubenssprung forderte, sondern eher ein *Evidenzialist*, der ausreichende Beweise für seine Ansprüche lieferte (siehe Kap. 1).

➲ *Jesus glaubte an den Gebrauch von Wundern*

Jesus setzte wiederholt Wunder ein, durch die er seine Behauptung bestätigte, der Sohn Gottes zu sein (siehe Kap. 2). In Markus 2,10-11 stellt er explizit die Verbindung zwischen beidem her: „Damit ihr aber wisst, dass der Sohn des Menschen Vollmacht hat, auf der Erde Sünden zu vergeben [...] Ich sage dir, steh auf, nimm dein Bett auf und geh in dein Haus!" Ebenso antwortet Jesus Johannes dem Täufer, als dieser seine Jünger sendet, um Jesus zu fragen, ob er der verheißene Messias ist: „Geht hin und verkündet Johannes, was ihr hört und seht: Blinde werden sehend, und Lahme gehen, Aussätzige werden gereinigt, und Taube hören, und Tote werden auferweckt" (Mt 11,4-5). Der jüdische Führer Nikodemus erkennt genau dies an, als er sagt: „Rabbi, wir wissen, dass du ein Lehrer bist, von Gott gekommen, denn niemand kann diese Zeichen tun, die du tust, es sei denn Gott mit ihm" (Joh 3,2). Seine Wunder unterscheiden Jesus von allen anderen religiösen Anführern. Sie sind gut durch Augenzeugen aus der ersten Generation bezeugt, die sehr genaue Berichte seines Wirkens aufzeichneten oder übermittelten.

➲ *Jesus glaubte an den apologetischen Gebrauch der Auferstehung*

Angesichts des monotheistischen Umfeldes, in dem Jesus sprach, bildete die Auferstehung ein weiteres Schlüsselelement seiner Apologetik. Jesus lehrte gekonnt, dass das Alte Testament die Auferstehung des Messias voraussagte (Ps 2,7; 16,10), und viele Male sagte er selbst seinen eigenen Tod und seine Auferstehung voraus (Mt 12,40; 17,9; Joh 2,19-21). Seine Auferstehung ist die Erfüllung der messianischen Prophetien. Sie demonstrierte seine Autorität über Sünde und Tod (1Kor 15,55). Und sie war der durchschlagende Beweis dafür, dass er der war, der zu sein er behauptete. Er allein bewies Autorität über die Schöpfung, die Sünde und den Tod (siehe Kap. 2).

➲ *Jesus hätte theistische Argumente verwendet*

Jesus hatte nie die Gelegenheit, sich direkt mit einem Agnostiker oder Atheisten auseinanderzusetzen. Doch wie wir in Kapitel 8 erörtert haben, können wir sowohl vom Alten Testament, das er für Gottes unvergängliches und unfehlbares Wort hielt (Mt 5,17-18; Joh 10,35), als auch von den Aposteln, die er unterwies, darauf schließen, was er getan hätte. Der Psalmist verweist auf teleologische Beweise für Gott aufgrund der Gestaltung der Himmel: „Der Himmel erzählt die Herrlichkeit Gottes, und das Himmelsgewölbe verkündet seiner Hände Werk" (Ps 19,2). Der Apostel Paulus, den Jesus berief und unterwies (siehe Gal 1,1.12), verwendete einerseits eine Form des kosmologischen Arguments, das von der Schöpfung auf den Schöpfer schließt. Dieses Argument lässt Menschen „ohne Entschuldigung" zurück (Röm 1,19-29). Andererseits verwendete er ein moralisches Argument, welches vom Moralgesetz, das „in ihren Herzen geschrieben ist", auf einen Moralgesetzgeber schließt (Röm 2,12-15).

➲ *Jesus gebrauchte die Apologetik der Liebe*

Jesus sagt: „Daran werden alle erkennen, dass ihr meine Jünger seid, wenn ihr Liebe untereinander habt" (Joh 13,35). Er weiß, dass Liebe die größte Tugend ist (Mt 22,37-38) und dass Menschen sich von Liebe angezogen und von mangelnder Liebe abgestoßen fühlen. Daher erinnert er seine Nachfolger daran, dass Liebe der Beweis dafür ist, worum es bei seinem aufopferungsvollen Leben geht. Er weiß außerdem, dass viele seinen Ansprüchen mit Skepsis und sogar mit Feindseligkeit begegnen werden (Lk 16,31; Joh 12,37). Trotzdem entscheidet er sich für einen Weg der Liebe – indem er den Einzelnen seinen Willen nicht aufzwingt, sondern ihnen die Wahl lässt, ob sie ihm nachfolgen oder ihn ablehnen wollen (Mt 23,37).

Jesus wusste, wie wichtig Liebe in Bezug auf die Wahrheit ist; auf warmherzige Weise macht sie unangenehme Wahrheiten leichter annehmbar. Er wusste, dass Wahrheit ohne Liebe kalt und wenig anziehend wirkt, während Liebe ohne Wahrheit blind und leichtfertig ist. Jesus wollte, dass Menschen die Wahrheit erkennen, die sie frei macht. Aus diesem Grund spielte Liebe eine so entscheidende Rolle dabei, Menschen dazu zu bewegen, die befreiende Wahrheit anzunehmen, die er verkündete.

➲ *Jesus glaubte an die Notwendigkeit des Heiligen Geistes in der Apologetik*

Außerdem war Jesus klar, dass Apologetik allein niemals Menschen davon überzeugen kann, geistliche Wahrheiten anzunehmen, die sie zu Christus bekehren würde. Niemand wird ohne das Wirken des Heiligen Geistes von Sünde überführt (Joh 16,7-8) oder zu Christus bekehrt (Joh 3,3-7). Außerdem hat der Heilige Geist die Wahrheit der Heiligen Schrift inspiriert (Mt 22,43). Er ist auch der Einzige, der diese Wahrheiten lehren (Joh 14,26; 16,13) und uns „weise zur Rettung" machen kann (2Tim 3,15). Kurz gesagt, Jesus wusste, dass Apologetik bestenfalls Beweise liefert, während der Heilige Geist allein eine Veränderung des Herzens und des Willens bewirken kann.

Jesus war ein klassischer Apologet

Aus der Zusammenfassung der Beweise, die wir vorgestellt haben (Kap. 1–8), wird klar, dass Jesus – wenn er seine Apologetik systematisiert hätte – ein klassisches apologetisches System vertreten hätte. Sein Denken enthielt alle Elemente klassischer Apologetik, wie wir sie von Augustinus, Anselm von Canterbury, Thomas von Aquin, Johannes Calvin, Jonathan Edwards, B. B. Warfield, John Gerstner, Kenneth Kantzer, R. C. Sproul und vielen anderen kennen.[196] Klassische Apologeten vertreten folgende Punkte: (1) Sie glauben an den Gebrauch der Vernunft, um die Existenz Gottes zu begründen; (2) sie gehen davon aus, dass Wunder – die einen theistischen Glauben begleiten – notwendig sind, um die Wahrheitsansprüche des Christentums zu demonstrieren; (3) sie versichern, dass vertrauenswürdige Zeugenaussagen und andere Beweise die Zuverlässigkeit der neutestamentlichen Dokumente bekräftigen; (4) sie sind überzeugt, dass die Wunder Jesu seinen Anspruch, Gott zu sein, bestätigen. Alle diese Elemente klassischer Apologetik sind explizit (siehe Kap. 1–7) oder implizit (siehe Kap. 8) in der Apologetik Jesu vorhanden.

Zusätzlich zur notwendigen Logik der klassischen Herangehensweise lehrt Jesus uns jedoch, dass wir im wirklichen Leben dort anfangen müssen, wo die Leute stehen, nicht da, wo wir sie gerne hätten. Außerdem muss uns klar sein, dass alle Beweise dieser Welt ohne das Wirken des Heiligen Geistes niemanden zu Christus führen werden. Die vielen unterschiedlichen Wunder überzeugten die Ägypter nicht davon, an den Gott Abrahams zu glauben. Ebenso weigerten sich viele zu Jesu Lebzeiten trotz der zahlreichen Beweise durch Wunder, an ihn zu glauben (Joh 12,37). Das war der Grund warum Jesus nicht auf die Forderungen der hartherzigen Pharisäer einging (Mt 12,38-40; siehe auch Lk 16,19-31). Auf der anderen Seite weist er Thomas nicht wegen seiner Zweifel zurecht, weil sein Herz noch offen war (Joh 20,28; siehe auch V. 24-29). Jesus wusste nicht nur, wie er seine Ansprüche verteidigen musste, sondern auch, wann er es tun sollte und wann nicht.

Abschließend lässt sich sagen, dass Jesus nicht nur der Meisterlehrer war, er war auch ein Meister der Apologetik. Er erwartete nicht, dass Menschen ohne Beweise glauben. An keiner Stelle lobte er irgendjemanden für seinen blinden Glauben. Tatsächlich wurden Menschen dafür verurteilt, wenn sie sich weigerten, Beweise anzunehmen, die er anbot. Natürlich wusste Jesus, dass Beweise allein niemanden bekehren können. Sie können eine Grundlage für einen begründeten Glauben schaffen, dass er der Sohn Gottes ist. Doch nur der Heilige Geist kann im Zusammenspiel mit dem menschlichen Willen einen Menschen davon überzeugen, an ihn zu glauben. Dennoch können apologetische Beweise eine notwendige Voraussetzung für die Rettung schaffen, doch nur ein geistgewirkter Glaube ist hinreichend für die Erlösung selbst.

In der Praxis arbeitete Jesus mit unterschiedlichen apologetischen Methoden, abhängig davon, was bei dem jeweiligen Anlass benötigt wurde. Wenn man jedoch versucht, eine Zusammenschau der Apologetik Jesu zu geben, passt das, was Jesus tat, am besten in die Kategorie der klassischen Apologetik, die sowohl rationale als auch historische Beweise einbezieht. Und immer waren die Methoden, mit denen Jesus versuchte, Menschen von seinem Anspruch zu überzeugen, nicht nur vielfältig, sondern auch meisterhaft. Und ebenso wie seine Lehrmethoden sind auch die apologetischen Strategien Jesu ein Vorbild für alle die, die den biblischen Auftrag zur „Verteidigung des Evangeliums" annehmen (Phil 1,16) und die bereit sind „für den ein für alle Mal den Heiligen überlieferten Glauben zu kämpfen" (Jud 3).

Anmerkungen

1 Übersetzt nach: Leon Morris, *The New International Commentary on the New Testament: The Gospel according to John* (Grand Rapids: Eerdmans, 1971), 311.

2 Ebd., 313.

3 Ebd., 316.

4 W. F. Moulton, A. S. Geden und H. K. Moulton, *Concordance to the Greek New Testament* (Edinburgh: T & & Clark, 1978), 617-618.

5 Gerhard Kittel und Gerhard Friedrich, *Theologisches Wörterbuch zum Neuen Testament.* (Stuttgart: W. Kohlhammer, 1933), 502–504.

6 Morris, *New International Commentary*, 327.

7 Übersetzt nach: D. A. Carson, *The Gospel according to John* (Grand Rapids: Eerdmans, 1991), 261.

8 Andrew Lincoln, *Truth on Trial* (Peabody, MA: Hendrickson, 2000), 78.

9 Ebd., 79.

10 Carson, *Gospel according to John*, 262.

11 Lincoln, *Truth on Trial*, 80.

12 Ebd., 81.

13 Carson, *Gospel according to John*, 266.

14 Bertrand Russell, *Warum ich kein Christ bin* (Hamburg: Rowohlt, 1968), 29.

15 Siehe Horace Bushnell, *The Character of Jesus: Forbidding His Possible Classification with Men* (New York: Chautauqua, 1888).

16 Bertrand Russell, *Warum ich kein Christ bin* (Hamburg: Rowohlt, 1968), 18.

17 Übersetzt nach: Bertrand Russell, *What is an Agnostic*, in *Basic Writings of Bertrand Russell*, Egner (Hrsg.), 579.

18 A. d. V.: ein Ansatz, der ein angemessenes Verhältnis zwischen Überzeugungen einer Person und den Belegen dafür für notwendig hält.

19 A. d. V.: ein Ansatz, wonach sich Glaube und Vernunft prinzipiell ausschließen.

20 Craig Blomberg, *Jesus und die Evangelien: Einführung und Überblick* (Nürnberg: VTR, Verlag für Theologie u. Religionswissenschaft, 2000), 266.

21 Norman Geisler und Frank Turek, *I Don't Have Enough Faith to Be an Atheist* (Wheaton: Crossway, 2004), 201–2. [Auf Deutsch erschienen unter dem Titel: *Um Atheist zu sein, fehlt mir der Glaube* (Bielefeld: Christlicher Missions-Verlag, 2018)]

22 Dwight Pentecost, *The Words and Works of Christ* (Grand Rapids: Zondervan, 1981), 11.

23 Colin Brown, ed., *Dictionary of New Testament Theology*, Bd. 2 (Grand Rapids: Zondervan, 1986), 626, 629.

24 John Witmer, *Immanuel* (Nashville: Word, 1998), 97–98. [Auf Deutsch erschienen unter folgendem Titel: *Immanuel – Wahrer Mensch und wahrer Gott* (Dillenburg: Christliche Verlagsgesellschaft, 2019)]

25 Norman Geisler, *Baker Encyclopedia of Apologetics*, Baker Reference Library (Grand Rapids: Baker, 1999).

26 Tim LaHaye und Jerry Jenkins, *The Indwelling* (Wheaton: Tyndale, 2000), 364–68. [Auf Deutsch erschienen unter folgendem Titel: *Die Rückkehr* (Aßlar: Gerth Medien, 2015)]

27 Übersetzt nach: Leon Morris, *Tyndale New Testament Commentaries: Revelation* (Downers Grove, IL: InterVarsity, 1987), 162.

28 Übersetzt nach: John Walvoord, *The Revelation of Jesus Christ* (Chicago: Moody, 1966), 208.

29 Ebd., 223–34.

30 Ebd., 224–26.

31 Ebd., 231–34.

32 Übersetzt nach: Ron Nash, *Gospel and the Greeks* (Dallas: Word, 1992), 168.

33 J. Ed Komoszewski, M. James Sawyer, and Daniel B. Wallace, *Reinventing Jesus: How Contemporary Skeptics Miss the Real Jesus and Mislead Popular Culture* (Grand Rapids: Kregel, 2006), 235–36.

34 Gary Habermas, *The Historical Jesus* (Joplin, MO: College Press, 1997), 34.

35 Norman Geisler, *Survey of the New Testament* (Grand Rapids: Baker, 2008).

36 Übersetzt nach: Carson, *The Gospel according to John* (Grand Rapids: Eerdmans, 1991), 393.

37 Ebd., 399.

38 D. A. Carson, *Matthew*, Bd. 8 des *Expositor's Bible Commentary*, Frank Gaebelein (Hrsg.), (Grand Rapids: Zondervan, 1984), 262.

39 A. N. Sherwin White, *Roman Society and Roman Law in the New Testament* (Oxford, England: Clarendon, 1963), 188–91.

40 Übesetzt nach: William Lange Craig, *The Son Rises* (Chicago: Moody, 1981), 101.

41 Norman Geisler und Abdul Saleeb, *Answering Islam* (Grand Rapids: Baker, 1993), 164.

42 Siehe Craig Blomberg, *The Historical Reliability of the Gospels* (Downers Grove, IL: InterVarsity, 1987) [Auf Deutsch erschienen unter folgendem Titel: *Die historische Zuverlässigkeit der Evangelien* (Nürnberg: VTR, 1998)]; Gary Habermas, *The Historical Jesus: Ancient Evidence for the Life of Christ* (Joplin, MO: College Press, 1996).

43 David Hume, *Eine Untersuchung über den menschlichen Verstand*, Übers.: Raoul Richter (Hamburg: F. Meiner, 1993), X/1/2, G89/S110 (S. 129).

44 Geisler and Turek, *I Don't Have Enough Faith*. [Auf Deutsch erschienen unter folgendem Titel: Norman Geisler und Frank Turek, *Um Atheist zu sein, fehlt mir der Glaube*, (Bielefeld: Christlicher Missions-Verlag, 2018).]

45 Ronert Jastrow, *A Scientist Caught between Two Faiths*, ein Interview mit *Christianity Today*, 6. August 1983, 15.

46 Siehe Michael Behe, *Darwin's Black Box* (New York: Free Press, 1996) [Auf Deutsch erschienen unter dem Titel: *Darwin's Black Box: Biochemische Einwände gegen die Evolutionstheorie* (Gräfelfing: Resch-Verlag, 2007)]; William Dembski, *The Design Revolution* (Downers Grove, IL: InterVarsity, 2004).

47 C. S. Lewis, *Mere Christianity* (New York: Macmillan, 1952). [Auf Deutsch erschienen unter folgendem Titel: *Pardon, ich bin Christ* (Basel: Fontis, 2018)]

48 Siehe C. S. Lewis, *Miracles* (New York: Macmillan, 1947) [Auf Deutsch erschienen unter dem Titel: *Wunder: möglich, wahrscheinlich, undenkbar?* (Basel/Gießen: Brunnen-Verlag, 1980)]; Norman Geisler, *Miracles and Modern Thought* (Grand Rapids: Baker, 1992).

49 Geisler, *Baker Encyclopedia of Christian Apologetics.*

50 David Hume, *An Enquiry Concerning Human Understanding* (New York: Liberal Arts Press, 1957), 129–30. [Auf Deutsch erschienen unter dem Titel: *Eine Untersuchung über den menschlichen Verstand*, übers. von Raoul Richter (Hamburg: Meiner, 1993)].

51 Geisler und Saleeb, *Answering Islam*, 164.

52 David Hume, *Eine Untersuchung über den menschlichen Verstand*, Übers.: Raoul Richter, (Hamburg: F. Meiner, 1993), X/2/2, G94/S115 (S. 136).

53 Übersetzt nach: Josh McDowell, *The Resurrection Factor* (San Bernadino, CA: Here's Life Publishers, 1981), 66. [Auf Deutsch erschienen unter dem Titel: *Die Tatsache der Auferstehung* (Bielefeld: CLV, 2001)].

54 Siehe Norman Geislers kritische Rezension von Robert Price und Jeffrey Lowder (Hrsg.), *The Empty Tomb: Jesus Beyond the Grave* (Amherst, NY: Prometheus, 2005) in *Christian Apologetics Journals* 5, Nr. 1 (Frühjahr 2006).

55 Übersetzt nach: William McNeil, *A World History* (New York: Oxford University Press, 1979), 163.

56 David Friedrich Strauß, *Das Leben Jesu für das deutsche Volk bearbeitet* (Leipzig: F. A. Brockhaus, 1864), 298 (Kap. 47: Die Auferstehung Jesu – keine natürliche Wiederbelebung).

57 *Der Koran*, übersetzt von Hans Zirker (Darmstadt: Wissenschaftliche Buchgesellschaft, 2016).

58 Übersetzt nach: John Dominic Crossan: *Jesus, a Revolutionary Biography* (San Francisco: Harper Collins, 1989), 154. [Auf Deutsch erschienen unter dem Titel: *Jesus: Ein revolutionäres Leben* (München: Beck, 1996)].

59 Übersetzt nach: Ebd., 156.

60 Aristoteles, *Analytica Priora* (Erste Analytik), übers. von Niko Strobach und Marko Malink, in *Aristoteles, Werke in deutscher Übersetzung*, Bd. 3.1 (Berlin: De Gruyter, 2015).

61 Siehe George Ladd, „The Greek versus the Hebrew View of Man", *Present Truth* (Februar 1977).

62 Siehe Steven B. Cowan, „Aristotelian Logic in the Old Testament: A Biblical Refutation of a Strict Dichotomy between Greek and Hebrew Thought", *Bulletin of the Evangelical Philosophical Society* 14, Nr. 2 (1991): 21–30.

63 Übersetzt nach: Dallas Willard, „Jesus the Logician", *Christian Scholars Review* (Sommer 1999): 610.

64 Norman Geisler, *Thomas Aquinas: An Evangelical Appraisal* (Eugene, OR: Wipf and Stock, 1991),73.

65 A. d. V.: Siehe Joh 1,1 „Am Anfang war das Wort [gr. *logos*]", d. h. das Wort oder die Vernunft.

66 Siehe Norman Geisler und Ronald M. Brooks, *Come, Let Us Reason: An Introduction to Logical Thinking* (Grand Rapids: Baker, 1990); Norman Geisler, *Systematic Theology*, Bd. 1, *Introduction and Bible* (Grand Rapids: Baker 2002), Kap. 5.

67 Ebd., 73.

68 A. d. V.: d. h. starr am genauen Wortlaut des Gesetzes festhaltend.

69 Siehe Norman Geisler, „God, Evidence for", in *Baker Encyclopedia of Christian Apologetics.*

70 J. P. Moreland and William Lane Craig, *Philosophical Foundations for a Christian Worldview* (Downers Grove, IL: InterVarsity, 2003), 43.

71 Übersetzt nach: James W. Sire, *Scripture Twisting* (Downes Grove, IL: InterVarsity, 1980), 17.

72 Übersetzt nach: Roy B. Zuck, „The Role of the Holy Spirit in Hermeneutics", *Bibliotheca Sacra* 141 (April–Juni 1984):126.

73 Übersetzt nach: Philip Payne, *Interpreting Jesus' Parables* (Ph.D. Dissertation, Cambridge University, 1980), 263.

74 Ebd., 313–17.

75 Simon Kistemaker, *The Parables* (Grand Rapids: Baker, 1980), 177.

76 Ebd., 86–90.

77 Craig Blomberg: *Die historische Zuverlässigkeit der Evangelien* (Nürnberg: VTR, 1998), 191.

78 Ethelbert Stauffer: *Jesus: Gestalt und Geschichte* (Bern: Francke Verlag, 1957), 135.

79 Ebd., 137

80 Ebd.

81 Ebd. 133.

82 Ebd. 145, Hervorhebung im Original.

83 Zitiert nach ebd., 138.

84 Carson, *Gospel according to John*, 289.

85 Die Quintessenz dieses Abschnitts entspricht Norman Geisler, „John, Historicity of", in *Baker Encyclopedia of Christian Apologetics*, 388–94.

86 Übersetzt nach: Barton Payne, *Encyclopedia of Biblical Prophecy* (Grand Rapids: Baker, 1987), 477–93.

87 Ebd., 501.

88 Übersetzt nach: Harold Hoehner, *Chronological Aspects of the Life of Christ* (Grand Rapids: Zondervan, 1978), 139.

89 Übersetzt nach: David Hume, *Letters of David Hume to William Strahan*, G. Birkbeck Hill (Hrsg.), (Oxford, England: Clarendon Press, 1888), 1:187.

90 Siehe Norman Geisler, *Knowing the Truth about Creation* (Eugene, OR: Wipf and Stock, 2003), Appendix 1.

91 Das heißt nicht, dass die Ursache (Gott) mit ihren Auswirkungen identisch ist. Das ist unmöglich. Gott ist unendlich, und seine Werke sind endlich. Folglich gibt es einige bedeutende Unterschiede, obgleich Gott wie seine Werke ist (d. h. ihnen ähnlich). Alles an den Werken, was zwangsläufig Begrenzungen oder Endlichkeit impliziert, hat *keinerlei* Ähnlichkeit mit Gott.

92 Immanuel Kant, *Kritik der praktischen Vernunft, Beschluss,* 288/161.

93 Bertrand Russell, *Was der freie Mensch verehrt*, in Fehige, Meggle, Wessels (Hrsg.), *Der Sinn des Lebens* (2002: München, DTV), 342.

94 Übersetzt nach: Carl Sagan, *Pale Blue Dot* (New York: Ballantine, 1994), 7. [Auf Deutsch erschienen unter dem Titel: *Blauer Punkt im All: Unsere Heimat Universum*, (Augsburg: Bechtermünz-Verlag, 1999)].

95 Übersetzt nach dem Zitat in *Illustrations of the Tao*, Appendix zu C. S. Lewis, *The Abolition of Man* (New York: Macmillan, 1947), 98. [Auf Deutsch erschienen unter dem Titel: *Die Abschaffung des Menschen*, (Freiburg im Breisgau: Johannes Verlag, 2012)].

96 Übersetzt nach: Kenneth Boa and Robert Bowman, *Faith Has Its Reasons* (Colorado Springs: NavPress 2001), 364.

97 Übersetzt nach: Leon Morris, *The Gospel according to Matthew* (Grand Rapids: Eerdmans, 1992), 324.

98 Übersetzt nach: Carson, *Matthew*, 297.

99 Übersetzt nach: William Hendriksen, *New Testament Commentary: Exposition of the Gospel according to Luke* (Grand Rapids: Baker, 1978), 782.

100 Übersetzt nach: Darrell Bock, *Baker Exegetical Commentary on the New Testament: Luke*, (Grand Rapids: Baker, 2002), 1376.

101 Übersetzt nach: Carson, *Gospel according to John*, 659.

[102] Übersetzt nach: Blomberg, *Historical Reliability of the Gospels*, 56. [Auf Deutsch erschienen unter dem Titel: *Die historische Zuverlässigkeit der Evangelien* (Nürnberg: VTR, 1998)].

[103] Gordon Fee, *The New International Commentary on the New Testament: The First Epistle to the Corinthians* (Grand Rapids: Eerdmans, 1987), 92.

[104] Ebd., 343.

[105] Ebd., 92.

[106] Coenen/Haaker, *Theologisches Begriffslexikon zum Neuen Testament,* (Witten: SCM R. Brockhaus, 2010), 585.

[107] Spiros Zodhiates, *The Complete Word Study Dictionary: New Testament*, Word Study Series, elektron. Ausg., (Chattanooga: AMG Publishers, 2000, 1992, 1993), 1209.

[108] Timothy Friberg, Barbara Friberg und Neva F. Miller, *Analytical Lexicon of the Greek New Testament*, Baker's Greek New Testament Library, Bd. 4 (Grand Rapids: Baker, 2000), 107.

[109] Übersetzt nach: Fee, *New International Commentary*, 116.

[110] Friberg, Friberg und Miller, *Analytical Lexicon*, 99.

[111] Übersetzt nach: Blomberg, *Historical Reliability of the Gospels*, 67. [Auf Deutsch erschienen unter dem Titel: *Die historische Zuverlässigkeit der Evangelien* (Nürnberg: VTR, 1998)].

[112] Harold Hoehner, *Ephesians: An Exegetical Commentary* (Grand Rapids: Baker, 2002), 308.

[113] Norman Geisler, *Chosen but Free* (Minneapolis: Bethany, 1999), 58.

[114] Übersetzt nach: F. F. Bruce, *The New International Commentary on the New Testament: The Epistle to the Hebrews* (Grand Rapids: Eerdmans, 1991), 276.

[115] Ebd., 286-87.

[116] Tacitus, *Annales*, 15:44, zitiert nach F. F. Bruce, *Außerbiblische Zeugnisse über Jesus und das frühe Judentum,* (1991, Gießen, Brunnen Verlag), 12f.

[117] Sueton, *Vita Claudii* 25,4, zitiert nach F. F. Bruce, 11.

[118] Sueton, Vita Neronis 16,2, zitiert nach F. F. Bruce, 12.

[119] Josephus, *Jüdische Altertümer*, 20:9, zitiert nach F. F. Bruce, 25.

[120] Ebd., 18:3, F. F. Bruce, 26f.

[121] Origenes, *Contra Celsum*, 1:47.

[122] Die Authentizität des zugrunde liegenden Verweises wird durch folgende Tatsachen gestützt: (1) Es gibt gute Textzeugen für die Erwähnung von Jesus und keine Textzeugen dagegen. (2) Der Text ist im Stil von Josephus geschrieben. (3) Manche behaupten zwar, dieser Text sei von einem Christen geschrieben worden, der vorgab, Josephus zu sein. Der Wortlaut (abgesehen von „Er war Christus") scheint jedoch nicht von einem Gläubigen zu stammen. (4) Die Textpassage passt sowohl grammatikalisch als auch

historisch in ihren Kontext. (5) Die Bezugnahme auf Jesus in Josephus, *Jüdische Altertümer*, 20 scheint vorauszusetzen, dass er zuvor erwähnt wurde. (6) Eine mögliche spätere Hinzufügung macht nicht die Echtheit des restlichen Textes zunichte.

123 Übersetzt nach dem Zitat in Habermas, *Historical Jesus*, 186. A. d. V.: siehe auch den Textvorschlag von J. Klausner, zitiert bei F. F. Bruce, 28.

124 Plinius der Jüngere, *Epistulae*, X:96, zitiert nach F. F. Bruce, 16.

125 *Epistulae*, X:97, zitiert nach F. F. Bruce, 16.

126 *Sanhedrin*, 43a, in *Der babylonische Talmud*; zitiert nach F. F. Bruce, 46.

127 Lukian, *Der Tod des Peregrinus*, 11-13; übers. von August Friedrich Pauly, Bd. 13, S. 1618–1620, (Stuttgart: J. B. Metzler, 1831), de.wikisource.org/wiki/Der_Tod_des_Peregrinus.

128 Aus dem British Museum, *Syriac Manuscript, Additional 14*, 658; zitiert nach F. F. Bruce, 20.

129 Übersetzt nach dem Zitat in „Illustrations of the *Tao*", Appendix zu C. S. Lewis, *The Abolition of Man* (New York: Macmillan, 1947), 98. [Auf Deutsch erschienen unter dem Titel: *Die Abschaffung des Menschen* (Freiburg im Breisgau: Johannes Verlag, 2012)].

130 Ebd., 97–103.

131 *Der Koran*, Übersetzung: Hans Zirker (Darmstadt: Wissenschaftliche Buchgesellschaft,2016).

132 Übersetzt nach Ayn Rand, *For the New Intellectual* (New York: New American Library, 1961), 180. [Auf Deutsch erschienen unter dem Titel: *Für den neuen Intellektuellen: Eine Streitschrift gegen die pseudointellektuellen Verführer in den Medien und Universitäten* (Wien: mises.at, 2016)].

133 Bertrand Russell, *Warum ich kein Christ bin* (Hamburg: Rowohlt, 1968), 29.

134 Siehe Bushnell, *Character of Jesus*, 74.

135 Übersetzt nach: *Ellicott's Commentary on the Whole Bible*, Bd. 6 (Grand Rapids: Zondervan, 1954), 51.

136 Siehe Bushnell, *Character of Jesus*.

137 Bertrand Russell, *Warum ich kein Christ bin* (Hamburg: Rowohlt, 1968), 18.

138 Übersetzt nach: Bertrand Russell, „What is an Agnostic" , in *Basic Writings of Bertrand Russell*, ed. Egner, 579.

139 Siehe Richard Gerrier, *The Gandhi Nobody Knows* (Nashville: Thomas Nelson, 1983).

140 Übersetzt nach: Bushnell, *Character of Jesus*, 66, 77.

141 1950 erhielt Mitsuo Fuchida das von Jake DeShazer verfasste Traktat „Ich war ein Gefangener Japans" (veröffentlicht durch *Bible Literature International*, damals bekannt als *Bible Meditation League*). DeShazer war einer der berühmten *Doolittle Raider*, deren Flugzeug nach einem Angriff über Japan abstürzte.

Während der 40 Monate als Kriegsgefangener in Japan bekam DeShazer eine Bibel, las sie und wurde Christ. Er kehrte 1948 nach Japan zurück und predigte die frohe Botschaft der Rettung in jener Nation, die ihn einst gefangen gehalten hatte. DeShazers Geschichte inspirierte Fuchida dazu, sich selbst eine Bibel zu kaufen, in der er jene Worte las, die ihn zu seiner Errettung führten. Nachdem er Christ geworden war, verfasste Fuchida ebenfalls ein Traktat, in dem er seine Geschichte erzählte. Dort berichtet er, dass er am 14. April 1950 Lukas' Bericht über die Kreuzigung Christi las. „Genau in diesem Moment schien es mir, als würde ich Jesus zum ersten Mal begegnen. Ich begriff die Bedeutung seines Todes als Substitut für meine Bosheit. Und so bat ich ihn im Gebet, mir meine Sünden zu vergeben und mich zu verändern – von einem verbitterten, desillusionierten ehemaligen Piloten zu einem ausgeglichenen Christen mit einem Lebensziel [...]. An jenem Tag wurde ich ein neuer Mensch. Meine ganze Sicht auf das Leben wurde durch das Eingreifen Christi verändert, den ich zuvor immer gehasst und ignoriert hatte." (Mitsuo Fuchida, *From Pearl Harbor to Golgotha*, San Jose: Sky Pilots Press, 1953).

142 Übersetzt nach: Bushnell, *Character of Jesus*, 19.

143 Siehe Simon Greenleaf, *The Testimony of the Evangelist* (1784; ND, Grand Rapids: Baker, 1984); Frank Morrison, *Who Moved the Stone* (London: Faber & Faber, 1958) [Auf Deutsch erschienen unter dem Titel: *Wer wälzte den Stein?* (Berneck: Schwengeler, 2001)]; C. S. Lewis, *Mere Christianity* (New York, Macmillan, 1953) [Auf Deutsch erschienen unter dem Titel: *Pardon, ich bin Christ* (Basel: Fontis, 2018)]. Wir haben außerdem in unseren Unterlagen Berichte von vielen Agnostikern und Atheisten, die zu Christus gefunden haben, nachdem sie unsere apologetischen Bücher lasen. Siehe beispielsweise Patrick Zukeran, *Unless I See: Reasons to Consider the Christian Faith* (Dallas: Brown Books, 2000); *World Religions* (Dallas: Probe Books, 2004); und Geisler, *Baker Encyclopedia of Christian Apologetic*; Geisler und Saleeb, *Answering Islam: The Crescent in Light of the Cross*, 2. Aufl. (Grand Rapids: Baker, 2002); Geisler und Brooks, *Come, Let Us Reason*; Geisler und Joseph Holden, *Living Loud: Defending Your Faith* (Nashville: Broadman & Holman, 2002); Geisler und Peter Bocchino, *Unshakable Foundations* (Minneapolis: Bethany, 2001); Geisler und Brooks, *When Skeptics Ask* (Wheaton: Victor, 1990) [Auf Deutsch erschienen unter dem Titel: *Wenn Skeptiker fragen: Fragen an den christlichen Glauben* (Dillenburg: Christliche Verlagsgesellschaft, 1996)].

144 Augustinus, *De praedestinatione sanctorum*, 11.5.

145 Augustinus, *Epistulae*, 120.1.3 [Ausgewählte Briefe (Erster Teil) In: Des heiligen Kirchenvaters Aurelius Augustinus ausgewählte Briefe / aus dem Lateinischen mit Benutzung der Übers. von Kranzfelder übers. von Alfred Hoffmann. (Des heiligen Kirchenvaters Aurelius Augustinus ausgewählte Schriften Bd. 9–10; Bibliothek der Kirchenväter, 1. Reihe, Band 29–30) Kempten; München: J. Kösel, 1917].

146 Augustinus, *Tractatus in Euangelium Iohannis*, 27.9 [Vorträge über das Johannes-Evangelium (Tractatus in Iohannis Euangelium) In: Des heiligen

Kirchenvaters Aurelius Augustinus Vorträge über das Evangelium des hl. Johannes / übers. und mit einer Einl. versehen von Thomas Specht. (Des heiligen Kirchenvaters Aurelius Augustinus ausgewählte Schriften Bd. 4–6; Bibliothek der Kirchenväter, 1. Reihe, Band 8, 11, 19) München 1913–1914].

147 Augustinus, *De fide et symbolo*, 4.

148 Augustinus, *De vera religione*, 36.

149 Augustinus, *De Trinitate*, 8.4.6 [Fünfzehn Bücher über die Dreieinigkeit In: Des heiligen Kirchenvaters Aurelius Augustinus fünfzehn Bücher über die Dreieinigkeit / aus dem Lateinischen übers. und mit Einl. versehen von Michael Schmaus. (Des heiligen Kirchenvaters Aurelius Augustinus ausgewählte Schriften Bd. 11–12; Bibliothek der Kirchenväter, 2. Reihe, Band 13-14) Kempten; München: J. Kösel, F. Pustet, 1935].

150 Augustinus, *De Civitate Dei*, 22.8 [Zweiundzwanzig Bücher über den Gottesstaat. In: Des heiligen Kirchenvaters Aurelius Augustinus zweiundzwanzig Bücher über den Gottesstaat. Aus dem Lateinischen übers. von Alfred Schröder. (Des heiligen Kirchenvaters Aurelius Augustinus ausgewählte Schriften 1-3, Bibliothek der Kirchenväter, 1. Reihe, Band 01, 16, 28) Kempten; München 1911-16].

151 d. h. vorschlägt

152 Aquin, *Summa Theologiae*, 1a, 3, 2.

153 Ebd., 2a2ae, 2, 10 [Die katholische Wahrheit oder die theologische Summa des Thomas von Aquin deutsch wiedergegeben durch Ceslaus Maria Schneider. Verlagsanstalt von G. J. Manz, Regensburg 1886-1892. (12 Bände)].

154 Aquin, *Summa Contra Gentiles*, 1, 6.

155 Aquin, *Expositio super Epistolam ad Ephesos*, 96.

156 Aquin, *Quaestiones Disputatae de Veritate*, 14, A1, ad 6.

157 Aquin, *Summa Theologiae*, 2a2ae, 2, 9, ad 3 [Die katholische Wahrheit oder die theologische Summa des Thomas von Aquin deutsch wiedergegeben durch Ceslaus Maria Schneider. Verlagsanstalt von G. J. Manz, Regensburg 1886–1892. (12 Bände)].

158 Ebd., 2a2ae, 6, 1 [Die katholische Wahrheit oder die theologische Summa des Thomas von Aquin deutsch wiedergegeben durch Ceslaus Maria Schneider. Verlagsanstalt von G. J. Manz, Regensburg 1886–1892. (12 Bände)].

159 Aquin, *Quaestiones Disputatae de Veritate*, 14, 10, ad 11.

160 Aquin, *Summa Theologiae*, 2a2ae, 2, 2, ad 3 [Die katholische Wahrheit oder die theologische Summa des Thomas von Aquin deutsch wiedergegeben durch Ceslaus Maria Schneider. Verlagsanstalt von G. J. Manz, Regensburg 1886–1892. (12 Bände)].

161 Ebd., 2a2ae, 1, 4, ad 2 [Die katholische Wahrheit oder die theologische Summa des Thomas von Aquin deutsch wiedergegeben durch Ceslaus Maria Schneider. Verlagsanstalt von G. J. Manz, Regensburg 1886–1892. (12 Bände)].

[162] Ebd., 2a2ae, 2, 1, Antwort [Die katholische Wahrheit oder die theologische Summa des Thomas von Aquin deutsch wiedergegeben durch Ceslaus Maria Schneider. Verlagsanstalt von G. J. Manz, Regensburg 1886–1892 (12 Bände)].

[163] Aquin, *Quaestiones Disputatae de Veritate*, 14, 9, ad 4.

[164] Siehe Arvin Vos, *Aquinas, Calvin, and Contemporary Protestant Thought: A Critique of Protestant Views on the Thought of Thomas Aquinas*, Vorwort von Ralph McInerny (Grand Rapids: Eerdmans, 1985).

[165] Johannes Calvin, *Institutio Christianae Religionis*, 1.5.1-2.

[166] Johannes Calvin, *Commentarij in Epistolam Pauli Ad Romanos.*

[167] Calvin, *Institutio Christianae Religionis*, 1.8.1; Hervorhebung des Autors.

[168] Mit *Beweis* meint Calvin kein unausweichliches rationales Argument. Vielmehr meint er hinreichende Indizien.

[169] Calvin, *Institutio Christianae Religionis*, 1.8.1.

[170] Ebd., 1.11.2.

[171] Ebd., 1.7.1; cf. 1.8.1 und 1.7.4.

[172] Ebd., 1.7.4.

[173] Ebd., 1.7.5.

[174] Ebd.

[175] Ebd., 1.8.1.

[176] Übersetzt nach: R. C. Sproul, „The Internal Testimony of the Holy Spirit" in *Inerrancy*, Norman Geisler (Hrsg.), (Grand Rapids: Zondervan, 1979), 341.

[177] Übersetzt nach: B. B. Warfield, *Selected Shorter Writings of Benjamin B. Warfield 1851–1921*, Bd. 2, John E. Meeter (Hrsg.), (Nutley, NJ: Presbyterian and Reformed, 1970–1973), 98.

[178] Übersetzt nach: *Selected Shorter Writings*, Bd. 9, 15.

[179] Übersetzt nach: Ebd.

[180] Siehe B. B. Warfield, *Biblical and Theological Studies*, Samuel G. Craig (Hrsg.), (Philadelphia: Presbyterian and Reformed, 1952), Kap. 16.

[181] Übersetzt nach: John Gerstner, „On Being", in *Jonathan Edwards: Representative Selections, with Introduction, Bibliography, and Notes*, Clarence H. Faust und Thomas H. Johnson (Hrsg.), (New York: Hill and Wang, 1962), 22–23.

[182] Übersetzt nach: Jonathan Edwards, *Freedom of the Will*, Teil 2, Abschnitt 3.

[183] Übersetzt nach: Ebd., Nr. 91, 74.

[184] Übersetzt nach: Jonathan Edwards, *The Works of Jonathan Edwards*, Edward Hickman (Hrsg.), Bd. 1, 97.

[185] Übersetzt nach: John Gerstner, *Jonathan Edwards: A Mini-Theology* (Soli Deo Gloria Ministries, 1997), 27.

[186] Übersetzt nach: Jonathan Edwards, „Miscellanies" in *The Works of Jonathan Edwards, with a Memoir by Sereno E. Dwight,* überarb. Edward Hickman (Carlisle, PA: Banner of Truth Trust, 1974), 1.1.19.

[187] Übersetzt nach: Ebd., 1.6.15.

[188] Übersetzt nach: Ebd., 1.6.16.

[189] Übersetzt nach: Ebd., 1.6.22.

[190] Siehe Edwards, *Of Being*, in *The Works of Jonathan Edwards*, Bd. 1, 295–97.

[191] oder Gleichnismethode

[192] Manchmal wird das durch das griechische Wort *en* (in) ausgedrückt und manchmal durch *eis* (an), wie in Johannes 3,16. An anderen Stellen werden wir einfach dazu aufgefordert, ihm zu glauben. Aber der springende Punkt ist derselbe: Es ist nicht ausreichend, einfach zu glauben, *dass* Christus der Sohn Gottes ist; wir müssen auch unser Vertrauen *in* ihn setzen, dass er uns in den Himmel bringt. Wie Jakobus zeigt, glauben die Dämonen, *dass (hoti)* Gott existiert, und trotzdem sind sie verloren (Jak 2,19).

[193] Siehe den Artikel über *Van Till, Cornelius* in Geisler, *Baker Encyclopedia of Christian Apologetics.* A. d. V.: Es handelt sich hierbei um eine apologetische Richtung, die überwiegend in den USA bekannt ist. Siehe dazu auch den englischsprachigen Artikel in Wikipedia: https://en.wikipedia.org/wiki/Presuppositional_apologetics.

[194] Ebd.

[195] Siehe den Artikel über „Clark, Gordon" in Geisler, *Baker Encyclopedia of Christian Apologetics.*

[196] Siehe Artikel „Apologetics" in Geisler, *Baker Encyclopedia of Christian Apologetics.*

Bitte beachten Sie auch die
folgenden Buchempfehlungen:

Peter J. Williams
glaubwürdig
Können wir den Evangelien vertrauen?

Pb., 160 S., 13,2 x 21 cm
Best.-Nr. 271 715
ISBN 978-3-86353-715-9

Die Evangelien – Matthäus, Markus, Lukas und Johannes – sind vier Berichte über Jesu Leben und Lehre. Doch sind sie auch als historisch zuverlässig und genau anzuerkennen? Welche Belege gibt es dafür, dass die aufgezeichneten Ereignisse wirklich stattgefunden haben? In dieser Argumentation für die historische Zuverlässigkeit der Evangelien untersucht der Neutestamentler Peter Williams Belege aus nichtchristlichen Quellen, bewertet den Übereinstimmungsgrad zwischen biblischen und außerbiblischen Informationen zum kulturellen Kontext der damaligen Zeit, vergleicht verschiedene Berichte desselben Ereignisses und begutachtet, wie diese Texte über die Jahrhunderte weitergegeben wurden. Jeder, vom Laien bis zum Lehrer, wird hier überzeugende Argumente dafür finden, dass die Evangelien vertrauenswürdige Berichte über Jesu irdisches Leben sind.

David Geisler, Norman Geisler
Evangelisation im Dialog
Menschen zu Jesus führen

Pb., 288 S., 13,5 x 20,5 cm
Best.-Nr. 271 403
ISBN 978-3-86353-403-5

Zeugnis zu geben beinhaltet normalerweise, die Wahrheit darzulegen und jemanden dahin zu führen, sie zu verstehen und zu akzeptieren. Aber die Kenntnisse der christlichen Grundlagen haben sich verändert und ebenso die Bedürfnisse der dem Glauben noch fern Stehenden. Mit einer Leidenschaft für Menschen lassen uns die Autoren David und Norman Geisler an einem ansprechenden, dialogorientierten Ansatz zur Evangelisation teilhaben und erläutern ihn unter den folgenden Gesichtspunkten:

- Was traditionelle Modelle der Evangelisation in der heutigen Kultur unwirksam macht
- Warum Evangelisation mit einer beziehungsorientierten Vor-Evangelisation beginnen muss
- Wie man Fragen stellt, aufmerksam zuhört und versteht, was jemand glaubt
- Möglichkeiten, die realen Hindernisse für den Glauben herauszufinden, um eine Brücke zur Wahrheit zu bauen
- Wie man mit verschiedenen Charakteren in einen Dialog treten kann

John Lennox
Vorher bestimmt?
Die Souveränität Gottes, Freiheit, Glaube und menschliche Verantwortung

Gb., 400 S., 13,5 x 20,5 cm
Best.-Nr. 271 616
ISBN 978-3-86353-616-9

Sind wir frei – oder bestimmt Gott alles im Voraus? Eine kontroverse Frage unter Christen. Doch häufig ersetzen Schlagworte eine gründliche Bibelexegese. Der Autor erläutert Begriffe wie *Prädestination* und *Determinismus* und setzt sich respektvoll-kritisch mit aktuellen Positionen auseinander, um dann wesentliche Bibeltexte zu diskutieren. Er hält bewusst an der völligen Souveränität Gottes fest, betont aber auch die gottgegebene menschliche Freiheit. Das Ergebnis ist ermutigend: Ein Christ kann sich seines Heils gewiss sein, aus einem ganz bestimmten Grund ...

Stephen McQuoid
Die gute Nachricht GUT weitergeben
Evangelisation.heute

Pb., 240 S., 13,5 x 20,5 cm
Best.-Nr. 271 731
ISBN 978-3-86353-731-9

Die große Herausforderung für christliche Gemeinden ist nach wie vor die Verbreitung des Evangeliums. Aber wie erreicht man heute Menschen mit der Guten Nachricht von Jesus Christus? Stephen McQuoid macht deutlich, dass vor allem zwei Dinge dafür wichtig sind: Wir müssen neu verstehen lernen, wie Menschen heute denken und empfinden, d. h. wir müssen den Kontext erkunden, in dem Menschen heute leben. Und dann müssen wir wieder Wege zu den Menschen finden, d. h. wir müssen konkrete Möglichkeiten der Begegnung und Gemeinschaft entdecken.

Das Buch ist voll von praktischen Vorschlägen, wie wir heute das Beste aus unseren Möglichkeiten machen können und welche Strategien eine Ortsgemeinde für Evangelisation entwickeln kann. Dabei geht der Autor schwierigen Fragen nicht aus dem Weg und schlägt konkrete Hilfen fürs Gespräch vor.

David Gooding / John Lennox
Was ist der Mensch?
Würde, Möglichkeiten, Freiheit und Bestimmung

Gb., 400 S., 15,1 x 22,8 cm
Best.-Nr. 271 651
ISBN 978-3-86353-651-0

Wie sollen wir unseren Weg finden in einer sich rasant verändernden Welt? In dieser Buchreihe, die mit „Was ist der Mensch?" beginnt, nehmen Gooding und Lennox unterschiedliche Weltanschauungen unter die Lupe: Was ist die Wahrheit über unsere Welt? Dabei hören sie auf die Bibel als Gottes Offenbarung, nehmen aber auch auf, was Intuition, Wissenschaft, Philosophie und die Geschichte zu sagen haben. Was ist der Grundwert eines Menschen? Wo ist menschliche Freiheit gefährdet? Was sind die Maßstäbe für Moral? Welche Macht hat der Mensch über die Natur und wo sind die Grenzen? Und was ist die letzte Bestimmung des Menschen? Warum leben wir?

David Gooding / John Lennox
Was können wir wissen?
Können wir wissen, was wir unbedingt wissen müssen?

Gb., 448 S., 15,1 x 22,8 cm
Best.-Nr. 271 698
ISBN 978-3-86353-698-5

„Was ist Wahrheit?", fragte Pilatus, als er Jesus verhörte. Gibt es überhaupt eine für alle gültige Wahrheit? Das ist eine zentrale Frage dafür, wie wir die Welt grundsätzlich sehen. Und hier gibt es sehr unterschiedliche Antworten. Hinter der Wahrheitsfrage verbergen sich weitere wichtige Themen, die die Wissenschaft, Philosophie, Ethik, Literatur, aber auch unser tägliches Leben betreffen: Was können wir überhaupt wissen? Wie ist das Verhältnis von Glauben und Denken? Die Autoren Gooding und Lennox gehen in ihrem Buch diesen Fragen nach: Ist wirkliche Erkenntnis möglich, und welche Grenzen hat sie? Sie gehen auch auf die postmoderne Debatte des Wahrheitsrelativismus ein. Dabei wird deutlich, dass es nicht nur um die Frage geht, *was* Wahrheit ist, sondern auch darum, *wer* die Wahrheit ist.

Dies ist das zweite Buch der Reihe „Die Suche nach Wirklichkeit und Bedeutung", die den großen Fragen der Weltanschauungen nachgeht. Dabei hören die Autoren auf die Bibel als Gottes Offenbarung sowie auf andere führende Stimmen unserer Zeit.

David Gooding / John Lennox
Was können wir tun?
Was ist das beste Konzept für Ethik?

Gb., ca. 448 S., 15,1 x 22,8 cm
Best.-Nr. 271 727
ISBN 978-3-86353-727-2

David Gooding / John Lennox
Was dürfen wir hoffen?
- *Antworten einfordern*
- *Den Schmerz des Lebens ertragen*
- *Was ist Wirklichkeit?*

Erscheint Herbst 2021
Gb., ca. 480 S., 15,1 x 22,8 cm
Best.-Nr. 271 728
ISBN 978-3-86353-728-9

Rezension aus der Zeitschrift PERPEKTIVE 02-2021

BERTHOLD SCHWARZ

Sind Christen denkfaul geworden?

Eine engagierte Rezension zur Gooding/Lennox-Buchreihe „Die Suche nach Wirklichkeit und Bedeutung"

Christen sind heutzutage gelegentlich ein schwieriges und mitunter denkfaules Völkchen geworden. Sie wollen oft nur noch ein Buch (oder nur noch eine Information aus dem Internet) „lesen" (am besten aber einen sehr kurzen Text!), wenn in der zu lesenden Publikation etwas „Praktisches" drinsteht, im Sinne von: „Was soll ich machen? Wie soll ich Kinder und Jugendliche mit dem Glauben an Jesus vertraut machen? Wie evangelisiere ich am besten Menschen aus fremden Kulturen, zehn praktische Schritte? Wie gestalte ich Gemeindegottesdienste? Wie erreiche ich meine Nachbarn mit dem Evangelium? Wie können wir als Gemeinde Menschen in Not helfen? Wie sollen wir ethisch leben und was dabei im Verhalten vermeiden? Was darf ich tun, was nicht? Was lerne ich von den Schicksalsschlägen und Lebensführungen anderer Christen? Welche christliche Buchbiografie kennt meine Sorgen und Probleme, die ich auf mich beziehen kann?" Das ist „in".

Da kann man „Pragmatismus und Ethik" als Hauptthemen unter Christen nennen. Es scheint mittlerweile alles zu sein, worauf es im „echten" Christsein und für das Gemeindeleben vor Ort ankommt, diesen Eindruck kann man gelegentlich (etwas frustriert) gewinnen. Und nur solche Bücher und Texte werden dann noch sorgfältig studiert und gelesen, die solche Lebensfragen beantworten bzw. die sie zu beantworten versuchen. Ist diese Einschätzung übertrieben oder überzeichnet? Vielleicht. Doch ein (großes) Körnchen Wahrheit steckt in dieser Übertreibung, befürchte ich.

Über Jahrhunderte hinweg spielten für die, die „mit Ernst Christen sein wollten", das „Nach-Denken" und Überlegen und das konkrete „Wissen über Gott und die Welt" eine mindestens genauso große Rolle wie das Tun oder das Verhalten. Es wurde tiefgründig und ernsthaft gefragt: Wer ist Gott? Wie kann Jesus Gott und Mensch zugleich sein? Wie ist der eine Gott als „drei in eins" zu erklären? Wie geschieht Erlösung? Brauchen wir als Christen das Alte Testament noch als Heilige Schrift? Was sind falsche Lehren, die sich zwar christlich anhören, aber nicht gemäß dem Evangelium wahr sind? Und wie kann man dieses von den anderen unterscheiden, und wie ist Wahrheit gegen Irrtum zu verteidigen? Davon, von solchen kompliziert klingenden Fragen, ist heute bedauerlicherweise oftmals nicht mehr viel in christlichen Ortsgemeinden wahrzunehmen, befürchte ich. Oder doch?

Wie dem auch sei, das „Nach-Denken" und das „Wissen" über christliche Glaubensdinge muss heute und stets in jeder Generation der Christenheit wieder auf die Tagesordnung in den Gemeinden gesetzt werden, und zwar für alle Christen, egal, mit welchem Bildungsstand, verankert als Trainingsfeld, weil die Lehre und der Inhalt des christlichen Glaubens und die Erkenntnis Gottes sehr viel zu tun haben mit „Nachdenken und Wissen", das Gott uns in der Heiligen Schrift mitgeteilt (also offenbart) hat. Denn selbst das, was ich als Christ tun soll, muss doch zuvor abgewogen und durchdacht werden, ob ich etwas tun soll und wie es und wie es nicht ausgeführt werden soll. Es gibt nämlich nicht nur Häresie (Irrlehre) als Abkehr von der Wahrheit in der Lehre, sondern nicht minder häufig auch die Häresie im Tun als Abkehr von der Wahrheit in der Moral, die jedoch nur durch Abwägen, durch Nachdenken und durch prinzipielles Schlussfolgern mit Argumenten erklärt werden kann (siehe die Art und Weise des Apostels, wie er z. B. im Galaterbrief oder im 1. Korintherbrief seine Argumente aufbaut und vorträgt. Das hat dort sehr viel mit Abwägen, Nachdenken, Begründen und Schlussfolgern zu tun. Das will aber geübt sein!).

Deshalb ist es sehr gut und wertvoll, dass die Christliche Verlagsgesellschaft Dillenburg den Mut gefasst hat, Vorträge und Beiträge von David Gooding und John Lennox aus dem Englischen übersetzen zu lassen und diese dann in vier stattlichen Bänden herauszugeben, die sich primär mit dem „Nach-Denken" über Glaubenssachen beschäftigen, sich also auf intellektueller Ebene argumentativ über das Menschsein und das Christsein gute Gedanken machen. Hut ab vor diesem Projekt! Sehr gut! Das Projekt ist deshalb gut, weil ausdrücklich auch das durchschnittliche Gemeindeglied adressiert und entsprechend ermutigt wird, durch die Inhalte der Bücher neu oder wieder das sorgfältige Nach-Denken als Christ über seinen Glauben einzuüben. Schon das ist ein Grund des Lobes.

Weil zu Band 1 der Reihe bereits einiges an anderer Stelle geschrieben wurde (siehe Buchbesprechungen dazu), will ich mich nun speziell auf den Inhalt des zweiten Bandes konzentrieren, der den Titel trägt: „Was können wir wissen?" Ein fulminanter Titel, benennt er doch eine zentrale Menschheitsfrage schlechthin! Was können wir (Menschen) wissen, was wir unbedingt wissen müssen (zum Leben und zum Sterben, möchte man gedanklich ergänzen)? Diese und ähnliche Fragen haben alle Menschen aller Kulturen zu allen Zeiten gestellt. Die jeweiligen Antworten darauf fielen bekanntermaßen unterschiedlich aus, mal mehr naiv-mythologisch, mal hochkompliziert und philosophisch abstrakt. Doch diese Frage des Titels bewegte alle Menschengeschlechter bis in die Tiefen ihrer Seele. Sie ist eine existenzielle Grundfrage des Menschseins. Und sie ist zugleich Teil des wissenschaftlich-philosophischen Bereichs der sogenannten „Erkenntnistheorie", die zu dem gehört, was grundsätzlich in jeder Wissenschaft geklärt werden muss, bevor man überhaupt irgendetwas anderes aussagen oder schlussfolgern kann.

Bevor wir uns den von den beiden Autoren gegebenen Antworten im Buch widmen, sei empfohlen, dass jeder Leser, jede Leserin sich folgende Anfangskapitel gründlich durchliest: „Wozu dieses Buch?" (S. 7–8), „Vorwort zur Serie" (S. 11–15) und „Einführung in die Serie" (S. 21–62). Diese Überlegungen sind „Gold wert", wenn es darum geht, sein eigenes Denkorgan, das Gehirn, auf das im Buch inhaltlich Folgende einzustimmen und es gegebenenfalls neu zu justieren, weil man es eventuell schon lange nicht mehr so intensiv mit Menschheits- und Existenzfragen gefüttert hat, die um vernünftige und plausible Antworten der eigenen Existenz ringen. Bis S. 62 sollte man sich durchaus mit der Lektüre Zeit nehmen und sich ehrlich prüfen, ob man wirklich mental darauf eingestellt ist, was im Folgenden an lebenswichtigen Gedankengängen durchdacht werden soll, wie sich also beispielsweise eine Weltanschauung entwickelt und vieles mehr. Und dann geht man über in den faszinierenden Bereich der sogenannten „Erkenntnistheorie", dem Feld, das beim Betreten die gewichtige Frage stellt: „Was können wir (als Menschen) überhaupt wissen?"

Ab da (S. 66ff.) nehmen uns Gooding und Lennox an die Hand und führen uns gedanklich in komplexe Denksysteme hinein, die auch für Christen „heute" absolut wichtig zu wissen sind. Die Darstellung im Text überfordert bei aller Komplexität der Fragestellungen nicht, sondern sie bleibt stets gut verständlich und für normal gebildete und wissbegierige Leser vorwiegend nachvollziehbar sein. Das Buch ist in drei große Themenbereiche gegliedert: „Wie können wir überhaupt etwas wissen?" (S. 63–186), „Was ist Wahrheit?" (S. 187–256) und „Postmodernes Denken" (S. 257–319). Diese drei Oberkapitel werden durch zehn fortlaufende Unterkapitel mit jeweils zugeordneten Themenbereichen unterteilt, z. B. 1. Wie wir die Welt wahrnehmen, 4. Vernunft und Glaube oder 10. Postmoderne und Wissenschaft; Beiträge, die an Vorträgen usw. von Gooding und Lennox angelehnt sind.

In diesen zehn Unterkapiteln der drei Hauptkategorien wird eine Fülle an Menschheitswissen reflektiert. Stets beginnen die Kapitel mit prinzipieller Allgemeinbildung und generellem Wissen zu Phänomenen des Menschseins, der Welt, der Beobachtungen von Wirklichkeit usw., um dann in guter apologetischer Manier von dort her die Bezüge zur biblischen Erkenntnis und zum christlichen Glauben herzustellen. Die Art und Weise, wie Gooding und Lennox das jeweils „vortragen", ist didaktisch gut aufgearbeitet und entfaltet und von der Struktur her plausibel aufgebaut. Gewiss, es kommen philosophische Begriffe vor, die man aus dem normalen Alltag so nicht unbedingt kennt. Doch werden alle Begriffe erklärt und illustriert, sodass niemand abgehängt wird.

Dass diese Wissensgebiete, die teilweise zum Studium der Philosophie oder der Philosophiegeschichte gehören, für aktive

Christen nicht überflüssig sind, wird jedem beim Lesen sofort ersichtlich, weil die Bezüge zur eigenen Wirklichkeit stets aufgezeigt und nicht ausgeblendet werden. Beispielsweise die Thesen des Skeptizismus (von Sokrates über Descartes bis zu uns), die Theorien zur Wirklichkeitswahrnehmung oder Denk- und Deutungssysteme wie Idealismus und Realismus, Rationalismus und Empirismus, Metaphysik, Vernunft und Glaube oder Dekonstruktivismus haben mit unserem Denken, Wissen und Urteilen in der Gegenwart ganz viel zu tun. Wir Christen sind in unseren Lebensbereichen, die durch diese Fremdworte beschrieben werden, ganz und gar nicht herausgenommen, sondern mittendrin, oft ohne das zu wissen oder erklären zu können.

Diese Kapitel verdeutlichen deshalb auch, wie und warum wir Menschen/Christen gegenwärtig oder früher „auf diese Weise, nicht auf jene Weise" Urteile fällen bzw. gefällt haben oder wieso „wir" dies „so oder so" werten bzw. gewertet haben. Das alles hat eben oftmals gar nichts mit unserer biblischen Bildung zu tun (was Christen manchmal zu vorschnell und fälschlicherweise von sich und ihrem Denken meinen), sondern ganz viel mit den Weltanschauungen, die uns bewusst oder meistens unbewusst geprägt haben und die uns alle jederzeit „umgeben". Daher müssen uns Namen wie Sokrates, Descartes, John Locke, David Hume, Immanuel Kant, Hegel oder Marx, Stanley Fish oder Derrida nicht abschrecken. Diese prägenden „Vor-Denker" zeigen mit ihren Werken des Nachdenkens und Beobachtens und mit ihren jeweiligen Erklärungen vielmehr Grundkonstanten auf, die unsere aktuelle Gegenwart „denkerisch" und im Schlussfolgern ganz stark mitgeprägt haben. Wie Christen jeweils diese „Weltanschauungen" entlarven und wie sie sachgerecht auf sie reagieren können, wie sie ggf. Sichtweisen zu korrigieren oder abzulehnen lernen können, das wird in jedem Kapitel nachvollziehbar und plausibel diskutiert und – je nach Themenfeld – erläutert. Eine wahre Fundgrube an Argumenten, Argumentationsketten und überzeugenden Schlussfolgerungen, die jeder Christ gut gebrauchen kann im Umgang mit Nichtchristen sowie bei der vernünftigen Reflexion des eigenen Glaubens.

Als roter Faden fungiert durch das gesamte Buch hindurch das Ringen um und das Finden von „Wahrheit". Was ist Wahrheit, was ist wahr in der Beobachtung von Wirklichkeit und der Bewertung der Suche nach Sinnhaftigkeit im menschlichen Leben usw.?

Selbst der Anhang „Was ist Wissenschaft?" (S. 321–357) ist jedem unbedingt zur Lektüre zu empfehlen, weil er sehr lehrreich und den Horizont erweiternd ist. Diese Seiten sollten bewusst nicht übergangen werden, nur weil da „Anhang" steht. Es handelt sich dabei nicht um ein unwichtiges Anhängsel, sondern dort sind wichtige Gedanken entfaltet worden, die in unserer Wissens- und Informationsgesellschaft zu verstehen und zu wissen sind. Eine stattliche Anzahl weiterführender Literatur ist dem Leser zum weiterführenden Selbststudium beigefügt (S. 358–397). Sehr nützlich und praktisch anwendbar für Unterrichtssituationen oder zur Prüfung im Selbststudium sind auch die „Fragen für Lehrer und Schüler/Studenten" (S. 398–430), die sich auf alle zehn Unterkapitel beziehen und helfen, sich das Gelernte und Studierte aktiv anzueignen oder das bereits Gewusste zu vertiefen. Didaktisch und pädagogisch sehr wertvoll.

Wem ist das Buch (wärmstens) zu empfehlen? Eigentlich jedem Christen, der über die Welt und seinen eigenen christlichen Glauben tiefer nachdenken will und der bewusst den Verstand gebrauchen will, um die Wirklichkeit zu verstehen, ist dieser Band 2 an Herz zu legen, auch mit dem weitergehenden Tipp, sich die gesamte vierbändige Reihe zuzulegen. Besonders alle Christen, die ein Hochschul- oder Universitätsstudium oder eine höhere Ausbildung absolvieren, sollten diese Bände ebenfalls studieren. Und für jede Gemeindeleitung, für Älteste und Vorsteher in christlichen Ortsgemeinden sollten diese vier Bände zur Pflichtlektüre gehören, um apologetisch gerüstet zu sein für das, was im Dunst der Weltanschauungen als Einflussnahme vor der Gemeindetüre der Frommen nicht haltmacht.

Klar ist, dass man diesen zweiten Band oder auch die übrigen Bände dieser Reihe nicht wie einen Roman von vorne nach hinten durchliest. Vielleicht konzentriert man sich zunächst auf ausgewählte Kapitel oder einzelne Themenstellungen. In jedem

Fall wäre ein kontinuierliches, nicht zeitlich gehetztes Erarbeiten der Inhalte dieser wichtigen Bücher wichtiger als ein schnelles Überfliegen, ohne etwas verstanden zu haben.

Wir Christen sind es aus Liebe zu unseren Mitmenschen, die Christus und das Evangelium (oft noch) nicht kennen, schuldig, sie dort abzuholen, wo sie stehen, auch mit ihren Gedanken und mit ihren (nicht selten kuriosen?!) Weltanschauungen, auch intellektuell. Deshalb gehört „Denken und Wissen" auch zu einer guten Apologetik und diese wiederum gehört als Grundlage zu jeder guten Evangelisations- und Missionsarbeit.

Persönlich wünsche ich diesem Band 2 ganze viele neugierige, interessierte und wissbegierige Leserinnen und Leser im deutschsprachigen Raum. Dieser Wunsch gilt zugleich für die ganze Reihe. Gutes Nach-Denken-Können und ausgewogene Urteilsbildung sind faszinierende Bereiche des christlichen Lebens, die in einer postmodernen Epoche als Bereicherung wiederentdeckt werden sollten. Möge der HERR das ermöglichen zum Wohl des Leibes Christi auf Erden.

Dr. Berthold Schwarz ist Hochschuldozent für Systematische Theologie an der FTH Gießen